WOJNY KOBIET

POLECAMY RÓWNIEŻ

EWA ORNACKA
PIOTR PYTLAKOWSKI

NOWY ALFABET MAFII

EWA ORNACKA PIOTR PYTLAKOWSKI

WOJNY KOBIET

RZUCIŁY WYZWANIE SĄDOM, POLICJI I MAFII

DOM WYDAWNICZY REBIS

Redaktor
Błażej Kemnitz

Projekt i opracowanie graficzne okładki
Michał Pawłowski/www.kreskaikropka.pl

Fotografia na okładce
© CollaborationJS/Arcangel Images

Wydanie I
Poznań 2015

ISBN 978-83-7818-733-2

Dom Wydawniczy REBIS Sp. z o.o.
ul. Żmigrodzka 41/49, 60-171 Poznań
tel. 61-867-47-08, 61-867-81-40; fax 61-867-37-74
e-mail: rebis@rebis.com.pl
www.rebis.com.pl
DTP: *AKAPIT*, Poznań, tel. 61-879-38-88

Wstęp

Truizmem jest stwierdzenie, że kobiety są wyjątkowe, ponieważ one naprawdę takie są. Dzielne, rozważne, gotowe do poświęceń. Bohaterki naszej książki są jednak wyjątkowe w sposób szczególny. Życie napisało im skomplikowany scenariusz, zupełnie jakby wysłało je na front. Musiały walczyć – o najbliższych, o siebie i o godność.

Miały kiedyś normalne życie: rodzinę, pracę, w weekendy wino z przyjaciółmi. Wszystko do dnia, kiedy o ich braciach, mężach czy synach zaczęła mówić cała Polska. Zaginęli bez śladu albo trafili na pierwsze strony gazet jako złoczyńcy i wrogowie publiczni. Mówiono i pisano o nich straszne rzeczy – one jednak nigdy w nie nie uwierzyły. Wytykane palcami, potępiane i wyśmiewane, nie dały się zaszczuć, zepchnąć na margines.

Niektórym groziło niebezpieczeństwo. Ale one postawiły wszystko na jedną kartę – ryzykując życie, stawiły czoło skorumpowanej policji i bezwzględnej mafii. Dumne i niewiarygodnie odważne.

Monikę Dobrowolską Mancini odnaleźliśmy w Rzymie. Właśnie pochowała męża, który walczył z kamorrą – śmiertelnie groźną organizacją przestępczą. Zdemaskował powiązania włoskiego rządu z mafią, co na zawsze zmieniło życie bliskich mu osób. Po jego śmierci ta niezwykła dziewczyna ze Świdnika stała się we Włoszech twarzą społecznego sprzeciwu wobec państwa zblatowanego z kamorrą. Opowiedziała nam, jak wygląda życie na celowniku mafii.

Lucynę Biej z Polic po raz pierwszy spotkaliśmy dziesięć lat temu, dokumentując historię polskich grup przestępczych. Poszukiwała wtedy zaginionego męża, chociaż policja wmawiała jej, że „wyjechał w świat z młodszą". Wraz z żoną kolegi, który zaginął w tym samym czasie, właśnie ona – projektantka pięknych sukien ślubnych – odkryła przerażającą prawdę. Jej odwaga okazała się siłą, która zmiotła z gangsterskiej mapy Polski jedną z najgroźniejszych grup w kraju. Zainspirowała nas do napisania tej książki.

Kobiety, których historie poznaliśmy i opisaliśmy tutaj, kochały i ufały. Dlatego postanowiły zawalczyć o prawdę. Bez względu na cenę, jaką trzeba było zapłacić. Córka generała policji oskarżonego o współpracę z mafią paliwową, z zawodu sędzia, przekonana o niewinności ojca położyła na szali swoją karierę, wspierając go w sprawie karnej. Była gotowa pozwać sędziego prowadzącego proces, chociaż nigdy przedtem ani nigdy potem żaden polski sędzia nie stanął tak otwarcie przeciwko innemu pracownikowi wymiaru sprawiedliwości.

Siostra porwanego i zamordowanego Krzysztofa Olewnika wciąż walczy, aby sprawiedliwość dopadła wszystkich sprawców dramatu jej rodziny. Porywaczy już osądzono, ale ona wie, że ława oskarżonych była za krótka. Nie dała sobie wmówić, że brat sfingował swoje porwanie, aby wyłudzić okup. Szukając prawdy, nie zawahała się oskarżyć polityków i wysokich urzędników Ministerstwa Sprawiedliwości. Obnażyła ich skrajną niekompetencję i nieudolność organów ścigania.

Żona przedsiębiorcy z Hamburga, który brał udział m.in. w budowie warszawskiej siedziby „Gazety Wyborczej", nie uwierzyła polskiej policji, że jej mąż jest oszustem i malwersantem. Zatrzymawszy go pod pretekstem rutynowego przesłuchania, funkcjonariusze ścigający przestępstwa gospodarcze sami złamali prawo, zachowując się niczym mafia pruszkowska.

Krystyna Procyk przełamała wrodzoną nieśmiałość, kiedy pewna posłanka, media i prokuratura wykreowały jej męża na wielkiego aferzystę. Jak tarcza przyjmowała na siebie oskarżenia, zapalczywie broniąc jego godności.

Świat kobiet z naszej książki zawalił się jednego dnia. Musiały zbudować go na nowo i zrobiły to według własnych zasad, opartych na prawdzie, a nie na półprawdach rzeczników prasowych policji i prokuratury. Żona niewinnie skazanego za dwa zabójstwa Adama Dudały od kilkunastu już lat przekonuje, że doszło do strasznej pomyłki. Wciąż dociera do mediów i porusza ludzkie sumienia, aby wyciągnąć męża z matni, w jaką go wepchnął – skrajnie niesprawiedliwy w tym przypadku – wymiar sprawiedliwości. Podobna do niej propagatorka kultury rosyjskiej w Polsce sama odnalazła świadków, których nie szukała ani policja, ani prokuratura. Dziś chyba tylko sąd, który posłał jej brata za kraty, wierzy, że ukarano mordercę.

Matka znanego gangstera, z którą rozmawialiśmy, nigdy nie pochwalała drogi, jaką wybrał syn, ale w obliczu zagrożenia jego życia uznała, że wszystko inne się nie liczy. Była i wciąż jest gotowa stawić czoło i mafii, i państwu, które niedostatecznie chroni jej dziecko.

Niektóre kobiety stanęły do zmagań o własną godność. Próbowano je upokorzyć, przywołać do porządku i wskazać im miejsce w szeregu. Ale one starły z siebie błoto, jakim je obrzucono. Uniosły wysoko głowy i dumnie broniły swoich racji. Chociaż dotąd żyły w cieniu, ciche i skromne, w obliczu niesprawiedliwości wyzwoliły się ze stereotypu. Jedna z bohaterek tej książki, zwykła urzędniczka, przeciwstawiła się majestatowi wielkiej instytucji. Dowiodła przed sądami, że padła ofiarą oszczerstw. Skąd miała tyle odwagi? Sama nie wie.

Żadna z opisanych tu kobiet nie miała poczucia, że zrobiła coś nadzwyczajnego. Mówiły nam, że każda kobieta – gdy odbiera się jej poczucie bezpieczeństwa i krzywdzi osobę, którą kocha najbardziej – zapomina o strachu. Porządkuje wtedy swój wywrócony do góry nogami świat i – dopiero gdy to zrobi – pomyśli czasem, że mogła być ostrożniejsza.

Jakkolwiek one same myślą i mówią o sobie, dla nas są wyjątkowe. Historie, które nam opowiedziały, tworzą subiektywny, ale jakże intrygujący obraz współczesnego wymiaru sprawiedliwości, organów ścigania i polityki.

Autorzy

Rozdział 1

Oko w oko z kamorrą

Przez lata drżała o życie męża, który samotnie wyruszył na wojnę z mafią. Samotnie, bo poza nią nikt go nie wspierał. Był komisarzem policji w Rzymie. Spał z bronią pod poduszką. Jego raport dla parlamentu o powiązaniach państwa z interesami kamorry przeleżał w czyjejś szufladzie ponad dziesięć lat. Wywodząca się z Neapolu kamorra to jedna z najpotężniejszych organizacji przestępczych na świecie. W ciągu trzydziestu lat zabiła co najmniej cztery tysiące osób, które stanęły jej na drodze. W swoim raporcie policjant opisał, w jaki sposób przestępcy zarabiają miliardy euro na toksycznych odpadach. Ostrzegał, że mieszkańcy zatruwanych terenów zapadają na śmiertelne choroby. Po śmierci komisarza to właśnie wdowa po nim stała się twarzą ruchu społecznego przeciwko bezsilności państwa wobec przestępczej potęgi. Porwała tłumy, których siła może na zawsze zmienić strategię włoskiego rządu w walce z mafią. Ta kobieta to Polka. Monika Dobrowolska Mancini.

Wyjechała z rodzinnego Świdnika po ukończeniu liceum. We Włoszech byli już jej rodzice. Najpierw pojechał tam ojciec, potem mama. Monika dołączyła do nich zaraz po maturze. Zamieszkali w Rzymie. Był rok 1990. Przypadek sprawił, że poznała dobiegającego trzydziestki policjanta ze służb kryminalnych. Jeszcze wtedy nie wiedziała, że przystojny komisarz ściga mafię i rozpracowuje skorumpowanych przez nią polityków. Starszy od Moniki o dziesięć lat Roberto Mancini stracił dla niej głowę. Byli dla siebie stworzeni. Pobrali się, urodziła się im córka. Chcielibyśmy napisać, że żyli długo i szczęśliwie, ale ta opowieść jest daleka od sielanki. Monika Dobrowolska Mancini została wdową w kwietniu 2014 roku, niespełna miesiąc przed swoimi czterdziestymi trzecimi urodzinami. Ona i jej zmarły mąż są dziś twarzami społecznego sprzeciwu wobec państwa zblatowanego z kamorrą. „Gdyby poważnie potraktowano jego raport, prawdopodobnie w ogóle nie byłoby dziś kamorry" – powiedziała przed kamerami Monika Dobrowolska Mancini.

Ziemia Ognia

Utylizacja odpadów, porównywana pod względem zysków z handlem kokainą, jest obecnie kluczową „gałęzią przemysłu" tej przestępczej organizacji. Najwięcej toksycznych wysypisk znajduje się pomiędzy Neapolem a Casertą. Za pozbywanie się niebezpiecznych śmieci mafia oferuje stawki co najmniej o połowę niższe niż oficjalne ceny. Z szacunków miejscowej policji wynika, że tylko w ciągu czterech lat klany kamorry i pośrednicy zarobili na odpadach blisko 45 miliardów euro. Odkrył to i opisał na potrzeby parlamentu komisarz Roberto Mancini. Swoje śledztwo rozpoczął we wczesnych latach 90. Mąż Moniki Dobrowolskiej

Mancini prowadził wtedy sprawę prania mafijnych pieniędzy przez jeden z banków. Na trop gigantycznego procederu spalania i zakopywania toksycznych odpadów wpadł niejako przy okazji tamtego śledztwa. Nocami śledził podejrzane transporty, odkopywał to, co tamci zakopali, i przekazywał do analizy. Natrafił w ten sposób na skrajnie niebezpieczne dla zdrowia i życia substancje, m.in. azbest, żużel z wytopu aluminium, resztki farb i lakierów, pozostałości z zakładów petrochemicznych oraz zanieczyszczone metalami ciężkimi ścieki. Ustalił, że w transportach oficjalnie przewożących np. kompost znajdują się trucizny przedostające się do wód gruntowych. Roberto Mancini nie tylko dokumentował przestępczy proceder, ale też ostrzegał okolicznych rolników, że ziemia w Kampanii, Lacjum, a także w Lombardii kompletnie nie nadaje się do uprawy (jest skażona m.in. chromem) i że jej owoce są chore. Alarmował przełożonych o katastrofie ekologicznej. I o tym, że okoliczni mieszkańcy znacznie częściej niż w innych regionach kraju cierpią na niewydolność oddechową, wrzody, choroby nerek czy nowotwory płuc, krwi i węzłów chłonnych.

Policjant dostał od swoich szefów zgodę na sporządzenie szczegółowego raportu dla Ministerstwa Spraw Wewnętrznych. Pracował nad nim dnie i noce, narażając życie swoje i rodziny. Udowodnił, że południe Włoch stało się bombą ekologiczną. Tereny między Neapolem a Casertą nazwał Ziemią Ognia *(la terra dei fuochi).* Skąd ta nazwa? Nocami sterty śmieci polewane są benzyną i podpalane, a czarny, gęsty dym opada przed świtem. Degradacja środowiska jest mafii na rękę, ceny nieruchomości bowiem spadają na łeb na szyję. Kamorra skupuje wszystko za bezcen, zdobywając tym samym tereny pod nowe wysypiska.

Raport liczył ponad dwieście stron. Wykazał, że mafia ma na swoich usługach chemików i urzędników ochrony środowiska. Pierwsi zmieniają kategorie odpadów, przemianowują je z toksycznych na nieszkodliwe śmieci, drudzy dostarczają formularze z fałszywymi kodami analiz. Roberto Mancini udowodnił też ścisłe związki kamorry ze strukturami państwowymi i politykami w rządzie premiera Berlusconiego. Już choćby z tego względu jego raport powinien wstrząsnąć krajem, ale tak się nie stało. Ktoś, kto wyraźnie sprzyjał mafii, na wiele lat schował go do szuflady. Apele policjanta, by przerwać zbrodniczy proceder na włoskiej ziemi, długo lekceważono. Sprawa nabrała rozgłosu dopiero dzięki wydanej w 2006 roku książce Roberta Saviano *Gomorra. Podróż po imperium kamorry**. Literacki debiut dwudziestosiedmioletniego wówczas pisarza przerwał zmowę milczenia wokół neapolitańskiej mafii. Na podstawie książki nakręcono film pod takim samym tytułem, który otrzymał Grand Prix na festiwalu w Cannes i nominowany był do Oscara w kategorii filmów zagranicznych. Roberto Mancini był już wtedy u kresu życia.

Jeden z rozdziałów książki Savian, zatytułowany *Ziemia płomieni*, poświęcony jest szczegółowym ustaleniom Roberta Manciniego. Oto jego fragment:

„Już w 2002 roku w raporcie parlamentarnym Ministerstwa Spraw Wewnętrznych odnotowano przejście od prostego zbierania śmieci do zawierania między pewnymi firmami z branży porozumień, których celem było przejęcie pełnej kontroli nad całym cyklem gospodarki odpadami.

---

* Roberto Saviano, *Gomorra. Podróż po imperium kamorry*, Czytelnik, Warszawa 2008.

(...) Niedaleko Giugliano odkryto niedawno opuszczone kamieniołomy zamienione w nielegalne składowisko śmieci. Stosy odpadków, które mogłyby wypełnić około dwudziestu ośmiu tysięcy tirów. Bossowie klanów Casalesi i Mallardo nie mieli żadnych wewnętrznych oporów przed nasączaniem rodzinnej ziemi trucizną, przed zanieczyszczaniem terenów otaczających ich wspaniałe wille. Życie mafijnego bossa jest krótkie, stale zagrożone aresztowaniami, zamachami i wyrokami dożywocia, nie może trwać długo. Obsianie własnej ziemi śmieciami, otoczenie rodzinnych miast górami odpadów toksycznych może stanowić problem tylko dla kogoś, kto liczy na dłuższe panowanie i kto posiada minimalne choćby poczucie odpowiedzialności społecznej. W biznesach robionych tu i teraz nie bierze się pod uwagę ich odległych, negatywnych skutków. Liczy się tylko jak największy zysk. (...) Cały ten mechanizm nie mógłby funkcjonować, gdyby nie urzędnicy państwowi, którzy zamiast kontrolować działanie całego systemu i sprawdzać legalność poszczególnych operacji, dopuszczają do łamania przepisów, a często wydają licencje na prowadzenie wysypisk śmieci osobom, o których wiadomo, że mają powiązania z organizacjami przestępczymi".

Książka o interesach kamorry naraziła jej autora na śmiertelne niebezpieczeństwo. Pisarz znalazł się na celowniku mafii. Do dziś żyje pod ochroną. Policjant Roberto Mancini, na którego raport powoływał się Saviano, zmarł pod koniec kwietnia 2014 roku. Miał 53 lata. Nie zabiła go mafijna kula, lecz nowotwór wywołany przez promieniowanie jonizujące. Właśnie taki, jaki zabija mieszkańców Ziemi Ognia.

Manciniego leczono w szpitalu w Perugii, gdzie przebywało wielu śmiertelnie chorych z tamtych terenów. Żona czuwała przy nim dzień i noc. Na bieżąco informowała przyjaciół o jego stanie. „Chłopaki, sytuacja jest stabilna. Z jego oddechem jest trochę lepiej w porównaniu do tego, co było wczoraj. Lekarze mówią, że ten kryzys był lżejszy od poprzedniego. Roberto ma wielkie serce i pragnienie, aby żyć" – napisała do kolegów męża trzy dni przed jego śmiercią (wpis na FB z 27.04.2014).

Komisarz Roberto Mancini chciał zabezpieczyć rodzinę – ubiegał się o odszkodowanie za nieuleczalną chorobę, na którą zapadł, służąc państwu. Adresatem roszczeń była Izba Deputowanych, niższa izba parlamentu, w której zasiadał jako członek komisji śledczej. Pracując tam, jeździł na dziesiątki wysypisk i brnął po kolana w radioaktywnych substancjach. Udowodnił, że najniebezpieczniejsze odpady są ukrywane między dwiema warstwami zwykłych śmieci. Miał na sobie maskę i kombinezon, ale to go nie uratowało. Jego wniosek o odszkodowanie odrzucono. We włoskich mediach zawrzało. Pod petycją w tej sprawie podpisało się blisko 100 tysięcy osób, także z Polski. „Zamordowała go kamorra, niektórzy nasi politycy i obojętność państwa" – napisała włoska prasa po śmierci męża Moniki.

Skopać mafii tyłek

Roberto Mancini przeszedł do najnowszej historii Włoch jako ten, który się mafii nie kłaniał. Podobnie jak niegdyś sędzia Giovanni Falcone i prokurator Paolo Borsellino zamordowani przez cosa nostrę w zamachach bombowych.

Monika Dobrowolska Mancini okazała się równie odważna jak Roberto. Zobaczyliśmy ją w internetowej relacji z pogrzebu męża. Uroczystość zorganizowana przez Ministerstwo Obrony odbyła się w bazylice San Lorenzo w Rzymie i miała charakter państwowy. Kobieta w czerni wyglądała na skupioną i silną, jakby swój ból pozostawiła w czterech ścianach mieszkania. Sprawiała wrażenie, że mafia nie jest w stanie rzucić jej na kolana. Obserwowaliśmy ją także w wywiadzie dla włoskiej telewizji RAI, kiedy mówiła o śledztwie zmarłego męża i o tym, że całą swoją uwagę poświęcił on mieszkańcom skażonych terenów. Ostrzegała, że mafia zakopuje groźne odpady także w stołecznym regionie Lacjum oraz w Lombardii. Zapowiedziała też, że będzie kontynuować pracę swojego męża, informując opinię publiczną o kulisach tego procederu. Dzięki wywiadom, jakich wtedy udzielała, o Ziemi Ognia zrobiło się głośno także poza granicami Włoch.

Śmierć Roberta Manciniego poruszyła tłumy, dodała ludziom odwagi. Już kilka tygodni po pogrzebie bohaterskiego policjanta minister sprawiedliwości Andrea Orlando ogłosił publicznie, że z nielegalnych źródeł kontrolowanych przez mafię pochodzi rocznie od 18 do 34 mld euro, co stanowi 1,7 procent PKB Włoch. Znów – jak za czasów sędziego Falcone – rozgorzała publiczna dyskusja o mafii. Pojawiły się dziesiątki artykułów, reportaży i blogów obywatelskich wyrażających głośny sprzeciw wobec działań kamorry, a także bezsilności policji, wojska i rządu. Miejscem, gdzie prócz kondolencji zamieszczano po śmierci komisarza wiele antymafijnych haseł, była strona Moniki Dobrowolskiej Mancini na Facebooku.

„Musimy skopać mafii tyłek, trzymać się razem, bo tylko wtedy będziemy w stanie to zrobić. Walka o ziemię, na której żyjemy, jest tak naprawdę walką o nasze życie. Inspektorze Roberto Mancini, dziękujemy za wszystko. Dzień po dniu będziemy opowiadać twoją historię. O takich jak ty – ludziach, którzy oddali swoje życie, aby poprawić nasze – nigdy się nie zapomina".

Rocca Marino

„Droga Moniko, kiedy człowiek widzi zagrożenia i ludzką krzywdę – decyduje się na walkę. Moja walka wynika z łez wielu matek i przyjaciół oraz przekonania, że to, co robi kamorra, jest przeklęte. Roberto był moim pierwszym punktem odniesienia. Powtarzam dziś to, co on: musimy walczyć z omertą i przestępczością zorganizowaną, aby uchronić wiele ludzkich istnień".

Sannino Corrado

Mieszkańcy Ziemi Ognia zamieszczali w internecie filmy nakręcone swoimi telefonami w strefie toksycznych pożarów. Załączali opisy niemrawych interwencji wojska i policji. Oto fragment relacji z 22 maja 2014 roku. Jej autorem jest dziennikarz Gaetano Pragliola z Giugliano, mieszkaniec Ziemi Ognia:

„Mój wzrok przyciąga słup czarnego dymu. Znam ten widok i ten odór. Reaguję instynktownie: zasłaniam nozdrza, wyciągam telefon i robię zdjęcia. Dokumentowanie faktów to moja praca. Spieszę do domu, siadam do komputera i opisuję, co widziałem. W tej sprawie jednak najpierw dzwonię pod »115«, by zgłosić zdarzenie i wskazać miejsce, gdzie płonie ziemia. Centrala jest zajęta. Trudno określić współrzędne tego miejsca. To głównie tereny rolnicze, bez numerów domów i punktów odniesienia. Przedstawiam się operatorowi z imienia i nazwiska. Podaję numer telefonu, aby mógł skontaktować się ze mną, gdyby były problemy z dotarciem na miejsce. Pyta mnie, czy mogę zaczekać w pobliżu na przyjazd patrolu. Odpowiadam, że tak. W pobliskim barze zamawiam kawę i czekam na przyjazd ekipy w pomarańczowych kombinezonach. Kiedy wojskowi są już na miejscu, jadę do nich, aby podziękować za interwencję. Z samochodu wysiada wojskowy, patrzy na mnie podejrzliwie i wypytuje: »Co ty tu robisz? Dokumenty do kontroli!«. Chcę mu pokazać zdjęcia, jakie zrobiłem, ale jego to nie interesuje. Zabiera moje dokumenty, wsiada do auta i nie reaguje na wyjaśnienia, że dokumentowanie tego, co się tu dzieje, to moja praca. Trzyma moje papiery, przez kilka minut dyskutuje z kolegą, w końcu wraca. »Jesteś karany?« – pyta. Ja na to, że nie, i znów próbuję wyjaśnić sytuację. Bezskutecznie. Wojskowy każe mi odjechać.

Historia jest paradoksalna, jak u Kafki, a prawda gorzka: kto zgłasza przestępstwo, wykazując się postawą obywatelską, traktowany jest z podejrzliwością i brany za przestępcę. Nadal będę dokumentować i nagłaśniać takie przypadki. To mój obowiązek".

Z Moniką Dobrowolską Mancini skontaktowaliśmy się kilka dni po pogrzebie jej męża. Mieliśmy dziesiątki pytań, ale też opory, czy wypada je zadawać, czy na to jeszcze nie za wcześnie.

– Bardzo dziękuję za zainteresowanie. Proszę pytać, jestem do dyspozycji – zachęcała do rozmowy. – Jak tylko będę miała trochę czasu, to opowiem o Robercie. Na razie jestem bardzo zaganiana załatwianiem spraw urzędowych, a tu nie jest tak łatwo jak w Polsce. Wysyłają mnie z biura do biura. Nikt nic nie wie albo dają mi nie takie dokumenty i muszę wracać. Teraz wyjaśniam sprawę opłaty za pogrzeb, który zorganizowało Ministerstwo Obrony. Najpierw mówili, że oni zapłacą, a teraz – że nie mają pieniędzy. Nikogo nie obchodzi, że jestem bezrobotna, mieszkam w wynajętym mieszkaniu, a rentę po mężu będę miała dopiero za dwa, trzy miesiące.

Słodki przysmak „ministra"

Jednym z najgroźniejszych przeciwników, którym Roberto Mancini psuł interesy, był klan Casalesi – filar kamorry. Jeszcze kilka lat temu osobą nadzorującą mafijny biznes z odpadami był Antonio Iovine. Nieoficjalnie nazywano go „ministrem finansów" kamorry. List gończy za nim wystawiono już w połowie lat 90., ale Iovine ukrywał się przez czternaście lat. Rozpracowała go policjantka udająca gospodynię domową – czterdziestoośmioletnia Rosaria Russo zamiast broni nosiła siatkę z zakupami. Pracowała pod przykryciem w miejscowości Casal di Principe, gdzie zaszył się Iovine. Po kilku miesiącach udało jej się zdobyć zaufanie rodziny, która przyjęła pod swój dach ściganego przestępcę. Antonio Iovine podobno wpadł przez swoją słabość do ciasta z rodzynkami. Wysłał po nie kierowcę, zastrzegając, aby pochodziło od konkretnego cukiernika. Wszyscy w jego otoczeniu byli na podsłuchu, a policja wiedziała, jakiej firmy ciasto smakuje przestępcy najbardziej. „Minister finansów" został zatrzymany następnego dnia. Był listopad 2010 roku. Dziś odsiaduje dożywocie.

I stał się cud: mafioso zaczął współpracować z wymiarem sprawiedliwości. Nie tylko potwierdził ustalenia Roberta Manciniego o toksycznym biznesie kamorry, ale też ujawnił jego finansowe kulisy.

Kobieta bez strachu

Nasza internetowa rozmowa z wdową po policjancie trwała kilka tygodni. Wynikało to z konieczności „dopasowania się" do rytmu jej życia i żałoby. Czasami zadawaliśmy jedno, najwyżej dwa pytania. Żadnego nie pozostawiła bez odpowiedzi. Podziwiamy ją nie tylko za odwagę. Także za to, że zawsze myśli o innych i o sprawie, za którą walczył jej mąż.

Oto obszerne fragmenty tej rozmowy.

– Czy po śmierci męża ktoś Pani pomaga, na przykład jego przełożeni?

– Sprawy urzędowe powoli idą do przodu. Pomagają mi wszyscy koledzy Roberta, i to nawet ci, którzy go nie znali. Nie spodziewałam się tego. Jest mi bardzo ciężko. Zawsze załatwiałam sprawy sama, bo mąż był zajęty pracą. Ale wiedziałam, że jeśli mam jakiś kłopot, to w każdej chwili mogę na niego liczyć. Kiedy już wszystko załatwiłam, to dzwoniłam do niego i opowiadałam. A teraz nie mam komu opowiedzieć, i to jest najgorsze.

– Pani mąż już wpisał się w historię walki z włoską mafią. Teraz Pani firmuje twarzą społeczny sprzeciw wobec kamorry.

– Za dużo umierających dzieci widziałam, aby stać obojętnie. Dzieci z Ziemi Ognia, które urodziły się z rakiem krwi i które już w ósmym miesiącu życia musiały brać chemię. Tam w każdym sześciorodzinnym bloku, w każdej rodzinie jest przynajmniej jedna osoba chora na raka. Wkrótce wszystkie wody gruntowe zostaną zatrute i już nic nie będzie można zrobić. Kampania stanie się pustynią, a miasta – zjawami jak Czarnobyl.

– Jak w filmie *Adwokat* z Johnem Travoltą?

– Identyczny temat.

– Co na to włoskie władze? Greenpeace?

– Nasi politycy mówią, że tam nic złego się nie dzieje, że ludzie przesadzają i że tylko trzy procent ziemi zatruto, a reszta jest dobra. Tymczasem ludzie stamtąd uciekają, mieszkania drastycznie tracą na wartości. Teraz (nieznani sprawcy – przyp. aut.) podpalają odpady, a mieszkańcy siedzą w domach z zamkniętymi oknami. To katastrofa ekologiczna. Wszyscy o tym wiedzą, ale nic nie robią. Nie wiem dlaczego…

– Jak się poznaliście?

– Poznaliśmy się na policji. Moi rodzice wysłali mnie, żebym zaniosła dokumenty do pana Manciniego z biura wydającego *permesso di soggiorno*, czyli zezwolenia na pobyt. Było tam dwóch Mancinich: jeden w urzędzie do spraw obcokrajowców i Roberto w policji kryminalnej. Przez pomyłkę wysłano mnie do niego.

– Czym się tam zajmował?

– Prowadził śledztwo w Cassino, gdzie otwarto bank i głównymi właścicielami byli mafiosi. W tym banku prali pieniądze, które zarabiali na odpadach, dlatego Roberto zaczął interesować się tym tematem. Często bywał w Neapolu, ja do niego jeździłam. Już na samym początku śledztwa, wraz z dwoma swoimi policjantami, śledził samochód z odpadami. Widzieli, jak coś zakopywano, więc na drugi dzień pojechali, żeby zobaczyć, co konkretnie tam zakopano. Poprosili o koparkę, ale nikt nie chciał im dać, zatem sami chwycili łopaty i kopali.

– Nie próbowano zniechęcić go do śledztwa?

– Któregoś dnia – było to w 1994 roku, kiedy już mieszkaliśmy razem – na naszym samochodzie położono kwiaty dla zmarłych. To było ostrzeżenie. Po jakimś czasie zaczęliśmy dostawać dziwne telefony.

– Dziwne?

– To znaczy, że telefon dzwonił cały czas, a jak odbierałam, to nikt się nie odzywał. I tak przez całą noc. Roberto miał też problemy w pracy. Jego szefowie chcieli zablokować śledztwo, ponieważ w tym mafijnym biznesie byli też politycy. Ale on nie odpuszczał i właśnie z tego powodu nie był akceptowany w pracy. Zbytnio się tym nie przejmował, nie ulegał naciskom. Kiedy skończył śledztwo, przeniesiono go z biura śledczego komendy policji w Rzymie do służby parlamentarnej (został członkiem komisji do spraw toksycznych odpadów, wizytował dziesiątki wysypisk – przyp. aut.). Z początku cierpiał z tego powodu, ponieważ bardzo mu brakowało pracy w policji kryminalnej. Ale jak się urodziła nasza córka Alessia, to powiedział, że tak jest lepiej, bo teraz musi myśleć o nas.

– Baliście się mafii?

– Roberto sypiał z pistoletem pod poduszką. Kiedy wychodziłam z domu, to kazał mi sprawdzać, czy pod samochodem nie ma nic dziwnego. Musiałam też zwracać uwagę, czy nie śledzi mnie jakiś samochód. Nie było łatwo, ale jakoś sobie dawałam radę. Jednak o niego bardzo się martwiłam. Kiedy nie było jeszcze telefonów komórkowych, Roberto miał urządzenie (pager), na które przychodziły wiadomości, że jakiś numer go szuka, i on oddzwaniał. Któregoś dnia miał być w domu w południe, ale nie przyjechał. Wydzwaniałam na pager co dziesięć minut, a on nie oddzwaniał. Pamiętam, że prasowałam wtedy i płakałam. Wrócił o dwudziestej, o mało go nie pobiłam. Od tamtej pory dzwonił do mnie nawet wtedy, gdy się spóźniał dziesięć minut.

– Co było w tamtym raporcie? Konkretne nazwiska, firmy, mapka z toksycznymi odpadami?

– To obszerny dokument, liczy 239 stron. Roberto szczegółowo opisał w nim osoby związane z mafią i z polityką, konkretne spotkania, rozmowy telefoniczne itd. Wśród tych osób znaleźli się politycy z obecnego rządu. Na początku wszyscy szefowie Roberta byli bardzo zadowoleni z jego pracy, ale jak wszystko przeczytali i zobaczyli, że są w to zamieszani politycy, raport schowano i zapomniano o nim. Nikt się już tym więcej nie interesował, bo tutaj rząd i mafia rządzą razem.

– Podłamał się? Przecież śledztwo i raport zabrały mu kawał życia.

– Był załamany. Nie było dnia, żeby o tym nie myślał albo mi o tym nie opowiadał. Najbardziej denerwował się wtedy, gdy w telewizji widział osoby kandydujące z Berlusconim, o których wiedział, że współpracowały z mafią, albo ludzi, których wcześniej aresztował.

– Co na to dziennikarze? Wspierali go w walce o ujawnienie prawdy?

– Dziennikarze bali się o tym mówić. Dopiero w ubiegłym, to znaczy 2013 roku, znaleźliśmy młodego dziennikarza z gazety internetowej, który zainteresował się sprawą. Przekazałam mu raport Roberta, a on opisał całą sytuację. Wtedy wszyscy zaczęli o tym mówić, wyszły na jaw prawie wszystkie fakty. Ten dziennikarz nazywa się Luca Ferrari – to wspaniała osoba, dostaje bardzo dużo wiadomości na FB od ludzi z całych Włoch. Został naszym przyjacielem, często przyjeżdżał do Roberta do szpitala.

– Kiedy Pani mąż dowiedział się, że ma raka?

– Odkrył to, gdy nasza córka Alessia miała osiem miesięcy. Żył z rakiem jedenaście lat. Przez cały ten czas każdego dnia szedł do pracy. Rano robił chemię, a po południu pełnił służbę, dbając o porządek publiczny. Któregoś dnia zaaresztował w banku złodzieja. Był wtedy bez pistoletu. Po prostu rzucił się na przestępcę. Miał wtedy jedynie 50 tysięcy płytek krwi (w jednym milimetrze sześciennym ludzkiej krwi powinno się znajdować co najmniej 150 tysięcy płytek – przyp. aut.). Taki wysiłek mógł spowodować krwotok wewnętrzny, ale Roberto nie zważał na to. Najważniejsza była praca.

– Czy choroba miała związek z jego pracą?

– Komisja wojskowa orzekła, że Roberto właśnie dlatego zachorował na raka, że miał bezpośredni kontakt z odpadami radioaktywnymi i toksycznymi. Dostał pięć tysięcy euro odszkodowania. W 2005 roku wykonano mu przeszczep z jego tkanek, a w ubiegłym roku – przeszczep z tkanek brata. Teoretycznie wszystko poszło dobrze, ale zaatakował go wirus ospy i już nic nie można było zrobić, ponieważ organizm uodpornił się na antybiotyki... Po jego śmierci parlament poinformował mnie, że może mi dać piętnaście tysięcy euro odszkodowania za śmierć mojego męża. Widać tyle był dla nich wart...

– Czy w trakcie długich lat leczenia państwo zapewniło mu wszystko, co było możliwe?

– Leczenie tutaj jest za darmo, płaci się podatek od lekarstw, ale mały. Najwięcej nas kosztowało ciągłe kursowanie pomiędzy domem a szpitalem: Rzym–Perugia. Pomagało nam Ministerstwo Spraw Wewnętrznych. Po jego śmierci też mi pomaga.

– Nic Pani nie zagraża?

– Nie, nic mi się nie stanie, ponieważ sami mafiosi zaczęli wszystko opowiadać... między innymi Carmine Schiavone aresztowany przez Roberta. Teraz coraz więcej przestępców współpracuje z policją.

– Na przykład „minister finansów" Antonio Iovine. Był w raporcie Pani męża?

– Roberto nie napisał o nim w swoim raporcie, bo w czasach, gdy prowadził śledztwo, decyzje podejmowały głowy mafijnych rodzin, a Iovine był jeszcze za młody. Nie wszyscy przestępcy opisani w dokumentach mojego męża zostali aresztowani. Kary w sprawach ekomafii nie są wysokie, a sprawy ciągną się bardzo długo. W więzieniu przebywa obecnie Cipriano Chianese aresztowany przez Roberta w 1993 roku, jednak on nie współpracuje z wymiarem sprawiedliwości. Ten człowiek zasiadał w parlamencie z Berlusconim.

Synowie kamorry

Cipriano Chianese to prawnik po sześćdziesiątce okrzyknięty królem ekomafii działającej w okolicach Neapolu i Caserty. W 1993 roku, kiedy po raz pierwszy trafił za kraty, był jednym z dwudziestu powiązanych z kamorrą przedsiębiorców, przeciwko którym dowody zebrał Roberto Mancini. Chianese skupował od rolników ziemie uprawne i przeznaczał je na wysypiska. Szybko wyszedł na wolność. Po latach bezkarności znów przebywa w areszcie, tyle że domowym. Prokuratura oskarżyła go o zatruwanie wód gruntowych, spowodowanie katastrofy ekologicznej oraz przestępcze wymuszenia na rzecz klanu Casalesi.

Monika Dobrowolska Mancini dobrze pamięta dzień, kiedy jej mąż dowiedział się z wiadomości telewizyjnych, że Chianese kandyduje w wyborach. „Bardzo się zdenerwował i całą noc nie spał" – wspomina.

Drugi słynny mafioso aresztowany przez jej męża – Carmine Schiavone – jest dziś po siedemdziesiątce i przebywa pod ochroną państwa. Połowę życia spędził za kratami. „Brałem udział w co najmniej pięćdziesięciu zabójstwach, a byłem wtajemniczony w czterysta lub pięćset innych. Niektóre z nich sam zleciłem" – powiedział bez ogródek przed komisją śledczą, kiedy powołano go na świadka koronnego. Schiavone to bliski krewny samego szefa klanu Casalesi. Okazał się dla organów ścigania niezwykle cennym, ale też kłopotliwym nabytkiem. Oskarżał ludzi nietykalnych. Pozyskanie go na „skruszonego" przedstawiano we włoskich mediach jako ogromny sukces policji. „Skruszony" wyznał, że jego klan zakopał w Kampanii miliony ton śmieci, w tym odpady nuklearne zwożone z Niemiec. Były to tak żrące substancje, że nieopatrzny kontakt z nimi powodował topienie się gumowych rękawic i oparzenia. Jego zeznania potwierdziły informacje z raportu Roberta Manciniego, który na długie lata upchnięto do szuflady. To samo zresztą stało się z częścią zeznań świadka koronnego. Fragmentom o toksycznych odpadach nadano klauzulę tajności. Miał to zrobić ówczesny minister spraw wewnętrznych, a dzisiejszy prezydent Włoch Giorgio Napolitano*. Co takiego było w tych zeznaniach? O współpracę z kamorrą były mafioso oskarżył m.in. dyrektora włoskiego Interpolu, obecnego szefa włoskiej policji, zastępcę szefa służb wewnętrznych, a także prezesa klubu piłkarskiego AC Milan – brata premiera Silvia Berlusconiego. Ten ostatni, zdaniem Carmine Schiavonego, miał być jednym z organizatorów biznesu z toksycznymi odpadami. Dziś, kiedy o Ziemi Ognia jest głośno, tajne protokoły wyciekły do mediów. Wszyscy oskarżani przez niego prominenci zaprzeczają swoim związkom z mafią.

Pozostałe, „niepolityczne" zeznania Schiavonego posłały na dożywocie szesnastu członków kamorry.

---

* 14 stycznia 2015 roku Giorgio Napolitano zrezygnował z urzędu prezydenckiego – przyp. red.

Polska krew

Polacy często mitologizują mafię, my, dziennikarze, też. Włosi mają ją na co dzień, żyją obok niej.

– Silniejszy jest strach przed mafią czy wściekłość na to, co robi?

– Jeszcze tylko starsze osoby, pamiętające dawne czasy, boją się mafii. Młodzi ludzie nie dają się tak zastraszyć.

– Znaleźliśmy w internecie wiele słów poparcia dla Pani i tego, co robił Roberto.

– Prawie codziennie ludzie piszą do mnie, że mój mąż był bohaterem, ale on nie czuł, że jest kimś takim. Przed laty, kiedy dostał się do szkoły policyjnej, od razu powiedział, że system trzeba zmienić od wewnątrz. Niestety Włosi są inni niż Polacy, nie tak solidarni jak my w czasie stanu wojennego. Mieszkańcy zatruwanej Kampanii chcą walczyć, ale w innych województwach nikogo to nie obchodzi, bo to ich nie dotknęło. Jest im dobrze: mają samochód, telefon i w ich domach nie śmierdzi, więc to nie ich problem. Dlatego zdecydowałam, że mieszkańcy Kampanii muszą dostać od nas – ludzi spoza tamtych terenów – wyraźne wsparcie i pomoc. Ten mecz w San Lorenzo, który organizuję, właśnie temu będzie służyć.

– Na czym ta pomoc ma polegać?

– Nie można odpuścić sprawy, pomijać milczeniem tego, co się tam dzieje. Nie wolno dać społecznego przyzwolenia na panoszenie się kamorry. Trzeba głośno mówić o sprawie, patrzeć na ręce rządowi i policji. Na Ziemi Ognia codziennie płoną odpady. Policja nie daje sobie z tym rady.

Zresztą nie zawsze chce podjąć działania, ponieważ kamorra wciąż jest tam silna. Niestety mafię mamy już w parlamencie, bo nasi politycy z nią współpracują i wielokrotnie zostało to potwierdzone. Nie chodzi tu tylko o Chianesego, ale o wielu innych ludzi kamorry, którzy często spotykali się z Berlusconim. Mafia ulokowała się w polityce, ponieważ zrozumiała, że będąc na wysokich stanowiskach, może osiągnąć więcej, niż zabijając i strasząc ludzi. Włochy to dziwny kraj.

– Czy dzisiejsza mafia bardzo różni się od tej, którą widzieliśmy w *Ojcu chrzestnym* i w serialu *Ośmiornica*?

– Od tamtej pory trochę się zmieniło. Teraz mafia już nie jest tak widoczna w swojej brutalności jak wtedy. Jej żołnierze nie pobierają od sklepikarzy opłat za „ochronę". Jak widać, nie ma też bomb, tylko czasami jakieś małe strzelaniny. Wiele klanów zniknęło, pozostałe myślą tylko o tym, jak tu zrobić fortunę. Mafia nie chce tracić czasu na zarabianie małych pieniędzy, dlatego koncentruje się na polityce i wyłącznie dochodowym biznesie, takim jak utylizacja odpadów. Najsilniejsze klany właśnie szykują się do przejęcia rekultywacji terenów zanieczyszczonych. Wiedzą, że w zagospodarowanie tych obszarów państwo włoży kupę pieniędzy. Nie trzeba będzie strzelać i brudzić sobie rąk, aby zarobić krocie. Szefowie tych klanów chcą działać w ciszy, dlatego wielu z nich współpracuje z policją. To im się opłaca, bo mają wszystko za darmo: spokojne życie, dom, wyżywienie i ochronę na koszt państwa. Politycy też na tym zyskują, szczególnie gdy media donoszą o spektakularnych aresztowaniach członków mafii. Takie akcje, dziwnym trafem, zawsze odbywają się tuż przed wyborami. Roberto mówił mi, że tajne służby i politycy wiedzą, gdzie ukrywają się poszukiwani członkowie klanów, na długo przed ich zatrzymaniem. Termin aresztowań uzgadniają z... ojcami chrzestnymi, czyli głowami mafijnych rodzin! Tak to wygląda od kuchni, dlatego powtarzam, że trzeba wygonić mafię z rządu.

– Myśli Pani, że Włosi, poprzez demonstracje, odważne media i antymafijne organizacje pozarządowe, są w stanie oczyścić struktury państwa z przestępczych powiązań?

– Do tego potrzebna by była rewolucja, ale Włosi – jak wiadomo z ich historii – nie są w stanie jej przeprowadzić. Nie tylko nie umieją tak działać, ale nawet nie chcą. Jedynie niewielu z nich się buntuje. Stanowią na razie zbyt małą grupę, by cokolwiek zmienić. Generalnie Włosi lubią krzyczeć, ale jak dojdzie do konkretów i trzeba pójść na barykady, na przykład na demonstrację, to okazuje się, że jest na to za gorąco albo nie mają czasu. Tłumaczą, że muszą iść na gimnastykę, gotować albo wyjść do restauracji ze znajomymi... Może kiedyś uda im się przegonić mafię, ale pewnie upłynie wiele lat, zanim tak się stanie. W tym kraju mafię chronią skorumpowana administracja i politycy. Aby dostać pracę na dobrym stanowisku, począwszy od polityki, nie trzeba być kompetentnym i mądrym pracownikiem. Musisz za to znać *kogoś* albo być *czyimś* synem. Kiedy ojciec chrzestny chce wsadzić syna na stanowisko ministra, nikt mu się nie może oprzeć. Rezultaty widać gołym okiem: mamy ministrów, którzy tańczyli w telewizji, a teraz decydują o przyszłości szkolnictwa, wprowadzając drastyczne cięcia budżetowe. Według mnie robią to celowo, ponieważ naród osłów łatwiej kontrolować niż wykształcone, świadome wielu zjawisk społeczeństwo. Wszystkie ważne reformy robi się tutaj latem lub podczas świąt, kiedy ludzie zajęci są innymi sprawami.

– A funkcja kontrolna mediów?

– Programy telewizyjne, szczególnie ze stacji Berlusconiego, są strasznie ogłupiające, przedstawiają rzeczywistość w nierealnym wymiarze. To właśnie tam, w wiadomościach, przekonują, że na Ziemi Ognia zanieczyszczenia stanowią jedynie trzyprocentowy margines, podczas gdy naprawdę trzy procent nadaje się do życia i uprawy. Berlusconi wciąż jest kochany przez młodych Włochów, bo on ma... dużo dziewczyn. Przez starsze panie też, ponieważ „jest sympatyczny i opowiada kawały". Dlatego właśnie na niego głosują.

– Czy spotkała Pani ludzi podobnych do Roberta: odważnych, nieprzekupnych, bezkompromisowych wobec mafii?

– Znam tylko jedną taką osobę. To były carabiniere, który stał się niewygodny właśnie dlatego, że był nieprzekupny. On też ma na imię Roberto, jest z Neapolu. Grożono jemu i jego rodzinie, więc musiał podjąć decyzję o zwolnieniu się z pracy.

– Jest Pani bardzo odważna w swoich wypowiedziach. Naprawdę jest Pani bezpieczna?

– Jestem w stałym kontakcie z dziennikarzami, mam ich po swojej stronie i to ich (czyli powiązanych z kamorrą urzędników i polityków – przyp. aut.) trochę niepokoi. Często mówi się o moim mężu, a oni myśleli, że to wszystko ucichnie. Niedługo zorganizuję mecz pamięci między policją a wojskiem, w San Lorenzo, tam gdzie pracował Roberto. Wcześniej wspólnota żydowska chce go upamiętnić w synagodze. Będzie też wiele innych spotkań, na które jestem zaproszona, aby ludzie o nim nie zapomnieli. Niedawno otwierałam konwencję o ekomafii zorganizowaną przez Legambiente (włoskie stowarzyszenie ekologiczne będące częścią Europejskiego Biura Ochrony Środowiska – przyp. aut.). Byli na niej wszyscy ministrowie środowiska. Wciąż dostaję zaproszenia na różne inicjatywy związane z Ziemią Ognia. Muszę kontynuować to, co zaczął mój mąż. Nie poddam się.

– Jesteśmy z Pani dumni, polska krew.

– Włoszki też mi mówią, że to „inna krew", bo one by się tak nie zachowały, nawet wtedy, gdy byłam przy mężu w szpitalu. Uważam, że to normalne, że się nim opiekowałam. Tymczasem wszyscy mi mówili, że jeszcze nigdy takiej żony jak ja nie widzieli. Aż mi się to w głowie nie mieści! Przecież ja nic takiego wielkiego nie zrobiłam. Ale może oni mają rację, że my jesteśmy inne?

– Najpiękniejszy dzień w Pani życiu to...

– Dwudziesty siódmy lipca 2000 roku. Tego dnia odkryłam, że jestem w ciąży. Staraliśmy się o dziecko od pięciu lat. Dwudziesty siódmy lipca to data urodzin Roberta. To także data naszego ślubu kościelnego w Wieliczce.

– Jak wygląda Pani życie bez niego?

– Teraz najgorsze w moim życiu są wieczory. Roberto i ja lubiliśmy rozmawiać, kiedy mała poszła spać. Zasypialiśmy, trzymając się za ręce. Tego mi bardzo brakuje...

Rozdział 2

Lucyna, oskarżycielka mafii

Ta historia ma początek nad mazurskimi jeziorami. W ostatni dzień maja 2003 roku w okolicach Kisielic koło Iławy zaginęli dwaj mężczyźni. Pracowali w szarej strefie, sprowadzali z Litwy papierosy bez akcyzy. I chociaż obaj trzymali się z dala od przemytników zrzeszonych w gangi, jako wolni strzelcy nie mieli szans na przetrwanie. Zostali zamordowani, a ich ciał dotąd nie odnaleziono. Tamtego dnia świat ich żon rozpadł się na miliony kawałków. Aby poskładać go na nowo, wdowy musiały stawić czoło śmiertelnie groźnej organizacji. W walce z tzw. polską mafią okazały się skuteczniejsze niż policja: zdemaskowały bezkarnego przez lata *capo di tutti capi*, oskarżyły go o podwójne zabójstwo i posłały na dożywocie.

Niezwykłą historię dwóch zwykłych – jak mówią o sobie – kobiet opowiada nam jedna z nich, Lucyna Biej. Umawiamy się w jej domu w Policach.

– Gdyby nie zaufanie, jakim darzyliśmy się w małżeństwie, prawda o losie mojego męża i jego kolegi, Jerzego Ornowskiego, prawdopodobnie na zawsze pozostałaby mroczną tajemnicą – zaznacza już na wstępie. – Policja wmawiała nam przecież, że Staszek i Jurek porzucili nas dla młodszych kobiet i wyjechali z nimi w siną dal. Nigdy w to nie uwierzyłyśmy.

– Co dało wam taką siłę do działania? Chęć zemsty, pragnienie sprawiedliwości?

– Przede wszystkim miłość – odpowiada bez wahania Lucyna. – W tej historii jest więcej miłości niż walki.

– Lubimy miłosne historie.

– W takim razie zapraszam do środka. – Uśmiecha się ciepło.

Szkolna miłość

Wypatrzyła sobie męża już w podstawówce. Staszek Biej przerastał o głowę wszystkich chłopaków z klasy. Miał ciepły głos i zniewalający uśmiech. O zgodę na ślub musieli prosić sąd – Lucyna zaszła w ciążę, zanim oboje stali się pełnoletni. Urodziła dwóch synów: najpierw Daniela, po kilku latach zaś Rafała (o młodszym mówi „skóra zdjęta ze Staszka"). Spędzili ze sobą ponad 20 lat.

– Kiedyś, gdy chłopcy byli jeszcze mali, pojechaliśmy we czwórkę na wczasy do Zakopanego – wspomina Lucyna Biej. – Ostatnie pieniądze wydaliśmy pod Gubałówką. Kupiliśmy szczeniaka, bernardyna. Mała, puchata kulka, cały bialutki. Nazwaliśmy go Baca. Staszek stracił dla niego głowę. Szczeniak wyrósł na olbrzyma, który bał się burzy. Kiedy zaczynało grzmieć, wpadał w panikę. Przeskakiwał ogrodzenie i gnał na oślep przed siebie. Mówiliśmy, że Bacuś poszedł w szkodę. Czasami mąż szukał go całymi nocami. A gdy już znalazł – brudnego i przemoczonego – wyzywał od najgorszych: „Gdzie się szlajałeś, łajzo?". Ale w domu tulił się do niego jak dziecko do pluszaka – mówi. – Był miłością mego życia. Bawił i wzruszał mnie do łez. W ogóle nie umiałam gniewać się na niego. Nie mieliśmy cichych dni. Jeśli już o coś miałam „focha", to jedynie o to, że był łatwowierny. Zupełnie nie dostrzegał, że ludzie go wykorzystywali. Dla synów był wzorem. Potrafili we trzech godzinami grzebać w silnikach samochodowych. A dla mnie był całym światem. Okazywał mi uczucia... motoryzacyjnie. – Uśmiecha się do wspomnień. – Kupował mi nowe samochody, chociaż wcale go o to nie prosiłam. Przyzwyczaiłam się do swojego mercedesa, ale on uważał, że jest dla mnie za wolny. Któregoś dnia wziął tego mercedesa do przetestowania i stwierdził, że w razie zagrożenia na drodze nie zdążę uciec. Nieważne było, że lubiłam to auto. Uparł się i kupił szybsze, nowocześniejsze. „Kocham cię, dlatego musisz mieć najbezpieczniejszy samochód", tłumaczył cierpliwie, podczas gdy ja kręciłam nosem. Dbał potem, żeby nowy nabytek był czysty, bo ja nie miałam nawyku jeżdżenia do myjni. „To wstyd, żeby kobieta takim brudnym autem jeździła", ganił mnie za każdym razem, oddając kluczyki.

Lucyna przekonuje, że pieniędzy im nie brakowało. Jej mąż był obrotny, nie bał się ryzyka. Zanim zajął się przemytem, prowadził firmę handlującą stalą, miał lombard, kupował nieruchomości. Mogła skupić się na wychowywaniu dzieci i nadzorowaniu budowy domu. Kiedy chłopcy podrośli, zaczęła prowadzić butik. Jest krawcową, z czasem otworzyła salon sukien ślubnych. Jej kreacje niczym nie ustępują projektom ze znanymi metkami.

Jednak to nie suknie dawały największy zastrzyk gotówki, ale sprowadzane z Litwy papierosy bez akcyzy. Staszek zrzucił się z dwoma kolegami na tira z towarem. Włożyli po trzydzieści tysięcy złotych. Jednym ze wspólników był mąż Henryki – Jerzy. Pracował kiedyś w komendzie wojewódzkiej policji jako kierowca. Odszedł i założył firmę transportową. Staszek i Jurek zaprzyjaźnili się, mieli do siebie zaufanie.

– Staszek konsekwentnie unikał rozmów o papierosach – mówi Lucyna. – „Zajmij się domem, a o moje interesy nie pytaj", ucinał, gdy drążyłam temat. Martwiłam się o niego. Bałam się, że trafi do więzienia. Uspokajał, że za to grożą jedynie kary finansowe. Pewnego razu, gdy wpadł jeden transport, mąż spodziewał się, że policja po niego przyjdzie. Pamiętam, co mi wtedy powiedział: „Nie bój się. Nic nikomu nie jestem winny, więc nikt nie ma prawa żądać od ciebie pieniędzy. Swoją działkę zawsze biorę na końcu".

Mylili się oboje, sądząc, że to policja jest zagrożeniem.

Podróż na dwa auta

Lucyna Biej i Henryka Ornowska po raz ostatni widziały mężów 30 maja 2003 roku. Wyjeżdżali do Piły w interesach granatowym audi Jerzego, najnowszym modelem. W Polsce było wtedy tylko kilka takich aut. Zapowiedzieli, że wrócą wieczorem. Stanisław dzwonił do Lucyny z drogi, ale nie odebrała. Była wtedy w hurtowni, pojechała po materiał na suknie, nie miała czasu rozmawiać. Oddzwoniła po kilku godzinach, pod wieczór. „Tak tylko dzwoniłem. U mnie wszystko w porządku" – powiedział.

Żona Jerzego była tamtego dnia w auli uniwersyteckiej na absolutorium kuzynki. Tam odebrała telefon od męża. Mówił, że nie pojechali do Piły – jak planowali – tylko na Mazury. „Jesteśmy u Jana. Coś idzie nie tak" – powiedział. W auli było głośno, ledwie go słyszała. Wstała z miejsca. Ruszyła do drzwi. „Zaraz do ciebie oddzwonię. Muszę tylko wyjść na korytarz" – wyjaśniła i rozłączyła się. Nie przypuszczała nawet, że to była ich ostatnia rozmowa.

Dzwoniła setki razy. Telefon Jerzego już nie odpowiadał.

Lucyna pamięta, że Henia szalała z niepokoju i ponaglała ją, by skontaktowała się z mężem. Lucyna zadzwoniła więc do Staszka, ale jego komórka też była wyłączona.

– Uspokajałam Henię, chociaż udzielało mi się jej zdenerwowanie – opowiada. – Dziwiło mnie, że Staszek i Jurek zamiast do Piły pojechali na Mazury. Nie miałam pojęcia, kim jest ten Jan, o którym mówił Jurek. Nigdy o nim nie słyszałam. Pocieszałam Henię, jak mogłam, bo naprawdę myślałam, że chłopaki popiły i rozładowały im się komórki. Czasami mieli szalone pomysły. Kiedyś, też w trasie, siedzieli gdzieś w przydrożnym zajeździe i zobaczyli program o niepełnosprawnym chłopcu z domu dziecka. Jego marzeniem było mieć komputer, chciał być programistą. Zamiast wrócić do domu, jak zapowiadali, następnego dnia pojechali do tego domu dziecka. Po drodze kupili komputer, o jakim marzył bohater reportażu. Byłam przekonana, że teraz też coś im strzeliło do głowy. Mówiłam to Heni, jednak ona już wtedy miała złe przeczucia. Mnie tknęło dopiero następnego dnia, kiedy telefon męża – jak nigdy dotąd – wciąż był wyłączony.

Pełna obaw Lucyna z samego rana pojechała do Heni. Skontaktowały się z trzecim wspólnikiem od papierosów. Dowiedziały się od niego, że Jan, do którego pojechali ich mężowie, to lokalny działacz samorządowy z Kisielic koło Iławy. Od lat jest przykuty do wózka inwalidzkiego. Z racji kalectwa ma pseudonim Kulawy. Zdobyły jego telefon i adres. Wsiadły do samochodu, zatankowały do pełna i tak jak stały, wyruszyły na Mazury.

Były zdesperowane, ale nie na tyle, aby jechać same. Drugim samochodem wyruszyli ich synowie. One pojechały przez Piłę, oni przez Gdańsk – na wszelki wypadek, bo nie było wiadomo, jaką trasą podróżowali zaginieni. W każdym mieście sprawdzały szpitale, pytając, czy nie doszło może do wypadku z ich udziałem. Zatrzymywały się też na wszystkich stacjach benzynowych, dowiadując się, czy nie tankowano granatowego audi, najnowszego modelu.

Do Kisielic dotarły w środku nocy. Z samego rana wykręciły numer Jana R. „Teraz nie mogę was przyjąć. Jestem po imprezie rodzinnej. Czekajcie do dziesiątej" – usłyszały jego zaspany głos. W tym samym czasie synowie Heni i Lucyny dojeżdżali do komisariatu w Iławie. Poinformowali dyżurnego, że ojcowie zaginęli, a matki jadą właśnie do Kulawego. Policjant zalecił ostrożność. „To podejrzany człowiek, waszym matkom grozi niebezpieczeństwo" – powiedział bez ogródek.

Lucyna i Henia nie wytrzymały do dziesiątej. „My nie śpimy, pan też nie będzie spał" – oświadczyły Janowi R. przez telefon. Próg jego rezydencji, ukrytej za wysokim murem, przekroczyły godzinę przed czasem. „To istna forteca. Widać gospodarz ma wiele do ukrycia" – myślały. Wtedy jeszcze nie miały pojęcia, że w drodze do Jana R. były bacznie obserwowane. Kierowca schowany za ciemną szybą nie spuszczał z nich oka. Jechał za nimi przez całe Kisielice. Synowie Lucyny i Henryki zostali na stacji CPN. Umówiły się z nimi, że chłopcy będą co jakiś czas dzwonić i sprawdzać, czy z matkami wszystko w porządku.

Podczas spotkania z żonami zaginionych Jan R. nie grzeszył uprzejmością. Kiedy zasypały go pytaniami o mężów, lawirował, nie patrząc im w oczy. Opowiadał w kółko o chorej matce i swoich obolałych nerkach. Najpierw w ogóle zaprzeczał, że Stanisław i Jerzy byli u niego. Ale one nie dały się zwieść. Powiedziały, że Jerzy telefonował do żony właśnie z Kisielic i przekazał, że są u Jana. Kulawy żachnął się i tłumaczył pokrętnie. „Byli i pojechali" – przyznał w końcu, nie wchodząc w szczegóły. Wyraźnie nie pasowała mu ta rozmowa. – „Idźcie na policję. Ja wam pomóc nie mogę". – Rozkładał ręce zirytowany.

– Henia wpadła w furię, a ja płakałam – opowiada Lucyna. – Błagałam żonę Kulawego, żeby nie robili krzywdy naszym mężom. „Oddamy wam wszystko, co mamy, tylko pozwólcie im odejść". Ale ona była niewzruszona. Patrzyła na nas z pogardą i spuściła ze smyczy dwa ogromne owczarki kaukaskie. Uciekałyśmy stamtąd ile tchu w piersiach. Dochodziła dziesiąta. Właśnie o tej porze miałyśmy się zjawić u Kulawego. Przed domem panował spory ruch: parkowały jakieś samochody, schodzili się jacyś mężczyźni. Wyglądali groźnie. Rozmawiali przez komórki i blokowali wyjazd z posesji. Wybiegłyśmy przed bramę, przedarłyśmy się przez szpaler „mięśniaków" i na miękkich nogach pognałyśmy do zaparkowanego kilkadziesiąt metrów dalej auta. Odjechałyśmy w popłochu – mówi i kontynuuje: – Wiele miesięcy później zobaczyłyśmy tych mężczyzn ponownie. Trwało już śledztwo, a oni mieli w nim status podejrzanych o zabójstwo naszych mężów. W lokalnym półświatku mówiono o nich Kacpry, od pseudonimu szefa grupy, blisko dwumetrowego Marcina K. pseudonim Kacper.

Kacpry słynęli z okrucieństwa i całkowitego oddania „Kulawemu". Byli gotowi zrobić dla niego wszystko. Pochodzili z Elbląga. Świadkowie zeznawali, że to oni uprowadzili mężów Lucyny i Henryki. Opowiadali prokuratorowi, że grupa Kacprów zjechała do domu Kulawego, gdzie Stanisław i Jerzy rozmawiali z gospodarzem. Mieli na twarzach kominiarki. Wpadli i wypadli. Wykręcili przyjezdnym ręce, obezwładnili ich i wywieźli białym busem nie wiadomo dokąd. Świadkowie przekonywali, że Kacpry już wcześniej przeprowadzali takie akcje. Los uprowadzonych przez nich ludzi podobno wciąż jest nieznany. Policjanci z Centralnego Biura Śledczego w Olsztynie pokazali kobietom tablice ze zdjęciami Kacprów. Nie miały wątpliwości, że to oni zjechali się o dziesiątej. „Groziło wam śmiertelne niebezpieczeństwo" – usłyszały wtedy. – „Przyjechali was zabić, bo robiłyście za dużo szumu. Gdybyście zjawiły się u Kulawego o umówionej porze, śladu by po was nie było".

Od detektywa do jasnowidza

Po powrocie z Mazur natychmiast zgłosiły w swoim komisariacie zaginięcie mężów, ale odesłano je do Iławy, „bo tak będzie szybciej". Znów pokonały setki kilometrów, ponieważ czas mógł mieć decydujące znaczenie. Jednak policjanci znad wielkich jezior nie potraktowali sprawy poważnie.

– Sugerowali, że powinnyśmy wrócić do siebie i cierpliwie czekać, aż mężowie wytrzeźwieją i znajdą drogę do domów – opowiada Lucyna. – Na samo wspomnienie krew mi się burzy! Po dwóch miesiącach funkcjonariusz z Iławy radził: „Dajcie sobie spokój. Sprawa i tak będzie umorzona. Wasi mężowie pewnie wylegują się gdzieś na ciepłej plaży". Czułyśmy się bezradne i upokorzone. Postanowiłyśmy wynająć detektywa, tego najsłynniejszego i – podobno – najskuteczniejszego. Widziałyśmy jego program w telewizji, sprawiał wrażenie supermena. Detektyw skasował dwadzieścia cztery tysiące i dostał nasze pełnomocnictwo do poszukiwań. Aby się czegokolwiek dowiedzieć, jeździłyśmy za nim po Polsce, gdyż nie miał czasu spotkać się z nami w umówionym miejscu o wyznaczonej porze. Kiedyś umówił się z nami we Wrocławiu. Henia została w domu i usiłowała się do niego dodzwonić, co wcale nie było łatwe. W końcu odebrał. Zaspanym głosem oznajmił, że jest w Łodzi. Wkurzyłam się i zawróciłam do domu. Innym razem wyznaczył nam spotkanie w swoim biurze poselskim. Ale to nie on na nas tam czekał, tylko my na niego. Posła-detektywa nie było, ponieważ wybrał się z córką na konie. Jeździłyśmy za nim również do Gdańska i niestety, był to stracony czas. Już podczas pierwszego spotkania w Zgorzelcu, gdy przekazywałyśmy mu pieniądze, oznajmił, że nasi mężowie prawdopodobnie nie żyją – wspomina Lucyna Biej. – Wyjaśnił, że miał już do czynienia z Janem R. i wie, co to za człowiek. „Jeżeli wasi mężowie robili z nim interesy, a do tej pory nie wrócili do domów, to spotkało ich najgorsze", usłyszałyśmy. Chciałyśmy konkretów, bo wziął honorarium, a wciąż nas zwodził, jednak w końcu, na prośbę policji, cofnęłyśmy mu pełnomocnictwo. Bardziej przeszkadzał, niż pomagał – podsumowuje.

Detektyw powiedział im jeszcze o jednym, czego wówczas nie chciały przyjąć do wiadomości: „Nie odnajdziecie zwłok. Oni zostali zmieleni". Miało do tego dojść na terenie masarni Kulawego. Tak okrutne, że aż niewiarygodne. Może właśnie dlatego podświadomie odrzucały tę wersję. Wciąż miały nadzieję, że „to się nie dzieje naprawdę". Szukały Staszka i Jurka wśród żywych, a nie martwych.

– Śledztwo stało w miejscu, a my nie potrafiłyśmy biernie czekać – opowiada dalej Lucyna Biej. – Musiałyśmy działać, i to natychmiast. Pojechałyśmy do Warszawy, wzięłyśmy udział w programie redaktora Fajbusiewicza. Kiedy zobaczyłyśmy na ekranach hipotetyczną rekonstrukcję zbrodni, to zabrakło nam tchu w piersiach. Aktorzy odgrywający zabójców, niczym w gangsterskim filmie, przewiercali kolana „naszym mężom", a potem likwidowali zwłoki. W rzeczywistości Staszek i Jurek nie byli gangsterami. W imię czego mieliby ginąć w mękach? Dlaczego w ogóle ktokolwiek mógł chcieć ich śmierci? Policja apelowała w tym programie o pomoc, szukała świadków, tropu, czegokolwiek. Po emisji *997* rozdzwoniły się telefony. Różni ludzie mówili różne rzeczy: że widzieli, że słyszeli… Nic się nie potwierdziło. Kontaktowali się z nami więźniowie z różnych zakładów karnych. Prosili, aby do nich przyjechać, bo „mają wiedzę o sprawie". Jechałyśmy na darmo. Żerowali na naszym nieszczęściu, chcieli wyłudzić pieniądze.

Ruszyły w Polskę, by porozwieszać plakaty ze zdjęciami zaginionych mężów i samochodu, którym jechali. Obiecywały nagrodę za informacje, dzięki którym uda się ich odnaleźć.

Najwięcej plakatów ponaklejały na stacjach benzynowych w Pile, Iławie, Elblągu i Gdańsku, czyli tam, gdzie Stanisław i Jerzy mogli zawitać podczas swojej ostatniej podróży.

Do jasnowidza z Człuchowa wysłały synów. O Krzysztofie Jackowskim słyszały różne opinie, nie zawsze pochlebne, ale postanowiły się nie zrażać. Chłopcy wrócili z odręcznie zapisaną przez niego kartką. Czytały ją tysiące razy, treść notatki znają na pamięć: „Ci ludzie nie żyją. Zostali zwabieni przez czterech mężczyzn. Oszukano ich, gdy pojechali po pieniądze, a w umówionym miejscu, gdzie mieli się spotkać – zostali zaatakowani, zastraszeni i zabici. Zastrzelono ich, a ciała wrzucono do białego busa i wywieziono w rejon Ostródy. Zwłoki obciążono i wrzucono do Jeziora Drwęckiego".

Scenariusz zbrodni z wizji Krzysztofa Jackowskiego zaskakująco zgadzał się z późniejszymi ustaleniami śledczych, m.in. co do motywu zbrodni i okoliczności poprzedzających zaginięcie mężczyzn. „Rzeczywiście sprawców było czterech" – powiedział nam jeden z policjantów olsztyńskiego CBŚ, który brał udział w zatrzymaniu Jana R. – „Do dziś nie mogę zrozumieć, skąd ktoś niewtajemniczony w sprawę mógł znać taki szczegół. Byliśmy zaintrygowani do tego stopnia, że nurkowie przeszukali jezioro wskazane przez jasnowidza. Ciał jednak nie odnaleźli".

Opatrzność, czyli palec boży

Przełom w poszukiwaniach nastąpił w Malborku, na stacji benzynowej. Podróżujący z plakatami synowie Lucyny i Heni zatrzymali się, aby chwilę odpocząć przy kawie. Obaj zwrócili uwagę na pewien samochód. Ściślej mówiąc – na jego supernowoczesne, bardzo drogie felgi. Marcin Ornowski był pewien, że pochodzą one z granatowego audi taty.

– Miały charakterystyczne nacięcie – wyjaśnia Lucyna. – Henia opowiadała mi, że Jurek miał w zwyczaju znakować swoje rzeczy i tak właśnie zrobił w tym przypadku. Zadzwoniłyśmy do detektywa i powiedziałyśmy, że dzięki spostrzegawczości chłopców mamy trop w sprawie. Wyśmiał nas, mówiąc, że samochodów z takimi felgami są na polskich drogach tysiące. Policjanci też nie dowierzali, ale postanowili to sprawdzić. Przesłuchali właścicielkę auta. Kobieta powiedziała im, że kupiła je niedawno od mechanika. Policjanci pojechali do warsztatu, zabrali mechanika na komisariat. Podczas przesłuchania mężczyzna przyznał, że felgi pochodzą z granatowego audi przeznaczonego do totalnego zniszczenia. „Auto ma zniknąć z powierzchni ziemi", oznajmił jeden z Kacprów, który przyjechał tym audi do warsztatu. Takie polecenie wydał jego pracodawca Jan R. pseudonim Kulawy. Audi Jerzego Ornowskiego zostało pocięte i wrzucone do Wisły pod Gdańskiem. Mało brakowało, aby całkowicie „zniknęło z powierzchni ziemi". Wtedy prawda o losie zaginionych, podobnie jak zatopiony wrak, ległaby na dnie rzeki. Pracownicy warsztatu połasili się jednak na kilka elementów drogiego samochodu. Odkręcili felgi, które rozpoznał Marcin, i reflektory. Policja odnalazła je na zapleczu, wśród wielu innych części motoryzacyjnych. Właścicielowi warsztatu postawiono zarzut paserstwa. Pracownik, przez którego wszystko się wydało, po przesłuchaniu powiesił się w warsztacie.

Posesję Jana R. opanowali antyterroryści. Policjanci Centralnego Biura Śledczego znaleźli na jej terenie broń, amunicję, auta z przebitymi numerami, gotowe do odpalenia bomby i kilka kilogramów materiałów wybuchowych. Kulawy, jego żona i banda Kacprów trafili za kraty.

– Kiedy policja wyławiała z Wisły pocięty i spalony wrak samochodu Jurka, stałyśmy z Henią nad brzegiem rzeki nieświadome jeszcze, że ta chwila zmieni całe nasze życie – wspomina Lucyna. – Jeden z funkcjonariuszy podszedł do nas i powiedział, że nasi mężowie nie żyją. Miał o tym świadczyć sposób, w jaki zniszczono auto. Nigdy nie zapomnę krzyku Heni: przerażającego, przeszywającego do szpiku kości. Ciarki przechodzą na samo wspomnienie. Stałyśmy tam wtulone w siebie i płakałyśmy, nie wiem jak długo. Policjanci rozpierzchli się do swoich zajęć, widać nie chcieli nam towarzyszyć. Właściwie nie dziwię im się. Chyba nikt nie byłby w stanie znieść tego szlochania.

Śledztwo wykazało, że zatopiony wrak to audi Jerzego. Silnik miał takie same charakterystyczne nacięcia jak felgi. Łut szczęścia sprawił, że w ogóle sprawa wyszła na jaw. Inwalida na wózku – człowiek o łagodnych rysach twarzy, wrażliwy na los biednych dzieci, którym robił paczki za diety radnego – okazał się szefem organizacji przestępczej wzorowanej na sycylijskiej mafii. Jego „żołnierze" ślubowali bezwzględne posłuszeństwo, całowali go w rękę, ślepo wykonywali wszystkie polecenia. Korumpował lokalną policję, lekarzy i biegłych. Okoliczni mieszkańcy sprzyjali mu, bo dawał im pracę. Ogłoszenia o zaginięciu obu mężczyzn rozwieszane przez wdowy wisiały w Kisielicach najwyżej kilka minut. Zrywano je, gdy tylko się pojawiały.

Sprawa trafiła do Andrzeja Litwińczuka, ambitnego prokuratora z Białegostoku. Drobiazgowo zbadał przeszłość inwalidy. Fakty, do których dotarł, świadczyły o tym, że

Jan R. przez lata był nietykalny. Bezwzględny dla wrogów. Śmiertelnie skuteczny w eliminowaniu konkurencji. Wypuszczany z aresztu mimo poważnych przestępstw zbudował sobie legendę człowieka bezkarnego. Mężowie Lucyny i Henryki weszli mu w drogę i dlatego zginęli. Kulawy posądzał ich, że wystawili policji jego transport papierosów. Mylił się, chociaż niewykluczone, że mężczyźni nieświadomie doprowadzili funkcjonariuszy do „dziupli", w której znajdował się towar Jana R. Od jakiegoś czasu obaj byli śledzeni, podejrzewano ich o przemyt. Z ustaleń śledczych wynikało, że żaden z nich nie doniósł policji na Kulawego, świadomie nie naraził go na straty.

– Dopiero śledztwo uświadomiło mi, z jakimi ludźmi mąż robił interesy – przyznaje Lucyna. – Tamtego dnia pojechał z Jurkiem po 95 tysięcy euro, które Kulawy był im winien za przemycony towar. Nie mogę sobie wybaczyć, że przez całe lata małżeństwa stałam z boku, o nic nie pytając. Gdybym krzyczała, straszyła policją i groziła odejściem, może Staszek i Jurek wciąż by żyli.

Jeden ze świadków zeznał, że obu mężczyzn skatowano, wrzucono do białego busa i wywieziono do masarni Kulawego. Oprawcy mieli kominiarki, kastety i wiertarki, których z upodobaniem używali do torturowania ofiar. Tamtego dnia zaopatrzyli się także w dwa worki wapna stosowanego do niszczenia śladów zbrodni.

– Nasz świat rozsypał się na kawałki – kontynuuje Lucyna. – Dzieci nie mogły pogodzić się ze śmiercią ojców, a my nie potrafiłyśmy im wytłumaczyć, dlaczego tak się stało. Wszyscy zamykaliśmy się w swoich pokojach i płakaliśmy do poduszki, żeby nikt nie widział. Córka Heni, Gabrysia, miała wtedy piętnaście lat. Do dziś przechowuję list, który napisała po zaginięciu ojca. Przeczytam wam fragment: „Moje życie legło w gruzach. Rozpacz rozdzierająca serce jest tak mocna, że miejscami doprowadza mnie do obłędu. Czy ktoś może sobie wyobrazić, co ja czuję i przeżywałam? Na pewno nikt. Jedynie Bóg widzi, jak wielkie jest moje cierpienie. Odebrano mi tatę. Z jego serca wydarto życie". Moi synowie przeżywali to równie mocno. Młodszy w ogóle przestał się odzywać, a starszy, zrozpaczony i oburzony na świat, że sam nie może wymierzyć sprawiedliwości zabójcom ojca, wsiadł na motor, szukając śmierci. Był wściekły, gdy lekarze go odratowali. Pomyśleć, że kilka miesięcy wcześniej właśnie układał sobie życie. Miał dwadzieścia dwa lata, był zakochany i zaręczony, niedługo miało przyjść na świat jego dziecko. Ale śmierć ojca zniweczyła wszystko.

Po zakończeniu śledztwa pewien ważny prokurator powiedział na konferencji prasowej, że zanim mężowie Lucyny i Heni umarli, wiertarkami przewiercono im oczy i kolana.

– Tamtej nocy zabrakło mi łez – mówi Lucyna. – Tuliłam się do poduszki po pustej stronie łóżka, szukałam zapachu Staszka. Czas nie goi takich ran. Minęło tyle lat, a do mnie wciąż powraca w snach makabryczna wizja: widzę go skatowanego i mężczyzn w kominiarkach, z kastetami na dłoniach. Wbijają mu wiertła w ścięgna i kolana. Potem posypują ciało wapnem, żeby nie zostały nawet kości. Po przebudzeniu modlę się, aby to był tylko sen. Żeby w rzeczywistości tylko go zastrzelili.

Jana R. i bandę Kacprów oskarżono o podwójne zabójstwo ze szczególnym okrucieństwem. Prokuratura zapowiedziała, że będzie się domagać dożywocia. Wtedy do lombardu Lucyny Biej przyszedł niczym niewyróżniający się mężczyzna. Nie był zainteresowany żadną transakcją. Stanął na wprost młodego pracownika i przenikliwie patrzył mu w oczy. Mierzył go wzrokiem dłuższą chwilę, po czym powiedział: „Przekaż Lucynie, że szukając męża, wielu ludziom poważnie zaszkodziła. Poszli przez nią siedzieć. My takich rzeczy nie zapominamy. Najpierw załatwimy jej dzieci, żeby cierpiała. Potem ją zabijemy. Na koniec zajmiemy się tą drugą kurwą".

– Henia przeniosła córkę do innej szkoły, nie spuszczała z niej oka. – Lucyna czuje dreszcze na samo wspomnienie tamtego zdarzenia. – Czy się bałyśmy? Oczywiście, ale ten strach nas nie paraliżował. Miałyśmy świadomość, że poszłyśmy na wojnę z mafią, więc niejedno nas jeszcze zaskoczy. Po przełomie z felgami czułyśmy jednak, że mamy opatrzność po swojej stronie.

Rozmowa z duchami

Przez lata śledztwa, a potem procesu sądowego policjanci i geolodzy przeszukiwali groble, stare cmentarze, mazurskie jeziora i lasy. Szukali zwłok. Bezskutecznie. Gra toczyła się o dożywocie, a bez ciał nie było gwarancji, że takie wyroki zapadną. Lucyna i Henia postanowiły osobiście poprosić o pomoc Krzysztofa Jackowskiego. „Może powtórzy wizję, zobaczy więcej szczegółów" – łudziły się. Znów wsiadły do samochodu i pojechały do Człuchowa. Zabrały fotografie mężów, ich szczoteczki do zębów, niewyprane koszulki i stary szlafrok. Towarzyszyliśmy im z kamerą.

Jasnowidz pobieżnie znał sprawę z mediów. Nie chciał

słuchać szczegółów ze śledztwa. Twierdził, że go rozpraszają, przeszkadzają w wizji. Przyglądał się fotografiom, wziął reklamówki z rzeczami i zniknął za drzwiami gabinetu. Po powrocie oznajmił to samo, co niegdyś spisał na kartce: obaj nie żyją, zostali wciągnięci w pułapkę i zamordowani.

Lucyna kompletnie się rozkleiła.

– Nie płacz – powiedział stanowczo Jackowski. – Twój mąż nie cierpiał, miał szybką śmierć. Denerwujesz go tylko tym płaczem, daj mu święty spokój.

Spłoszyła się, w pośpiechu otarła łzy.

– **On tak zawsze, prosto z mostu?** – zapytaliśmy Adriana, syna jasnowidza.

Chłopak siedział przed komputerem w tym samym pokoju, w którym ojciec rozmawiał z żonami zaginionych. Widać było, że przywykł do obecności obcych w domu.

– Ojciec jest dziwny – wymamrotał pod nosem, cały czas wpatrując się w ekran. – Chodzi po domu i gada do siebie.

– A co gada?

– Różnie, czasami się kłóci.

– Sam ze sobą?

– Słowo daję! Tłumaczy się potem, że rozmawiał z duchami.

– Mówi prawdę?

– Sam już nie wiem.

– Jesteś na ojca wkurzony?

– Kto by nie był?! – Chłopak po raz pierwszy oderwał wzrok od komputera. – Proszę spojrzeć: wszędzie walają się reklamówki z ciuchami trupów, on to wącha, przekłada z kąta w kąt. Nie ma chwili spokoju, ludzie wchodzą do ogrodu, zaglądają przez okna, stukają w szyby. Przecież tak się nie da żyć.

Jasnowidz ignorował obecność ekipy telewizyjnej. Był pochłonięty rozmową z drugą wdową. Sprawiał wrażenie speszonego, onieśmielonego, jakby coś przed nią ukrywał.

– Mąż tej kobiety był torturowany, długo umierał – wyznał, gdy opuszczaliśmy jego dom.

– Dlaczego nie powiedział jej pan tego?

– Nie chcę dodawać jej cierpienia. Zresztą nie mam czystego obrazu z wizji, nie mogę mówić o konkretach.

– Czy coś zakłóca wizję?

– Z doświadczenia wiem, że jeśli zabójców było kilku, to ich myśli, które odbieram telepatycznie, plączą i zaciemniają szczegóły zdarzeń.

– Może pan jakoś pomóc tym wdowom?

– Spróbuję jeszcze raz podejść do wizji. Jestem naprawdę poruszony niezwykłą odwagą tych kobiet. One nie spoczną, póki nie dotrą do prawdy. Chciałbym odszukać ciała ich mężów, ale nie mogę dać żadnych gwarancji, że mi się uda.

– Potrzebuje pan czegoś do tej wizji?

– Przywieźcie mi piasek z Jeziora Drwęckiego – odpowiedział po chwili zastanowienia.

Kości w środku lasu

Podróż z Człuchowa na Mazury to kilka godzin jazdy samochodem. Jechaliśmy w kompletnej ciszy. Lucyna chowała oczy za ciemnymi okularami. Henryka patrzyła przed siebie pustym wzrokiem. Był już wieczór, kiedy dotarliśmy na miejsce. Kobiety stanęły nad brzegiem jeziora i wpatrywały się w taflę wody. Tkwiły tak nieruchomo kilka długich minut. Potem kucnęły i nabrały do plastikowego worka trochę piasku z jeziora.

– Nawet jeśli nasi mężowie rzeczywiście są na dnie tego jeziora, to jak ich odnaleźć? – retorycznie spytała Lucyna. – Ilu nurków musiałoby szukać, żeby mieć pewność?

Powoli zaczęło do niej docierać, że szanse na odnalezienie ciał są znikome.

Do Człuchowa wróciliśmy w środku nocy. Krzysztof Jackowski zaprosił nas do środka. W kłębach papierosowego dymu nakreślił na mapie jakieś znaki i leśną drogę. Mówił o polanie z brzozami i jakimś gruzowisku. Zaznaczył je krzyżykami.

– Nie wiem, czy odnajdę ich w całości, ale coś na pewno tam będzie: głowa, jakaś kość, c o ś... Pokażcie mapę policji. Niech sprawdzą. Jeżeli moja wizja terenu pokryje się z rzeczywistością, to pojadę z wami.

Mapę z notatkami Jackowskiego przesłaliśmy policjantom CBŚ z Olsztyna, którzy wiele miesięcy wcześniej zatrzymali Kulawego i jego bandę.

– Sprowadźcie jasnowidza na Mazury – zdecydował jeden z nich. – A my dopilnujemy wszystkich procedur i przywieziemy psa do tropienia zwłok.

W innych okolicznościach mazurskie lasy zachwycałyby nas swoim dziewictwem. Tamtego dnia jednak głusza i chaszcze przerażały. Jak w tym gąszczu odnaleźć punkty narysowane przez jasnowidza? Nieprzespana noc dała się wdowom we znaki, denerwowały się, że policja będzie szukać po omacku. Policjantka z Centralnego Biura Śledczego uspokajała: „Byliśmy tu przed wami, zdążyliśmy sprawdzić teren. Jest polanka, jest też ukryte w lesie niewielkie wysypisko śmieci. Sam gruz... – dokładnie tak jak na mapie".

Jasnowidz krążył swoimi ścieżkami. Palił jednego papierosa za drugim. Obecny ciałem – nieobecny duchem. Policjanci z przewodnikiem i ogromnym wodołazem wyszkolonym do tropienia zwłok zapuścili się na kilkadziesiąt metrów w las. Wdowy podążały za nimi krok w krok.

– Pojechałyśmy tam z wielką nadzieją, że wreszcie coś znajdą – wspomina Lucyna Biej. – Z samego rana zadzwoniła do nas policjantka i spytała, czy pan Jackowski był wczoraj w tych lasach na Mazurach. Zaprzeczyłyśmy, bo przecież mapę rysował w Człuchowie. Okazało się, że leśne ścieżki układają się tak jak na jego rysunku. To dało nam nadzieję.

Kilkanaście metrów za dzikim wysypiskiem zaczynała się polana z wysokimi brzozami.

– Na widok tej polany Henia zaczęła się trząść. Normalnie drżała jak osika, a przecież wcale nie było zimno. Rozpłakała się jak dziecko. Zapytałam, co się stało, ale ona nie mogła wymówić słowa. Jej twarz była przezroczysta, jakby cała krew z niej odpłynęła. W końcu wyszeptała: „Tutaj... właśnie pod tymi brzozami... widziałam Jurka". „Jak to? Kiedy?" – wykrzyknęłam. A ona na to, że widziała go we śnie. „Stał na tej polanie. Miał z przodu związane ręce. Pokazywał mi jakieś miejsce i powiedział, że jutro umrze nasz papież. I że zaraz potem go odnajdziemy". Aż mi ciarki po plecach przeszły. Papież rzeczywiście zmarł następnego dnia. Pomyślałam wtedy, że jeśli ten sen się sprawdzi, to zaraz znajdziemy Jurka, a potem Staszka...

Wszyscy patrzyli na przewodnika psa. Mężczyzna miał przy sobie długi pręt. Nakłuwał nim ziemię, aby ewentualny zapach zwłok wydostał się na powierzchnię. Pies był obojętny, nie podejmował tropu. „Tu niczego nie znajdziemy" – zawyrokował przewodnik i zawrócił do gruzowiska. Policjanci ogrodzili teren taśmą. Wdowy stanęły kilkanaście metrów dalej, obserwowały każdy szczegół. Kilku funkcjonariuszy w czarnych kombinezonach przerzucało łopatami gruz. Pies zachowywał się spokojnie, momentami nawet przysypiał. Kiedy policjanci naruszyli ziemię i zaczęli kopać, nagle się ożywił. Merdał ogonem, podskakiwał, trącał ziemię nosem i głośno szczekał. Zupełnie jakby rwał się do zabawy.

– Coś tu jest! Jakaś kość! – krzyknął funkcjonariusz CBŚ. – Chyba fragment miednicy... Trudno określić, czy ludzkiej – dodał po chwili.

Lucyna objęła Henię. Obie patrzyły w skupieniu, jak kość trafia do foliowego woreczka. Pies szczekał dalej.

– Mamy następną! To chyba szczątki kręgosłupa. Jest i trzecia, wygląda na kość udową. Dziwny zapach... Jakby ktoś polał to miejsce kwasem.

Zapanowała cisza. Wszyscy znieruchomieli. Tylko jasnowidz szeleścił paczką papierosów, sięgając po kolejne marlboro.

– Chodźcie ze mną, musimy coś sprawdzić – powiedział do policjantów. Podążał wąską ścieżką wzdłuż jeziora. Szukał wysokiej skarpy, którą zobaczył w wizji. Kręcił się pomiędzy drzewami, aż w końcu ją odnalazł. – Jeden z zabójców stał tam. – Wskazał palcem miejsce na górze. – Trzymał coś w rękach, jakąś paczkę, zawiniątko. Zrzucił to ze skarpy do jeziora. To była jakaś rzecz związana z zaginionymi, może zegarki albo odzież.

– Trzeba wezwać nurków, przeszukamy jezioro – zadecydował szef grupy.

W jeziorze niczego nie znaleziono, a kości przekazano do laboratorium kryminalistycznego. Głowili się nad nimi biegli sądowi, ale okazały się do tego stopnia zdegradowane, że nie można było przeprowadzić identyfikacji genetycznej.

Krzysztof Jackowski dostał wezwanie do sądu w charakterze świadka. Zeznawał w sprawie przeciwko Kulawemu i pozostałym. O przesłuchanie jasnowidza wnioskował jeden z oskarżonych. Sugerował, że złamano tajemnicę śledztwa i że tajne informacje przekazała do Człuchowa policjantka z Centralnego Biura Śledczego. Jasnowidz wyjaśnił sądowi, jak było naprawdę i w jakich okolicznościach poznał szczegóły związane ze zbrodnią.

– W sprawach takich jak ta skąd świadek wie, że poszukiwany przez rodzinę człowiek nie żyje? – dociekał sędzia.

– Ja to czuję. Kiedy mam do czynienia ze zmarłymi, odczuwam ład, spokój, nawet jeśli ta osoba zginęła makabryczną śmiercią. Osoba żywa to chaos, szereg często sprzecznych sygnałów, z których trudno cokolwiek odczytać.

– Pamięta świadek wizję w sprawie, która jest rozpatrywana przed tym sądem?

– Oczywiście. Wyraźnie czułem, że ci mężczyźni nie żyją. Pojechali po pieniądze, wciągnięto ich w pułapkę. Zabójców było kilku, przewozili tych mężczyzn białym busem...

– Czy świadek widział twarze zabójców?

Po tym pytaniu na sali zapanowała niemal grobowa cisza. Jasnowidz milczał dłuższą chwilę.

– Twarzy nie widziałem – odpowiedział w końcu.

– Jeśli obaj mężczyźni nie żyją, to co się stało z ciałami? – spytał sędzia.

– Wielokrotnie podchodziłem do kolejnych wizji, które by to wyjaśniły, ale jestem bezsilny. Nic się nie sprawdziło.

Na pierwszą rozprawę zabójców Staszka i Jerzego przed Sądem Okręgowym w Elblągu pojechały same. Dzieci w ostatniej chwili zrezygnowały.

– Tamte emocje są nie do opisania – mówi Lucyna. – Poprzedniego dnia mój młodszy syn włożył garnitur ojca. Stał tyłem, więc widziałam tylko jego sylwetkę, i aż zadrżałam, taki był do niego podobny. Zdjął ten garnitur i odwiesił, widać nie był jeszcze gotowy go nosić. Wciąż nie potrafię opróżnić szaf, w których są rzeczy Staszka, chociaż ubrania dawno straciły jego zapach.

Proces trwał wiele lat. Wdowy występowały w nim w charakterze oskarżycielek posiłkowych, u boku prokuratora. Walczyły o surowe wyroki równie zaciekle jak on.

– Nie było nam łatwo stać przed wysokim sądem i zachowywać spokój – przyznaje Lucyna. – Wymagano od nas, aby zabójców Staszka i Jurka nazywać oskarżonymi, aby szanować ich godność i prawa. To była dla nas najtrudniejsza rola w życiu. Żadna z nas nie oczekiwała, że usłyszymy od oskarżonych słowo „przepraszam", że zobaczymy na ich twarzach skruchę. Nie spodziewałyśmy się jednak, że zamiast tego demonstrować będą butę, kpiące spojrzenia i pogardę. Nie tylko w stosunku do nas, ale całego wymiaru sprawiedliwości.

Uodporniły się na ich kpiące spojrzenia. Patrzyły mordercom prosto w oczy. Wyczytały w nich niepokój, gdy jeden ze świadków opowiadał o grobli pośród jezior na włościach Kulawego. Skojarzyły kilka faktów i złożyły wniosek o przeprowadzenie kompleksowych odwiertów w tym miejscu. „Ta grobla to prawdopodobnie mogiła naszych mężów" – uzasadniały.

– Trzy dni po zaginięciu Jurka i Staszka na polecenie Kulawego zwożono ciężarówkami tony ziemi – tłumaczy nam Lucyna Biej. – Zasypywano mokradła, poszerzając groblę. Świadek zeznał, że to były „gorączkowe prace" związane jego zdaniem z ukrywaniem zwłok. Grobla ma około siedemdziesięciu metrów długości i dziesięciu szerokości. Inny świadek zeznał, że po jej usypaniu Jan R. wynajął stróża, który rzekomo miał pilnować, by zwierzęta nie rozkopały świeżej ziemi. Wierzycie, że o to chodziło? My nie uwierzyłyśmy, stąd wniosek o powrót ekspertów na groblę.

„Odnosimy wrażenie, że sąd zlekceważył zeznania tych świadków, trudno bowiem inaczej wytłumaczyć odstąpienie od kompleksowego przekopania całej grobli" – napisały. – „Ograniczono się – podobno z przyczyn finansowych – jedynie do standardowych, ok. czterometrowych odwiertów, podczas których pies przez cały czas podejmował trop. Taka akcja poszukiwawcza, w opinii geologów, z którymi się kontaktowałyśmy, nie miała szans powodzenia. Nadto biegły geolog przyznał przed sądem, że »dokładne zbadanie grobli zajęłoby ok. 20 dni w terenie, a potem ok. 3 miesięcy opracowań na ekranie«. Tymczasem cała jego praca w Goryniu trwała zaledwie kilka godzin. Domagamy się dołożenia wszelkich starań, by ten błąd naprawić, w związku z czym wnioskujemy jak na wstępie".

Groblę znów przekopano. Szczątków zaginionych mężczyzn nie znaleziono. Jeżeli rzeczywiście wrzucono tam ciała, torf wciągał je przez lata na taką głębokość, że prawdopodobnie nikt ich już nie odnajdzie. Ale nadzieja umiera ostatnia, a one wierzą, że nie ma zbrodni doskonałych. „Wnosimy o przekazanie do badań genetycznych dwóch próbek: włosa z cebulką oraz fragmentu czarnej folii zabezpieczonych przez policję podczas odwiertów" – napisały w kolejnym wniosku. – „Oba ślady, które znajdowały się w pobranych próbkach ziemi, mogą się okazać istotne dla rozwikłania sprawy ukrycia zwłok naszych mężów i dlatego powinny być potraktowane ze szczególną starannością. Wnioskujemy zatem o poddanie ich badaniu na obecność DNA".

Sąd wniosek uwzględnił, ale policja nie przekazała próbek do badań, ponieważ... gdzieś zaginęły. Adwokaci Kacprów podnosili argument „nie ma ciał – nie ma zbrodni" i postarali się, by ich klienci zaczęli wychodzić na wolność jeszcze w trakcie procesu. Oskarżycielki posiłkowe krytykowały sąd za zbytnią pobłażliwość w uchylaniu aresztów. Chociaż nie korzystały z porad prawników, ich pisma procesowe robiły wrażenie. Oto fragment zażalenia na uchylenie aresztu jednemu z Kacprów:

„W swoich rozważaniach Sąd pomija to, iż oskarżony Marcin G. wciąż stoi pod zarzutem zabójstwa dwóch osób, co jest zagrożone karą dożywotniego pozbawienia wolności. Ma zatem silną motywację, by skutecznie ukryć się przed wykonaniem tak surowej kary; tym bardziej że oskarżony Marcin G. dysponuje kontaktami w świecie przestępczym, a świat przestępczy odpowiednimi środkami, które z pewnością mu to ułatwią. Przypomnieć należy, że w innej sprawie karnej oskarżony odpowiada za szereg poważnych przestępstw (m.in. przeciwko zdrowiu) popełnionych w ramach zorganizowanej grupy przestępczej. Oczywistym jest, że członkowie takich grup wspierają się w każdym miejscu i każdym czasie. Osoby na wolności pomagają osadzonym w zakładach karnych w różny sposób, szczególnie tym, którzy wykazali się lojalnością wobec grupy. Marcin G., podobnie jak pozostali oskarżeni o zabójstwo naszych mężów, na taką pomoc z pewnością zasłużył, chociażby ze względu na trwającą od lat zmowę milczenia dotyczącą tej zbrodni. Samą swoją obecnością na wolności będzie utrudniał postępowanie, demonstrując przewagę nad bezsilnym aparatem ścigania i wymiarem sprawiedliwości, a także zastraszając świadków, którzy zeznawali przeciwko grupie.

Z dowodów zebranych w tej sprawie wynika, że Marcin G. gotów jest np. podciąć człowiekowi gardło, by jego przełożony dobrze się bawił. To człowiek bez skrupułów, współczucia i wyrzutów sumienia. Zdemoralizowany i mocno osadzony w przestępczych strukturach. Szereg poszlak w tym procesie wskazuje na jego udział w podwójnej zbrodni. Mając na uwadze powyższe argumenty, prosimy, aby Sąd zmienił swoje stanowisko w przedmiotowej sprawie".

Każdy powinien mieć swój grób

Prokuratura postawiła przed sądem policjantów, którzy przez lata chronili interesy *capo di tutti* z Mazur. Wśród nich znalazł się były komendant z Kisielic, blisko spokrewniony z Janem R. Obie wdowy są przekonane, że właśnie tacy ludzie jak on dali Kulawemu prawo do zabijania: najpierw przymykali oczy na pobicia, uprowadzenia i przemyt, potem liczone na miliony złotych wyłudzenia ze skarbu państwa, aż w końcu na zabijanie.

– Kiedyś weszłam do sklepu w Kisielicach nieświadoma, że za ladą stoi żona oskarżonego o konszachty z Kulawym policjanta – wspomina wdowa. – Zabijała mnie wzrokiem. Byłyśmy z Henią traktowane w tym mieście jak osoby trędowate albo wrogowie publiczni.

Przez pięć lat procesu w Elblągu obie wdowy pokonały tysiące kilometrów.

– Każda rozprawa to osiemset sześćdziesiąt kilometrów w dwie strony – podlicza Lucyna. – Wcześniej, gdy rozprawy toczyły się kilka razy w tygodniu, pokonywałyśmy ponad dwa i pół tysiąca kilometrów tygodniowo. Na własny koszt, bo przecież oskarżycielom posiłkowym nie przysługuje zwrot kosztów podróży. Gdyby nasi mężowie byli łajdakami, dawno ułożyłybyśmy sobie życie i nie zawracały sobie głowy tymi wyjazdami. Ale oni nie byli łajdakami. Każdego dnia są w naszych myślach. Ale to dręczące myśli, o tym, jak umierali. Każda z nas tysiące razy zadaje sobie te same pytania: Co wtedy czuli? Jak było naprawdę? Czy jeden patrzył na śmierć drugiego? Kto pierwszy umierał? I jak długo? Jeśli przyjąć, że ich telefony zamilkły o godzinie 18.15, a mordercy biegali z łopatami i wapnem około 21, to nasi mężowie byli w rękach oprawców niemal trzy godziny. Koszmar, który przeżywali przed śmiercią, do końca życia będzie także naszym koszmarem.

Oskarżycielki posiłkowe wywalczyły u boku prokuratora Andrzeja Litwińczuka dożywocie dla Kulawego, a dla Kacprów po piętnaście lat. Ale to jeszcze nie koniec ich misji. Sąd Apelacyjny w Gdańsku nakazał, aby sprawa zabójstw została rozpatrzona od nowa, a to oznacza, że przed nimi kolejne lata podróży świetnie znaną już trasą. Kobiety są dobrej myśli, bo przecież – jak twierdzą – opatrzność jest po ich stronie.

– Zanim znów zaczniemy walczyć o sprawiedliwość, muszę pomalować ten wielki płot. – Pokazuje pędzlem okazałe ogrodzenie wokół domu. – Kiedyś był tu drewniany płot, ale Baca włożył swoją wielką łapę pomiędzy szczeble i utknęła w nich na dobre, więc Staszek powyrywał je, żeby ulżyć psu. Potem postawił nowy, z szerokimi metalowymi prętami, żeby łapa Bacy już nigdy nie ucierpiała. Ile to już lat minęło? Sporo, bo farba zdążyła odpaść. W tym czasie wszystkie nasze dzieci stały się dorosłe, urodziły nam się wnuki.

Lucyna Biej nie wierzy w zbrodnię doskonałą. Wiele czytała o pracy ekip śledczych z Archiwum X i wciąż śledzi programy o nowych metodach wyjaśniania spraw kryminalnych sprzed lat. Latem 2014 roku, czyli jedenaście lat po zaginięciu męża, z wypiekami na twarzy słuchała doniesień o odnalezieniu pod Warszawą mogiły trzech nieznanych mężczyzn. Przypuszczano, że zginęli w latach 90. w gangsterskiej egzekucji. Jeśli ich szczątki odkopano po dwóch dekadach, to poszukiwanie ciał Stanisława i Jerzego również może zakończyć się sukcesem.

– Wciąż wierzę, że odnajdziemy ich szczątki – kończy swoją opowieść Lucyna. – Oprawcy naszych mężów już nigdy nie będą spać spokojnie. Zmowa milczenia wokół zbrodni nie wytrzyma próby czasu, ktoś w końcu powie prawdę. Wtedy Staszek i Jurek spoczną w mogile, a nie w jakichś bagnach, lasach czy groblach. Wreszcie zapanuje spokój, a my zapalimy świeczki na mogiłach. Każdy człowiek powinien mieć swój grób.

Rozdział 3

Danuta, siostra Krzysztofa

Historię śmierci jej brata zna cała Polska. To jedna z tych zbrodni, o których się nie zapomina. Jej twarz – siostry zamordowanego Krzysztofa Olewnika – już zawsze kojarzyć się będzie z walką o prawdę i słowami: „Ja już nie wierzę w to państwo!".

Z Danutą Olewnik umawiamy się w Sierpcu, w biurze Zakładu Mięsnego Olewnik. To jedna z wielu spółek wchodzących w skład majątku rodziny Olewników. Gospodarstwo rolne, zakłady mięsne Olewnik-Bis w Świerczynku pod Drobinem, restauracje, spółka transportowa i remontowa, fundacja. Dziesiątki podmiotów tworzących, można rzec, lokalne imperium, które daje pracę kilku tysiącom osób. Nie tylko zatrudnionym, ale i firmom współpracującym z rodziną Olewników.

Branża jest trudna, konkurencja na rynku mięsnym duża. W ostatnich latach wiele podobnych firm splajtowało, szczególnie po załamaniu się rynku rosyjskiego.

Olewnikowie dają sobie radę, chociaż to typowa firma rodzinna, zarządzana w sposób tradycyjny przez Włodzimierza i jego dwie córki: Annę i Danutę. Inwestują ostrożnie, nie szarżują. Wydaje się, że najpoważniejsze kryzysy mają już za sobą. Ten, który najbardziej zagroził stabilności firmy i ściągnął realne widmo upadku, zdarzył się pod koniec 2001 roku. Rodzina przeżyła wtedy dramat, który po latach znalazł się na ustach wszystkich. W nocy z 26 na 27 października 2001 roku doszło do porwania Krzysztofa Olewnika, dwudziestopięcioletniego syna Włodzimierza. Uprowadzono go dla okupu. Chociaż na początku sprawy nie nagłaśniano, wieści rozeszły się szybko. Reakcja banków była dość histeryczna – Olewnikom wypowiedziano kredyty zaciągane na rozwój przedsiębiorstwa. Do dzisiaj nie wyjaśniono, dlaczego instytucje finansujące inwestycje rodziny z Drobina potraktowały ją tak instrumentalnie. Ale udało się kryzys zażegnać, firma przetrwała najgorsze.

Porwanie

Feralnego piątkowego wieczoru w niedawno wybudowanym domu Krzysztofa Olewnika odbywała się impreza. Początkowo miało to być grillowanie w ogrodzie, ale pod koniec października wieczory były już na tyle chłodne, że gości zaproszono do środka. Willa była nowiutka, jak spod igły, nowocześnie wyposażona. Jedno z wejść z korytarza na dolnym poziomie prowadziło do części basenowej. Obok domu zlokalizowano boisko do piłki nożnej. Była też mała siłownia. Wszystko to świadczyło o tym, że Krzysztof lubił sport i dbał o kondycję.

Dom wybudował synowi Włodzimierz Olewnik. Traktował Krzysztofa jako następcę w interesach, szykował go do przejęcia schedy. Kilkaset metrów bliżej centrum Drobina stał dom państwa Olewników, w porównaniu z posesją Krzysztofa raczej niebogaty. Między obiema willami usytuowano zakłady mięsne.

Impreza miała na celu załagodzenie sporu Krzysztofa i jego wieloletniego przyjaciela Jacka z policjantami z drogówki. Zatrzymani do kontroli zachowali się niegrzecznie. Ściągając policjantów na grilla, ojciec postanowił przeprosić ich za syna i jego kolegę. Tyle że w końcu ci z drogówki nie dotarli. Byli natomiast oficerowie z Płocka, dość ważne szarże policyjne.

Zadaniem Krzysztofa było najpierw gości przywieźć, a po imprezie rozwieźć ich do domów. Impreza zakończyła się po 22.00, nie wiadomo, o której Krzysztof wrócił do domu po wypełnieniu swojej misji. Rano zauważono, że chłopak zniknął. W domu pozostały ślady walki i rozbryzgana krew. Zniknęło też bmw, które należało do Jacka, ale przyjaciele zamienili się wozami – obaj mieli ten sam model. Bmw Jacka jeździł Krzysztof. Spalony samochód znaleziono później kilkadziesiąt kilometrów od Drobina.

Porywacze skontaktowali się telefonicznie. Nagrali głos Krzysztofa, który w ich imieniu przedstawił żądania: nie zawiadamiać policji, nie szukać, zebrać pieniądze na okup. Początkowo miało to być 300 tys. dolarów, potem 350 tys. dolarów, wreszcie 300 tys. euro. Wielokrotnie powtarzali ten sam manewr. Telefonowali do Olewników i odtwarzali nagrany głos Krzysztofa. W ten sprytny sposób negocjowali sposób przekazania okupu i potęgowali atmosferę grozy.

Negocjacje przeciągały się. Porywacze byli nieufni, a rodzina początkowo miała kłopoty z zebraniem kwoty potrzebnej do wykupienia Krzysztofa. Kilkakrotnie ruszano z Drobina z pieniędzmi, ale porywacze urywali kontakt i do przekazania okupu nie dochodziło. Od lata 2002 roku przez prawie rok trwała niepokojąca cisza. Porywacze nie telefonowali, rodzina nie miała żadnego sygnału wskazującego, że Krzysztof jeszcze żyje.

Dopiero w czerwcu 2003 roku znów usłyszeli w słuchawce jego głos: „Jest 11 czerwca, dziś Kołodko podał się do dymisji. Wymieńcie 350 tys. dolarów na 300 tys. euro w nominałach po tysiąc euro. Macie czas do poniedziałku" – mówił Krzysztof. Informacja o dymisji Grzegorza Kołodki miała świadczyć, że nagranie jest aktualne. Było aktualne.

Po tygodniu milczenia ten sam głos zapytał, czy zgromadzono już całą kwotę. Przedstawiciel rodziny poinformował posługujących się nagraniem głosu Krzysztofa porywaczy, że nie ma nominałów po tysiąc euro. Połączenie przerwano.

Dwudziestego czerwca Krzysztof mówi: „Jeżeli oszukujecie i banknot o nominale tysiąc euro istnieje, to już po sprawie".

Po miesiącu, 24 lipca 2003 roku – w dzień hucznie obchodzonego w całym kraju święta policji – porywacze zadzwonili dwukrotnie: o 11.42 i piętnaście minut później. Siostra Krzysztofa, Danuta, ma jechać z okupem do Płońska i tam czekać na polecenia. Jest w piątym miesiącu ciąży. Towarzyszy jej mąż Klaudiusz, a właściwie wciąż narzeczony, bo po porwaniu Krzysztofa termin ślubu, wyznaczony początkowo na święta Bożego Narodzenia 2001 roku, przesunęli, jak się później okaże, aż o pięć lat. W Płońsku czekają wiele godzin. Krótko przed 21.00 polecenie brzmi: Jechać do Łomianek! 22.53: Jechać do Warszawy, tam Wisłostradą do centrum. 23.06, tuż po przejechaniu wjazdu na wiadukt trasy Armii Krajowej, telefoniczny nakaz: Cofnąć się i wjechać na wiadukt.

Nie ulega wątpliwości, że porywacze obserwują samochód Danuty. Z jakiego miejsca i kim są – nie wiadomo. Specjalna grupa policyjna przez cały dzień monitoruje kontakty z porywaczami, zna każdy ruch Danuty, na trasie towarzyszą jej nieoznakowane samochody policyjne.

Danuta Olewnik wykonuje niebezpieczny manewr: cofa, wjeżdża na wiadukt i zgodnie z poleceniem porywaczy wyrzuca z auta torbę z pieniędzmi w miejscu, gdzie świecą się czerwone lampki. Torba przelatuje przez barierki i spada na trawnik pod wiaduktem. Tam przejmują ją porywacze i znikają. Policja ich nie niepokoi, bo cywilne radiowozy pognały dalej Wisłostradą, nie zdążywszy zawrócić za samochodem Danuty.

Szóstego września, sześć tygodni po przekazaniu okupu, ostatni telefon z głosem Krzysztofa: „Popełniliście błąd. Macie karę. Nie zobaczycie mnie od dziś przez dwa lata".

Krzysztof już w tym czasie nie żył. Został zamordowany w nocy z 4 na 5 września w miejscowości Dzbądz pod Różanem, gdzie przetrzymywano go przez ostatnie tygodnie. Rodzina dowie się o tym dopiero trzy lata później, kiedy wpadną pierwsi podejrzani, a jeden z nich, Sławomir Kościuk, zacznie zeznawać. Ujawni okoliczności porwania i zabójstwa oraz wskaże miejsce ukrycia zwłok.

Walka Danuty

Media szybko znudziły się sprawą. Zainteresowanie wróciło, kiedy Włodzimierz i Danuta Olewnikowie pojawili się w Sejmie, na posiedzeniu komisji sprawiedliwości. W swoim wystąpieniu Danuta, nie kryjąc emocji, wypowiedziała powtarzane później wielokrotnie słowa: „Ja już nie wierzę w to państwo!". Mówiła o błędach w śledztwie i o obojętności urzędników wobec dramatu jej brata.

Błędy popełniono ewidentne. Ten pierwszy, który wywołał wszystkie pozostałe, to przyjęta jako główna hipoteza o samouprowadzeniu. Krzysztof miał sfingować porwanie, aby zemścić się na ojcu albo wymusić od niego pieniądze. Na potwierdzenie tej tezy nie znaleziono żadnych dowodów, a jedyną poszlaką były publiczne wymówki, jakie spotkały Krzysztofa ze strony ojca. Ale brnięto w ten ślepy zaułek, tracąc czas i gubiąc z pola widzenia istotne dowody.

Tworzono setki notatek operacyjnych na podstawie plotek, a czasem wręcz wymyślanych przez policjantów, którzy chcieli się wykazać aktywnością. Wynikało z nich, że Krzysztofa rzekomo widziano w różnych miejscach Polski, a nawet w Berlinie. Miał być według tej wiedzy człowiekiem całkowicie wolnym, prowadzącym tajemnicze życie w ukryciu.

Gdyby od początku szukano wyłącznie ofiary porwania i porywaczy, a nie traktowano Krzysztofa jak oszusta, niewątpliwie podjęto by tropy wiodące do prawdziwych sprawców. Namierzono by sąsiadów Olewników z Drobina: Roberta Pazika i Ireneusza Piotrowskiego. Dla każdego z tej miejscowości to oni byli przecież najbardziej podejrzani. Sprawdzono by ich kontakty i rozpoczęto inwigilację. To doprowadziłoby śledczych do Wojciecha Franiewskiego, Sławomira Kościuka i pozostałych członków gangu porywaczy. Prawdopodobnie uratowano by Krzysztofa.

Nie uratowano go. Rodzina do końca łudziła się, że żyje, że wróci do domu. Kiedy znaleziono zwłoki, najbliżsi przeżyli szok. Wyjaśnienie sprawy porwania, proces i wyroki, jakie zapadły, nie przyniosły ulgi. Wręcz przeciwnie, ojciec zamordowanego i przede wszystkim jego siostra Danuta zaczęli głośno domagać się, aby ukarano winnych zaniedbań – policjantów i prokuratorów, którzy nadzorowali śledztwo.

Danuta Olewnik-Cieplińska wzięła na siebie prowadzenie ogólnopolskiej kampanii przeciwko organom państwa, które nie wywiązują się ze swoich zadań. Jej ojciec Włodzimierz też się pokazywał, udzielał wywiadów, przemawiał, jednak to nie z nim, ale z Danutą utożsamiła się opinia publiczna. Siostra zamordowanego Krzysztofa była bardziej przekonująca, rzeczowa, oceniała jednoznacznie i surowo. Poświęciła życie prywatne, zaniedbała prowadzoną przez siebie szkołę języków obcych, aby jeździć po Polsce i walczyć w imieniu nieżyjącego brata.

Olewnikowie doprowadzili do tego, że śledztwo przeniesiono do gdańskiej prokuratury apelacyjnej i powierzono prokuratorowi Zbigniewowi Niemczykowi. Było to śledztwo po śledztwie. Początkowo miało dotyczyć błędów popełnionych przez poprzednie ekipy dochodzeniowe, potem zmieniło się w coś, czego rodzina Olewników zupełnie się nie spodziewała. Na cenzurowanym znalazł się Włodzimierz Olewnik, jego córki, a wreszcie sama ofiara porwania. Szukano na Olewników jakiegoś haka, nieczystych interesów, bo wietrzono, że takie prowadzili. Zarzucano im, że ukrywają prawdę. Media, na podstawie przecieków z prokuratury, donosiły o rzekomych faktach świadczących, że powrócono do pierwotnej wersji o samouprowadzeniu. Jeden z takich przecieków dotyczył krwi odkrytej przez nową ekipę w domu ofiary. Puszczono w świat informację, że to krew ukraińskiej prostytutki zamordowanej ponoć w domu Krzysztofa. To on miał być sprawcą.

Kiedy piszemy te słowa, śledztwo w Gdańsku trwa już sześć lat. Koszty to miliony złotych, ale efektów brak. Policjantów oskarżonych o niedopełnienie obowiązków uniewinniono. Najpoważniejsze zarzuty, jakie postawiono, dotyczyły pomyłek w VAT naliczanym przez kilku biznesmenów, co nie miało żadnego związku z porwaniem.

Danuta nie załamała się takim obrotem spraw. Wciąż stoi na straży pamięci brata, wciąż walczy. Dobiła się jednego, z czego nie kryje satysfakcji – przypadek Krzysztofa Olewnika spowodował zmianę procedur dotyczących postępowania w śledztwach w sprawie porwania dla okupu. Zaczęto szkolić specjalistów do walki z tego rodzaju przestępstwami. Teraz nie do pomyślenia jest, aby ktoś powielał błędy popełnione przez ludzi, którzy mieli uratować Krzysztofa i dopaść jego porywaczy, a przez kilka lat szukali na ślepo i bez pomysłu na dojście prawdy.

Czas nie leczy ran

Rozmowa z Danutą Olewnik.

– Trzynaście lat temu, pod koniec października, w nocy z piątku na sobotę wszystko się w Pani życiu zmieniło.

– Tej nocy porwano Krzysia, mojego brata, i wszystko inne przestało się liczyć.

– Do tamtego piątku co było najważniejsze?

– Szykowałam się do ślubu z Klaudiuszem. Mieliśmy wyznaczoną datę na pierwszy dzień świąt Bożego Narodzenia. W tamten piątek odebraliśmy zaproszenia ślubne. Pierwsze daliśmy tego wieczoru naszym znajomym. Narzeczonego poznałam w lutym 2001 roku. Pochodzi z Płocka, był świeżo po studiach medycznych, robił staż, wyczuliśmy od razu, że jesteśmy dla siebie. Czasami myślę, że to przecież prawie niemożliwe, żeby zakochać się od pierwszego wejrzenia, a ja od razu wiedziałam, że to będzie mój mąż.

– Krzysztof zaproszenia nie dostał?

– Plan był taki, że po odebraniu zaproszeń mieliśmy iść jeszcze na bilard albo na kręgle i do kina. Krzysio miał do nas dojechać do Warszawy, bo mieliśmy wspólnie pójść do kina. Czekaliśmy na niego, jednak okazało się, że Krzyś będzie na tej imprezie, bo skoro to jego dom, to wypadałoby, aby był. Powiedział, że jak mu się uda, to dojedzie, może pobędzie na tej imprezie godzinę lub dwie i do nas do Warszawy przyjedzie, spotkamy się w Galerii Mokotów i zagramy w kręgle. Taki był plan, ale okazało się, że Krzysio nie mógł przyjechać, bo najpierw dowoził do swojego domu policjantów, a później miał zadanie ich odwieźć, więc nie mógł się wymigać. Wróciliśmy do Płocka i spotkaliśmy się ze znajomymi w pubie w okolicach Starego Miasta. Nocowaliśmy w moim płockim mieszkaniu. Rano pojechaliśmy na śniadanie do moich teściów. Ania zadzwoniła przed dziewiątą, roztrzęsiona, że coś się stało w domu Krzysia. Natychmiast pojechaliśmy z Klaudiuszem do Drobina, ja przez całą drogę dzwoniłam na numer Krzysia, wysyłałam mu SMS-y, telefon był nieaktywny. Przyjechaliśmy do domu. Mama była kompletnie roztrzęsiona, była siostra mojej mamy, później przyjechała babcia i się zaczęło. Zaczęła się walka o każdy jego dzień.

– Wszystko runęło?

– Nic się nie liczyło, świat przestał istnieć, nawet nie pamiętam, jak dni wyglądały. Istniał tylko Krzysio.

– Miała Pani 27 lat i wszystko, co najlepsze, dopiero miało się zacząć.

– Do tego dnia moje życie było bardzo szczęśliwe, wręcz różami usłane. Cudowni rodzice, którzy uwielbiali moją siostrę Anię, Krzysia i mnie. Babcia, która była wpatrzona w nas jak w obrazek.

– Rozpieszczone dzieci z bogatego domu. Tak było?

– Nie. Od małego bardzo ciężko pracowaliśmy. Podczas wakacji moje koleżanki jeździły na obozy, a dla nas to był czas fizycznej pracy. Zanim ojciec zajął się wyrobem wędlin, mieliśmy gospodarstwo rolne wyspecjalizowane w uprawach cebuli, buraków, ziemniaków i marchwi. Rodzice nigdy nam nie powiedzieli, że mamy iść do pracy. Po prostu tak byliśmy wychowani, że nie pozwolilibyśmy, żeby rodzice szli sami w pole, a my oglądalibyśmy telewizję czy bawili się. Praca w polu to był obowiązek, którego nie trzeba nam było wpajać. Mama pracowała zawodowo, tata prowadził gospodarstwo, tymczasem tej ziemi przybywało i obowiązków było więcej. Pamiętam, że ciągle żyliśmy jakby na placu budowy, bo rodzice wciąż coś budowali. A to chlewnie, a to budynki gospodarcze, później zakład mięsny. Uczestniczyliśmy w tym. Myślę, że dzięki temu nauczyliśmy się szanowania pieniądza. Wiedzieliśmy, ile co kosztuje i ile warta jest praca. Wszystko robiliśmy wspólnie i to spowodowało, że tak dobrze siebie poznaliśmy. Rodzina, od kiedy pamiętam, była scementowana na dobre i na złe.

– Ale Pani związek z Krzysztofem był chyba szczególny?

– Od początku ciągle byliśmy razem, on był tylko o dwa lata młodszy ode mnie. Mieszkaliśmy na wsi, oczywiście mieliśmy znajomych, ale to nie było to samo co mieszkanie w bloku, gdzie tych kolegów i koleżanek jest tak dużo, że nie szuka się przyjaźni z bratem czy z siostrą. My mieliśmy świetny kontakt ze sobą. Krzysio to było moje najbliższe towarzystwo, z którym mogłam się pobawić, porozmawiać, poczytać. Bardzo dużo czasu spędzaliśmy wspólnie, nie zabierali nam go inni znajomi, bo ich było dużo mniej. I tak trwało aż do momentu, kiedy poszłam do liceum.

– Do Sierpca?

– Do Płocka, Liceum Ogólnokształcące im. Małachowskiego, słynna Małachowianka. Później na rok wyjechałam do Wielkiej Brytanii.

– Skoczyła Pani od razu na głęboką wodę. Wprost ze Świerczynka, z przystankiem w Płocku, do serca Anglii.

– To było dla mnie niesamowite przeżycie. Poznałam bardzo dużo ludzi z całego świata, z wieloma się zaprzyjaźniłam. Dużo podróżowałam po świecie, otworzyły mi się oczy, zmieniło się moje zaściankowe podejście do życia. Przez to, że miałam bliskich znajomych czy to w Azji, czy w Europie, czy w Ameryce Południowej, sama stałam się kimś innym. Przez ten rok zmieniłam się bardzo.

– Przeszła Pani szybki kurs tolerancji?

– Nabrałam szacunku dla innych ludzi, podziwiałam ich kulturę, tradycje. Zakochałam się w krajach azjatyckich, miałam dużo znajomych w Korei Południowej, gdzie byłam goszczona u rodzin moich znajomych. Poznałam prawdziwe życie Koreańczyków i to mnie zachwyciło. Oni mają fantastyczne podejście do życia, do religii, do tradycji, do tego, kto jakie miejsce zajmuje w rodzinie, szacunek wobec siebie.

Miałam koleżanki z Brazylii i z Kolumbii, przyjaźniłam się z chłopakiem z Hiszpanii. Poznawałam życie rodzinne tych ludzi, cieszyło mnie, że zapraszają mnie do domów. To nie byli ludzie z przypadku, rodzice tych znajomych bardzo dbali o ich wykształcenie, bardzo dbali też o mnie, pokazywali mi te kraje, obwozili po różnych miejscach. Moi rodzice też gościli moich znajomych, bo ciągle zapraszałam ich do Polski. Zaczęłam inaczej patrzeć na życie.

– Rodzice chętnie ich gościli?

– Byli zachwyceni tymi wizytami, przyjmowali ich z chęcią. Jedni znajomi mówili drugim, że mam fantastycznych rodziców, otwarty na świat dom, który jest trochę oknem, przez które warto poznać Polskę. Zawsze miałam wsparcie w rodzicach i zawsze u mnie były tłumy ludzi. To u nas rodzinne, podobnie było ze znajomymi Krzysia czy Ani. Nasi rodzice wśród naszych znajomych do tej pory mają opinię ludzi z sercem na dłoni.

– Kiedy Pani poznawała świat, starsza siostra Anna sposobiła się do kierowania zakładami mięsnymi założonymi przez tatę. Tak wynikało z umów rodzinnych?

– Miałam dużo lepiej niż Ania, ponieważ była ode mnie starsza, więc z natury musiała pomagać rodzicom w biznesie. To zawęziło jej drogę. Świetnie się w to wpasowała. Ja miałam łatwiej, bo ode mnie nikt nie wymagał, że mam się już zająć zakładem. To spadło na Anię. Miałam komfortową sytuację, miałam więcej młodości, więcej luzu, robiłam to, co chciałam, dużo podróżowałam, rodzice bardzo mi w tym pomagali. Bardzo często wyjeżdżałam z Krzysiem.

– Puszczali Panią w te podróże bez lęku?

– Rodzice cieszyli się, że podróżuję. Pokazywałam im zdjęcia, dzięki temu mieli poczucie, że wielki świat wita do ich drzwi, ale musieli mieć pewność, że jadę do znajomych, że będę miała opiekę, że nie będę sama. Takie zwykłe martwienie się rodzica o dziecko. Jak jechałam pierwszy raz do Anglii, to rodzice dali mi samochód siostry. Nie było telefonów komórkowych, więc powiedzieli, żebym dzwoniła rano i wieczorem, żebym dzwoniła z drogi. Meldowałam, gdzie jestem, przejechałam Europę sama, z mapą. Jak teraz o tym myślę, to nie wyobrażam sobie, żebym swoją córkę puściła w taką podróż samą, bez osoby towarzyszącej w samochodzie, może dlatego, że teraz mam większą świadomość, po tym, co się wydarzyło u nas w domu. Wszyscy dużo myślimy o własnym bezpieczeństwie. Ja wstaję rano i natychmiast muszę wiedzieć, gdzie są dzieci. To jakby mam zakodowane. Każdy krok dzieci jest dokładnie zaplanowany, mamy nieustanną łączność telefoniczną. Wręcz już wpadam w jakąś obsesję pod tym względem.

– Wróćmy do Krzysia. Dostajecie informację, że to porwanie. On zginie, jeśli nie zapłacicie okupu.

– Cała rodzina miała tylko jeden cel: robić wszystko, żeby go uratować. Nie liczyło się ani zdrowie, ani pieniądze. Myśleliśmy wtedy kompletnie bez sensu, wierzyliśmy w każdą bzdurę. Przychodzili jacyś ludzie i oferowali nam pomoc, sprzedawali informacje. Nabierali nas, a my we wszystko wierzyliśmy. Nikt z nas nie myślał racjonalnie.

– Dlaczego to robili?

– Główny motyw to zarobienie łatwych pieniędzy, wykorzystanie sytuacji. Ja nawet nie mam pretensji do siebie czy do rodziców, czy do Ani, do nikogo, że dawaliśmy się tak nabierać. Przecież my wtedy mieliśmy jedną myśl: uratować Krzysia. Gdyby mnie to spotkało, nie daj Boże, lub kogoś innego z naszej rodziny, gwarantuję, że z naszymi doświadczeniami zrobilibyśmy dzisiaj te same ruchy. Dawalibyśmy wszystkim pieniądze, sprzedawali wszystko, co możliwe, żeby tylko mieć informacje, żeby uratować, żeby pomóc. To jest tak silne, tak się człowiek blokuje na racjonalne myślenie, że dziś wydaje się niemożliwe, iż mogliśmy uwierzyć komuś, kto przyszedł i powiedział, że Krzyś jest na Ukrainie. Przyświecała nam tylko jedna myśl: robimy wszystko, żeby go uratować. Chwytaliśmy się każdej nadziei, nawet kompletnie nieracjonalnej. Prokurator pytał mnie, jak mogliśmy w to wszystko wierzyć. Powiedziałam mu, że mogliśmy, bo tak bardzo chcieliśmy Krzysia uratować. Nikt, kto tego nie doświadczył, nie zrozumie.

– Jak to się stało, że właśnie Pani stała się twarzą kampanii o życie Krzysia?

– Tak wyszło. Nikt z nikim nie ustalał, kto co ma robić. Wszystko samo się poukładało. Ja rozmawiałam z mediami, chodziłam z ojcem po gabinetach prokuratorów i polityków, a Ania wzięła gorszy ciężar na siebie, musiała kierować firmą. Wzięła na siebie cały trud, bo rodzice nie byli w stanie. Ania musiała wziąć się w garść i iść do zakładu. Banki wymówiły nam wtedy kredyty, bo były plotki o samouprowadzeniu. Wizerunek firmy i nasz podupadły. Ania wzięła na siebie odpowiedzialność, żeby to utrzymać. Cała sprawa kosztowała dużo pieniędzy. Ania pracowała tylko na to, żeby były środki na ratowanie Krzysia.

– Po tych gabinetach ministerialnych i prokuratorskich jeździła Pani z ojcem, ale zawsze przekraczała próg pół kroku przed nim.

– Tata był załamany. Nie był w stanie pozbierać myśli, złożyć słów w jedno zdanie. I tak się stało, że to ja zaczynałam mówić. Rodzice strasznie cierpieli. To był ich jedyny syn, oni mieli tak fantastyczny kontakt ze sobą, rozumieli się bez słów. Ojciec do dzisiaj nie wygrzebał się z traumy. Teraz pozoruje, że jest w miarę okay, ale my doskonale wiemy, że nic nie jest okay i nigdy nie będzie. On liczy na to, że Krzyś wróci, że przed nim stanie. My wszyscy w to wierzymy. Że wstanie z martwych i będzie.

– Nie wróci. Nigdy nie powie, jak było. Nie pomoże wam w dochodzeniu do prawdy. Przecież wie Pani o tym, czy tak?

– To bez znaczenia, wiem czy nie. Prawda jest w tej sprawie najważniejsza. Po to robiliśmy i będziemy robić to wszystko. Całe te lata zmagaliśmy się, przekonując innych, że nie wszystko jeszcze w tej sprawie jest rozliczone. Na początku forsowano samouprowadzenie, były na ten temat raporty policyjne. Pamiętam, jak poszłam do ministra sprawiedliwości Marka Sadowskiego i błagałam o zmianę prokuratury. Przyszedł wtedy pan dyrektor departamentu, który odpowiadał za przeniesienia spraw. Oświadczył, że policja ma już namierzonego Krzysia w Starogardzie, jest wolny, handluje na bazarze jakimiś skórami. Ja na to, że to jest niemożliwe. Błagam go o zgodę na przeniesienie śledztwa. On się broni, w końcu się zgadza. Przeniesie śledztwo, ale na moje ryzyko, że przez to opóźni się cała sprawa. A jak jeszcze raz do niego przyjdę, to mnie wyrzuci z gabinetu. Nie mam do urzędników pretensji, że mi nie wierzyli. Mam pretensje, że nikt z nich nie pochylił się nad dokumentami.

– Co by tam znalazł?

– Miałam sposobność wglądu w akta tajne. To cała operacyjna dokumentacja policji. Wiem, że nikt z nadzorujących śledztwo nie pofatygował się, żeby zbadać te dokumenty i żeby po prostu wszystkie dokumenty przeczytać. Zobaczyłby jak na dłoni absolutne olewanie tematu, tworzenie fikcyjnych notatek, niezgodności w datach. To była rzekoma wiedza operacyjna, którą wymyślano za biurkami.

– Ale w tych dokumentach były też informacje wskazujące na sprawców. Zostały zlekceważone?

– Mój szwagier Leszek, mąż Ani, który cały czas mieszkał w Drobinie, od początku mówił, że podejrzewa Roberta Pazika (porywacz skazany na dożywocie, popełnił samobójstwo w więzieniu).

– W 2003 roku rodzina dostała anonim, że wśród porywaczy są wasi sąsiedzi z Drobina: Pazik i Ireneusz Piotrowski. Po trzech latach te fakty potwierdzono. Wy też tę wiedzę zlekceważyliście?

– My podeszliśmy do tej informacji bardzo poważnie, natychmiast przekazaliśmy oryginał anonimu prokuraturze, a kopię faksem przesłaliśmy do policji, i tam zaginął. Ale to nie jest tak, że podejrzenia na Pazika padły dopiero po nadejściu anonimu. Leszek o tym mówił od początku. Po anonimie ja wraz z moim szwagrem wielokrotnie jeździliśmy w okolice Nowego Dworu Mazowieckiego i tam szukaliśmy Krzysia. Chodziliśmy po okolicznych lasach, jeździliśmy po wioskach i zwracaliśmy uwagę na wszystko, co wydawało nam się podejrzane. Niestety, niczego czy nikogo (mam na myśli Pazika czy Piotrowskiego – bo ich znaliśmy) nie zauważyliśmy. Najgorsze było to, że policja robiła wielkie poszukiwania Krzysia wszędzie, tylko nie tam, gdzie go przetrzymywano. Szukano go w Sochaczewie, na Pomorzu, w Berlinie. Prowadzono wielkie operacje, cała armia policjantów w tym brała udział, to jest zapisane w dokumentach. Nic z tego nie wyszło, bo oni szukali Krzysztofa, który miał się sam uprowadzić, a nie mojego brata, którego porwali bandyci.

– Minęło tyle lat. Czas leczy rany. Czy nie pora już wyzwolić się z tych wspomnień?

– Nie mogę się z tym pogodzić. Pamiętam wszystko, co się wydarzyło, upokorzenia, lekceważenie. I ten dojmujący, przeraźliwy lęk o życie Krzysia. Wciąż mam to w głowie. Czas wcale ran nie leczy.

– Podczas przekazywania okupu była Pani w ciąży. Dlaczego to właśnie Pani musiała jechać na spotkanie z bandytami?

– Tego zażądali. Przekazanie okupu odbyło się 24 lipca 2003 roku. Byłam w piątym miesiącu ciąży. Pewnie dlatego dziecko urodziłam dużo wcześniej, bo stres spowodował komplikacje, ale Nadia jest zdrowa, jest super.

– Nadia?

– Czyli Nadzieja. Mieliśmy wtedy nadzieję, że Krzysztof wróci. To na jego powrót czekaliśmy z Klaudiuszem ze ślubem pięć lat. Krzysio miał być przecież świadkiem. Trzy lata później, kiedy też byłam w piątym miesiącu ciąży, z Miłoszkiem, znaleziono ciało Krzysia. I znowu wszystko runęło, wszystkie marzenia, nadzieje, że wróci, że jednak żyje. I znowu szpital, i znowu problemy z ciążą

– Wszyscy chyba zapamiętali Pani dramatyczne wystąpienie na komisji sejmowej i oskarżenie, że państwo polskie nie istnieje, skoro nie potrafiło uratować Pani brata.

– Tak uważałam i zdania nie zmieniłam. Co to za państwo, które nie zrobiło nic, aby pomóc Krzysiowi – polskiemu obywatelowi? Co on im uczynił, że potraktowali go jak bezwartościową rzecz, jak przedmiot? Kim on dla nich był? Polska, reprezentowana przez swoich urzędników, miała kompletnie w nosie jego życie. I mam wrażenie, że dalej tak jest. Nie mogę pogodzić się z tym, że organy ścigania, mówiąc kolokwialnie, skręcały całą sprawę i przez dwa lata nie robiły nic, aby go ratować. Nie mogę uwierzyć, że powodami takiego stanu rzeczy były tylko nieudolność, brak kompetencji i niedbalstwo.

– Doskonale Pani wie, że nie tylko Krzysztof stracił życie jako ofiara porwania. Takich osób było więcej, ale tamte rodziny nie krzyczały tak głośno o swoim bólu.

– Wiem to wszystko i bardzo współczuję rodzinom ofiar uprowadzeń, ale każdy inaczej przeżywa. Ja mówię o naszym bólu. Mówię o moim bracie, bo on jest cały czas we mnie. Ta myśl, że on czekał dwa lata na ratunek. Czy można sobie to wyobrazić? Dwa lata oczekiwania na uwolnienie? To jedyny taki przypadek w Polsce. To nie jest tak, że jego uprowadzili, po tygodniu zabili i organy państwa nie miały szans, żeby go uratować.

– Wtedy byłoby lżej?

– Jakkolwiek to zabrzmi, byłoby lżej i mnie, i rodzicom. Przybija mnie to, że on dwa lata tam siedział. Kładąc się spać, zastanawiam się, o czym on tam rozmyślał przykuty do ściany w piwnicy. Dręczy mnie ta myśl, że on dwa lata siedział w takich warunkach i nikt o niego się nie zatroszczył, nikomu na nim nie zależało. Krzysio, przyzwyczajony do czystości, mamusia zawsze zasłała łóżeczko, a potem w tej ciemnicy, przykuty do ściany. To mnie dobija. Modlił się, bo był bardzo wierzący. Mam nadzieję, że przewartościował życie. Był religijny, może myślał, że to potrzebna ofiara dla Boga. Jestem pewna, że w nas nigdy nie zwątpił. Wiedział, jak bardzo go kochamy, jak wiele dla nas znaczył, jacy są rodzice. Wiedział, że tata nie zwątpi, jestem pewna, że do ostatniego dnia wierzył, że go uratujemy.

– Potem było przeniesienie śledztwa do Olsztyna, schwytanie sprawców i odnalezienie zwłok Pani brata. Proces, surowe wyroki. A wasza rodzina wciąż się upierała, że lista winnych jest niepełna. Dlaczego?

– Nadal uważamy, że nie wszyscy zasiedli na ławie oskarżonych.

– Pod waszym naciskiem śledztwo po raz kolejny przeniesiono, z Olsztyna do Gdańska. Początkowo byliście

tą decyzją ministra Zbigniewa Ćwiąkalskiego usatysfakcjonowani, ale potem nie kryliście już kolejnego rozczarowania.

– Nie mogę mówić o szczegółach naszych relacji z gdańską prokuraturą, bo śledztwo wciąż trwa.

– Trwa, ale jest nieszczelne. Z przecieków wynika, że powrócił tam wątek samouprowadzenia, że rodzina jest podejrzewana o ukrywanie faktów, że w domu Krzysztofa zamordowano jakąś osobę, a media informowały, że miałaby to być ukraińska prostytutka. Że działała tam kamera monitoringu, a rodzina ukryła nagrania.

– I dlatego zaskarżyłam prokuraturę o naruszenie dóbr osobistych.

– Przegrała Pani tę sprawę.

– Podstawą mojego pozwu był autoryzowany wywiad Zbigniewa Niemczyka, szefa Wydziału V Prokuratury Apelacyjnej w Gdańsku, udzielony „Gazecie Wyborczej". Prokurator mówił, że rodzina nie przekazywała informacji, że tata prowadził jakieś brudne interesy. Oparłam się też na dwóch komunikatach prokuratorskich podpisanych przez rzecznika, dałam je jako dowody w sprawie. Tam chodziło o to nagranie rozmowy z Krzysiem, z czego, według prokuratury, miało wynikać, że to nieprawda, że Krzysiu był przetrzymywany w Kałuszynie, bo rozmowa jest dowodem, że Krzysiu był wolny i kiedy do nas dzwonił, był w centrum Warszawy i korzystał z budki telefonicznej. Drugi komunikat był o tym, że przekazałam okup w innym terminie. Sąd w gruncie rzeczy przyznał w swym uzasadnieniu po ogłoszeniu wyroku, że mogłam się czuć pomówiona, ale nie udowodniłam, że wyszło to z ust prokuratury.

– To jakiś horror. Najpierw podejrzewano Krzysztofa o samouprowadzenie, a po latach jego rodzinę, że wszystko ukrywa.

– Powstała taka atmosfera, że ktoś, kto nas nie zna, wyciągnie wnioski, że faktycznie ci ludzie coś kryją. Prokuratura rzuca jakieś skrawki informacji i niczego nie wyjaśnia do końca. Tak było z tym nieszczęsnym monitoringiem. Uznali, że pokazane na filmie z wizji lokalnej sprzed lat urządzenie energetyczne umieszczone na słupie przy domu Krzysia jest kamerą. A doskonale widać, że nie jest. Na tę okoliczność sporządzono specjalistyczną opinię.

– To przyłącze do dzisiaj jest na tym słupie. Każdy może je obejrzeć. Prokuratura nie spojrzała?

– Byli tu wielokrotnie, prosiliśmy o wyrażenie opinii prokuratury, o komentarz. Do dzisiaj nie sprostowali, nie przyznali, że się mylili, że nie było monitoringu. Podobnie jak nie zaprzeczyli, że mają jakieś ustalenia co do obecności ukraińskiej prostytutki. Do dziś prokuratura niczego jeszcze nie sprostowała i nie poinformowała opinii publicznej.

– Krew znaleziona w domu Krzysztofa miała pochodzić od niej.

– Tak twierdziła prokuratura, ale do dnia dzisiejszego tego nie potwierdziła, bo nie może tego zrobić. Według naszej wiedzy nic na to nie wskazuje. Poza tym jak można na podstawie badań krwi odczytać profesję ofiary? Dużo dowodów, które zabezpieczyły prokuratura i policja, nadal znajduje się w Niemczech u prof. Bringmana. To już chyba trzeci rok. Bringman był tu u nas. Od niego wiemy, że kiedy napisał pierwszy raport, który nie był po myśli prokuratury, prosili go o uzupełnienie. Chodziło o to, że chcieliby, aby on na podstawie tych śladów krwi opisał, jaki był przebieg wydarzeń. A profesor takiego opisu nie jest w stanie zrobić.

– To krew mężczyzny czy kobiety?

– My nie wiemy, bo nie mamy wglądu w akta, ale z naszych informacji wynika, że prawdopodobnie jest to krew mężczyzny. Nie sposób też wskazać daty, a nawet okresu, kiedy ta krew się pojawiła. Mogła spokojnie pochodzić sprzed porwania, mogła się pojawić znacznie później. Ojciec, który coś robił w tym domu, skaleczył się. Mogła też skaleczyć się osoba, która układała panele w okresie budowy domu. Mam pretensje do prokuratury, że nie prostują takich rzeczy. Z drugiej strony dobrym efektem tego wszystkiego jest to, że ludzie chcą z naszą firmą współpracować, bo mówią, że nie ma w Polsce firmy, która byłaby tak sprawdzona jak my. Kontrola za kontrolą przetaczały się przez wszystkie te lata, jesteśmy całkowicie transparentni. Kontrahenci do tego stopnia nam ufają, że nie chcą zabezpieczeń finansowych, nie chcą dokumentów, umów przedsprzedaży.

– Wciąż nosi Pani stygmat tej sprawy. Czy wyobraża sobie Pani moment, kiedy to brzemię zniknie?

– Ale ja nie chcę, aby ono znikło. To byłoby tak, jakbym straciła Krzysztofa. Ja sobie tego w ogóle nie wyobrażam. Ja z tym brzemieniem żyję, żyje z nim moja rodzina i moje dzieci, które doskonale znają Krzysia, choć nigdy go nie poznały. Miłoszek czy Mikołaj, syn mojej siostry, na przykład wiedzą, że gdyby Krzysio był, to nauczyłby ich jeździć samochodem, bo Krzysio był fanatykiem samochodów i wspaniałym kierowcą.

– Ile lat mają dzieci?

– Nadia ma jedenaście lat, Miłosz siedem. Nie bylibyśmy sobą, gdyby to odium zniknęło, my tym żyjemy, to nas cementuje. Jak mówię do Miłoszka, że Krzysio byłby z niego dumny, to jest to dla niego bardzo ważne. Krzysztofa nie ma z nami fizycznie, ale on cały czas z nami żyje. Cały czas między nami jest. Miłek powiedział pół roku temu, kiedy wracaliśmy od moich rodziców, bo u nich nocował, że dla dziadków jest takim małym Krzysiem i chce nim być. Kiedy dostał piątkę na egzaminie w szkole muzycznej, to powiedział, że Krzyś byłby z niego zadowolony i w nagrodę zabrałby go na lody.

– Kiedy zauważono, że jest Pani osobą bardzo aktywną publicznie, stała się Pani atrakcyjna dla polityków. Czy miała Pani propozycje, żeby startować z jakiejś listy?

– Miałam i z PiS, i z PO, ale nie potraktowałam tego poważnie, ponieważ, nie urażając nikogo, tam jest kompletne bagno, a ja nie chcę w nie wchodzić. To nie dla mnie. Ja to widziałam od środka, jak chodziłam od jednego gabinetu do drugiego. Widziałam, że politycy mówią piękne słowa w telewizji, piszą piękne słowa na plakatach, a tak naprawdę myślą co innego. Każdy z nich ma w nosie dobro Polaków, chcą tylko dobrze wypaść i żeby na nich zagłosowano. Ja nie chcę tu kogoś urazić, mówię bardzo ogólnie, oczywiście od każdej reguły są wyjątki.

– Pani przekaz był dość jasny: ja tu jestem po to, żebyście załatwili tę sprawę, żebyście nie zamietli jej pod dywan.

– Chciałam ukarania osób odpowiedzialnych za śmierć mojego brata. Nie tylko porywaczy, ale też funkcjonariuszy, którzy zawalili swoją robotę. Zdarzy się, że ja zawinię, ukarzę kogoś pochopnie lub popełnię jakiś błąd. Nie będzie dla mnie dyshonorem, że się przyznam i przeproszę. Tak byłam wychowywana, że nie możemy ukrywać rzeczy, które są złe. W naszej sprawie, gdyby nie było tego kolesiostwa, toby i prokuratura zauważyła popełniane błędy. Wszyscy zauważyliby, że coś jest nie tak.

– Nie chcieli zauważyć?

– Nie chcieli widzieć nawet zwykłych kłamstw. Na sali rozpraw policjant, wtedy oskarżony o niedopełnienie obowiązków w tej sprawie, a dziś niewinny, mówi, że oni w 2001 czy w 2002 roku nie wiedzieli, że lokacje telefonów komórkowych można namierzać. I sąd w to wierzy. A za chwilę mówi, że w lipcu 2003 roku, na drugi dzień po przekazaniu okupu, pojechali do Niemiec, we dwóch, bo były doniesienia, że Krzysztof jest w Niemczech, i istniała możliwość, że przez Skype'a mógł przekierować rozmowę na telefon i że mógł kierować wszystkim z Niemiec. Sprawdziłam w internecie, kiedy był Skype uruchomiony. Otóż w lutym 2004 roku. Czyli pół roku wcześniej polscy policjanci wiedzieli o takiej możliwości, chociaż Skype jeszcze nie istniał.

– Gdzie jest ta ściana, do której Pani chce dojść, żeby wreszcie stanąć?

– Ja chcę stanąć przed Trybunałem Europejskim. Polska zabrała mi brata i musi za to zapłacić. Trybunał ma tylko powiedzieć, że Polska była winna, i to mi wystarczy. Nie muszą mi nic dawać. Chcę, żeby uznali wszyscy, że to Polska zawiniła, jako kraj.

– Co z tego wyniknie dla innych?

– Już trochę wynikło. Cieszy mnie, że przez sprawę Krzysia i naszą walkę powstały procedury dotyczące porwań dla okupu, że sprawa ta jest przestrogą dla innych policjantów i nauczką dla prokuratury. W telewizji i w radiu słyszałam wypowiedzi, że dzięki sprawie Krzysztofa uratowano dzieciaka na Śląsku czy jakiegoś człowieka w Poznaniu. Dla mnie to jest sukces. Nagłośniliśmy to tak, że policjanci się bali, żeby nie było powtórki, więc teraz naprawdę przykładają się do pracy.

Powstały procedury, są już specjalnie przeszkoleni ludzie, wiedzą, co mają robić.

– Strasburg ma zamknąć sprawę, spiąć wszystko klamrą?

– Tak. I mi to wystarczy.

Rozdział 4

Marlena, córka generała

W tej historii pojawiają się wielomilionowe łapówki, tajne dokumenty i mafia paliwowa. Opowiemy teraz o głośnym procesie baronów gospodarczego podziemia i najwyższego rangą policjanta, jaki kiedykolwiek trafił w Polsce za kraty. A także o bezprecedensowym sporze, w którym przeciwko sobie stanęło dwoje sędziów, i o sromotnej klęsce słynnego prokuratora walczącego z mafijną ośmiornicą. W całej tej opowieści najmniej widoczna musi pozostać pewna kobieta, mimo że to ona – w zaskakujący sposób – wpłynęła na bieg wydarzeń.

Marlenę Kluk z Częstochowy poznaliśmy na sądowym korytarzu w maju 2010 roku. Od razu domyśliliśmy się, że to córka byłego szefa śląskiej policji. Jest do niego podobna. Wysoka, przed czterdziestką, w nienagannie skrojonej garsonce. W twarzy miała coś majestatycznego. Stała przed salą rozpraw skupiona, nie okazując zdenerwowania, chociaż za chwilę miała się spotkać z człowiekiem, który ją obraził. Jako osoba zaufania publicznego nie mogła pozwolić, aby szargano jej dobre imię i godzono w jej wizerunek. Zagroziła procesem. Dała mu jednak szansę, aby się zreflektował i publicznie przeprosił. Na sali sądowej miało dojść wtedy do ugody.

Nigdy wcześniej nie występowała w takiej roli, chociaż wymiar sprawiedliwości zdążyła poznać od podszewki. Od kilku lat pracowała jako sędzia w IV Wydziale Karnym Sądu Rejonowego w Częstochowie. Człowiek, z którym miała się wówczas spotkać na sali rozpraw, to sędzia Maciej Strączyński – prezes Stowarzyszenia Sędziów Polskich Iustitia – prowadzący w Szczecinie proces jej ojca, emerytowanego nadinspektora policji Mieczysława Kluka. Generała oskarżono o przyjęcie kilkuset tysięcy złotych łapówki. Pieniądze miały pochodzić od baronów paliwowych, którym w zamian – jak napisano w akcie oskarżenia – przekazano z policji tajne dokumenty. O sprawie karnej ojca Marleny Kluk wiedziała cała Polska. O jej sporze z szefem związku zawodowego – całe środowisko prawnicze. Nigdy wcześniej i nigdy potem żaden polski sędzia nie wystąpił na drogę sądową przeciwko innemu sędziemu.

Jedni mówili, że to szaleństwo i że córka generała właśnie rujnuje sobie karierę. Inni, że rzucenie rękawicy takiemu przeciwnikowi jest przejawem ogromnej odwagi Marleny Kluk i jej niezachwianej wiary w niewinność ojca. Przez ostracyzm swojego środowiska zawodowego mogła stracić znacznie więcej niż dobre imię, jednak zaryzykowała.

– Moja córka jest bardzo odważną osobą, ale gdyby publicznie opowiedziała tę historię, prawdopodobnie nie mogłaby dłużej funkcjonować w swoim środowisku zawodowym – mówi jej ojciec. – Postawienie mi takich zarzutów oczywiście musiało się przełożyć na całą rodzinę, a w szczególności na córkę. Marlena miała wtedy niespełna trzydzieści lat i dopiero od niedawna pracowała w wymarzonym zawodzie. Moja sprawa karna oznaczała dla niej niezwykle trudny start, ale ona wszystko przetrwała. To moje jedyne dziecko, a przyszłość sędziowska jest dopiero przed nią.

W naszym dziennikarskim portretowaniu kobiet wyjątkowych kierujemy się zasadą Hipokratesa: *Primum non nocere* – po pierwsze nie szkodzić. Dlatego, łamiąc konwencję tej książki, opowiemy o sprawie, oddając głos jej ojcu, dla którego postawiła wszystko na jedną kartę. Czas pokazał, że w bezprecedensowym sporze to ona miała rację.

Paliwowa żyła złota

Gdyby w przestępczym podziemiu rozdawano Nagrody Nobla, dostałby ją ten, kto wpadł na pomysł sprzedawania taniego (bo bez akcyzy) paliwa opałowego jako drogie (bo z akcyzą) napędowe. Nie będziemy wchodzić w szczegóły ekonomiczne – faktem jest, że w latach 90. obrót paliwami stał się w Polsce istną żyłą złota. Pewnie dlatego pierwsze koncesje na prowadzenie działalności gospodarczej w tym sektorze dostawali znajomi polityków i znajomi znajomych (np. koncesję z numerem „1" otrzymał trener tenisa ziemnego faworyzowany przez otoczenie Adama Glapińskiego, ministra budownictwa i gospodarki przestrzennej w rządzie Krzysztofa Bieleckiego). Wybrańcy otwierali firmy transportowe, stawiali kolejne stacje benzynowe i trafiali na wysokie pozycje w rankingach najbogatszych Polaków. Ministerstwo Finansów tworzyło pod nich przepisy, a urzędy skarbowe szły im na rękę, odraczając wielomilionowe należności podatkowe.

Równolegle z legalnym obrotem paliwami rozpędu nabierała szara strefa. Mnożyły się firmy-słupy i znajomi w urzędach gotowi nieść pomoc w każdej sytuacji. Białe kołnierzyki bogaciły się z dnia na dzień, a policja i prokuratura dopiero wstępnie diagnozowały skalę takich przestępstw. Teren był nowy, uwaga organów ścigania i opinii publicznej zaś skupiała się raczej na mafii pruszkowskiej, bo to ona podkładała bomby i strzelała na ulicach. Biznesmeni od paliw nie robili tyle hałasu. W ciszy zarabiali miliony. Tych najbogatszych nazywano w półświatku baronami paliwowymi. Byli nie tylko bogaci, ale też solidarni. Kiedy któryś miał problemy, np. ze skarbówką lub organami ścigania (zazwyczaj chwilowe), skutecznie mu pomagano, korzystając z pieniędzy i kontaktów.

Za pionierów w omijaniu przepisów w tej branży i rekordzistów w uszczuplaniu należności wobec Skarbu Państwa uznano po latach założycieli firmy BGM Petrotrade Poland z siedzibą w Szczecinie. Było ich trzech: inżynier Jan B., marynarz Arkadiusz G. oraz zawiadowca stacji kolejowej Zdzisław M. (od ich nazwisk powstała nazwa spółki). Przypominamy o tym, ponieważ szefowie BGM zasiadali na ławie oskarżonych w tym samym procesie karnym, co ojciec Marleny Kluk, a jeden z nich – Jan B. – odegrał w całej sprawie dość ważną rolę. „Geniusz szarej strefy" – tak mówią o nim do dziś byli pracownicy i współpracownicy.

Ciszę wokół baronów paliwowych bezpowrotnie przerwało w 2002 roku śledztwo prowadzone w Krakowie. W siedzibie BGM Petrotrade Poland, a konkretnie w teczce jej współwłaściciela Jana B., znaleziono podczas przeszukania decyzję Marka Biernackiego, ówczesnego ministra spraw wewnętrznych, oraz Jana Michny, komendanta głównego policji, o powołaniu do życia w CBŚ specjalnej grupy do walki z gangami paliwowymi. To był szok. Wyciekły przecież papiery o niebywałym znaczeniu! Wyjaśnienie tego było sprawą honoru – skoro przestępcy mieli dojścia do tajnych dokumentów, to walka z przestępczością nabierała nowego wymiaru. Wymagała prawdziwej odwagi i determinacji. „Tajne dokumenty przyszły do mnie faksem. Nie wiem od kogo. Nie znam źródła, którego szukacie" – przekonywał śledczych Jan B.

Z prokuratorskich ustaleń wynikało, że nielegalną działalność w obrocie paliwami prowadziło w tym czasie w Polsce ponad 1200 powiązanych ze sobą firm. Tylko w ciągu kilku lat Skarb Państwa stracił co najmniej 10 mld zł. Przestępczą strukturę po raz pierwszy publicznie nazwano mafią paliwową. Na samym jej szczycie mieli stać wspomniani udziałowcy BGM Petrotrade Poland. Rozpoczęły się głośne aresztowania. Jan B., u którego znaleziono tajny dokument, trafił za kratki. Jego wspólnik Zdzisław M. także. Ostatni z wielkiej trójki nie wrócił z zagranicznego urlopu. Wystawiono za nim międzynarodowy list gończy.

Powściągliwy na początku śledztwa Jan B. po długim areszcie poszedł na współpracę z prokuraturą. Obciążył wspólników, skorumpowanych urzędników państwowych i polityków. Dzięki złożonym wyjaśnieniom wyszedł na wolność i stał się gwiazdą „orlenowskiej" komisji sejmowej. Powodem powołania przez Sejm RP w 2002 roku owej komisji było wyjaśnienie okoliczności poprzedzających spektakularne zatrzymanie przez UOP prezesa PKN Orlen Andrzeja Modrzejewskiego. Posłowie szukali nieprawidłowości w nadzorze Ministerstwa Skarbu Państwa w tym koncernie. Obrady komisji śledziła cała Polska. Kulisy ciemnej strony obrotu paliwami budziły momentami zainteresowanie porównywalne z dobrym serialem o sensacyjnej fabule. Skruszony Jan B. miał widać świadomość powagi chwili (i ogromnej oglądalności), bo przed kamerami nie owijał w bawełnę. Mówił o kulisach szwindli paliwowych, stratach Skarbu Państwa oraz przysługach wyświadczanych sobie wzajemnie przez „białe kołnierzyki" i osoby publiczne. Pierwsi mieli gest: wspierali fundacje, finansowali kampanie wyborcze, dbali o bezpieczeństwo finansowe zaprzyjaźnionych samorządowców i posłów. Drudzy okazywali wdzięczność, usuwając dobroczyńcom kłody spod nóg. „Biedny człowiek, miał trudne dzieciństwo" – skomentował postawę dotychczasowego wspólnika z BGM, w rozmowie ze współautorką tej książki, poszukiwany po świecie Arkadiusz G. Jego zdaniem Jan B. klepał, co mu ślina na język przyniesie, aby tylko uniknąć pobytu w celi.

Młody, zdolny, zdeterminowany

Śledztwa paliwowe prowadził i koordynował prokurator Marek Wełna z elitarnego wydziału do walki z przestępczością zorganizowaną Prokuratury Apelacyjnej w Krakowie. Był dla organów ścigania cennym nabytkiem: młody, błyskotliwy i odważny. Świetnie wypadał w kontaktach z dziennikarzami. To jemu udało się powiązać chaotyczne dotąd wątki śledcze z odległych stron Polski. Podobnie jak prokurator Jerzy Mierzewski, który rozbijał struktury „Pruszkowa", Marek Wełna zyskał opinię pogromcy mafii. Uporządkował wiedzę operacyjną o przestępczości paliwowej. Z tysiąca puzzli odtworzył konstrukcję z firm i wzajemnych powiązań. Zaczął od rozpracowania pewnego konta bankowego, przez które przepłynęło w ciągu miesiąca 20 mln złotych. Zdobył dowody, że to gruba sprawa. Precyzyjnie wyłapywał handlarzy, pośredników i wreszcie samych baronów. Sięgał jeszcze wyżej – aż do Ministerstwa Finansów i szczytów władzy. Chciał wiedzieć, kto sprzyja „białym kołnierzykom" (podejrzewał o to m.in. samego ministra gospodarki Jacka Piechotę).

Nigdy wcześniej nie było równie dynamicznego śledztwa demaskującego polityczne koneksje. Gra toczyła się o zwolnienia podatkowe rzędu setek milionów złotych, a co za tym idzie – gigantyczne uszczuplenia budżetu państwa. Na baronów padł blady strach. Na polityków oraz członków koncernu Orlen z udziałami Skarbu Państwa – także. Śledztwo było jak kula śniegowa. Setki zatrzymań, aresztowań, listów gończych, stawianych zarzutów i tomów akt zwożonych do sądów wózkami. Baronowie uciekali za granicę, a jeśli im się nie udało – trafiali za kraty. Sprzyjający mafii urzędnicy skarbówki dzielili ich los, a niektórzy politycy musieli się tłumaczyć z kont w Szwajcarii.

Na „czarnej liście" prokuratora Marka Wełny znalazł się także generał Mieczysław Kluk. To z podległej jemu jednostki policji miał trafić do baronów poufny dokument o antymafijnej specgrupie.

Pół miliona za fatygę

Mieczysław Kluk był jednym z najbardziej wpływowych policjantów w kraju. Rekomendowany na stanowisko komendanta wojewódzkiego w Katowicach przez wojewodę

Marka Kempskiego z AWS, piastował je blisko pięć lat. Na długo przed powstaniem CBA wojewoda Kempski i generał Kluk wcielali w życie pierwsze w kraju antykorupcyjne projekty. Obaj mieli wizję państwa wolnego od układów i korupcji. Podczas gdy wojewoda Kempski dyżurował przy pierwszym w kraju bezpłatnym telefonie antykorupcyjnym, komendant Kluk montował w swoim garnizonie pionierski Wydział do Zwalczania Korupcji. Stworzył tak silną ekipę, że wkrótce ze stanowiskiem musiał się pożegnać sam Marek Kempski. Podlegli komendantowi funkcjonariusze odkryli bowiem, że polityk AWS otaczał się skorumpowanymi urzędnikami.

Mieczysław Kluk poznał od kuchni realizowany w USA program na rzecz poprawy bezpieczeństwa obywateli. Autorami nowatorskiego projektu „zero tolerancji" byli szef nowojorskiej policji William Bratton i burmistrz Nowego Jorku Rudolph Giuliani. Generałowi marzyło się, że – tak jak oni – oczyści centra miast z narkomanii, pijackich melin i bandytyzmu. Niewiele brakowało, by zrealizował te plany. Miał spore szanse na fotel szefa polskiej policji, jednak w październiku 2002 roku niespodziewanie złożył dymisję. Nie zatrzymał go sam prezydent Aleksander Kwaśniewski, za to udekorował za wzorową służbę Krzyżem Oficerskim Orderu Odrodzenia Polski. Lokalne media spekulowały, że za dymisją kryje się niefortunna umowa na dostawy paliwa do śląskiego garnizonu (podpisana przez zastępcę komendanta i w rzeczywistości zgodna z procedurami przetargowymi), ale przyczyna była inna. Pokonała go choroba, o której głośno nie mówił. W połowie 2002 roku zdiagnozowano u niego boreliozę. Ma z nią problemy do dzisiaj. Co najmniej dwa razy w roku przechodzi kurację antybiotykową.

Prokuratura już wtedy podejrzewała, że generał jest sprzymierzeńcem mafii paliwowej.

Związki Mieczysława Kluka z branżą paliwową zapoczątkowały… więzy krwi. Jego kuzyn z Raciborza pracował w firmie obracającej paliwami i w związku z uszczupleniami akcyzowymi na rzecz Skarbu Państwa usłyszał zarzuty prokuratorskie. Ale zanim do tego doszło, narobił generałowi problemów, zapoznając go ze swoimi partnerami biznesowymi. Jednym z nich był baron z Częstochowy prowadzący liczne firmy i sieć stacji benzynowych. Człowiek ten dał się poznać jako hojny sponsor Zakonu Paulinów z Sanktuarium Matki Bożej Częstochowskiej. W teczkach woził na Jasną Górę darowizny, dzięki którym zapewnił sobie dozgonną wdzięczność duchownych. Kiedy został aresztowany, przeor klasztoru na Jasnej Górze pożyczył żonie barona dwa miliony złotych na poręczenie majątkowe za męża. Areszt uchylono, a zastawem pod klasztorną pożyczkę była jedna ze stacji benzynowych podejrzanego. Jak każdy przedsiębiorca paliwowy na jego szczeblu człowiek ten miał rozległe kontakty w tzw. środowisku. Pewnie dlatego Mieczysław Kluk poprosił go o przysługę. Szukał właśnie pracy dla krewnej żony. Częstochowski baron zatrudnił ją u siebie. Od tej pory znajomość z wysoko postawionym funkcjonariuszem policji stała się jego atutem biznesowym. Mówił różnym ludziom, że ma układ z generałem i w związku z tym „jest spokojny o swoją przyszłość, bo jest w stanie wszystko załatwić". W rzeczywistości obaj panowie spotkali się zaledwie kilka razy, ale to wystarczyło, by fama poszła w świat.

Złote lata 90. minęły bezpowrotnie. Czasy stawały się niepewne, gdyż prokuratury w całym kraju brały pod lupę proceder zamiany oleju opałowego w napędowy. Zaczynały się aresztowania, trzeba się było wspierać. Jesienią 2000 roku takiego wsparcia pilnie potrzebował wiceszef Rafinerii Trzebinia Paweł Kaliciak. Zatrzymano go wieczorem 2 listopada na polecenie Prokuratury Okręgowej w Częstochowie. Jego podwładny, zajmujący się w rafinerii sprawami handlowymi, zadziałał błyskawicznie. Zatelefonował do barona Jana B. z BGM, prosząc go o pomoc. Na ten sam numer zadzwonił baron z Częstochowy. W rozmowie z Janem B. zadeklarował swoje pośrednictwo w zwolnieniu z aresztu wiceszefa Trzebini. Baron ze Szczecina skontaktował obu mężczyzn, aby dogadali się bezpośrednio.

Stanęło na pół miliona złotych. Tyle trzeba było zapłacić pod stołem za wolność zatrzymanego. Oficjalnie stawka była znacznie mniejsza – wicedyrektora rafinerii wypuszczono następnego dnia po wpłaceniu 10 tys. zł poręczenia majątkowego, które sam uregulował. Nie powiedziano mu wówczas, że pół miliona, które musiał zwrócić, miało trafić w ręce generała Kluka. Zapłacił, chociaż uważał, że wydatek był niepotrzebny. W końcu nic złego nie zrobił, więc i tak wyszedłby na wolność.

Po roku sprawę przeciwko wicedyrektorowi Rafinerii Trzebinia umorzono. Niebawem jednak jego problemy powróciły – śledztwo wznowiono. Ostatecznie minęło kilka lat, zanim sąd w Krakowie prawomocnie oczyścił Pawła Kaliciaka z zarzutów. Właśnie w tej sprawie przesłuchano barona z Częstochowy. Do śledczych dotarły jego przechwałki o znajomości z Mieczysławem Klukiem. Baron zeznał, że to generał miał go poinformować o zatrzymaniu wicedyrektora Trzebini i zaproponować swoje usługi. Dalszy ciąg zdarzeń wyglądał podobno tak: baron z Częstochowy nie znał osobiście zatrzymanego, ale solidarnie zaangażował się w akcję ratunkową, dlatego zadzwonił do barona paliwowego Jana B. z BGM, prosząc o pomoc. Szczeciński baron miał najlepsze kontakty i największe poważanie. Wysłuchał relacji kolegi, pomyślał chwilę i zagwarantował, że pieniądze na uwolnienie wicedyrektora rafinerii się znajdą.

Pół miliona łapówki dla generała miał przywieźć do firmy częstochowskiego barona dyrektor handlowy rafinerii. Torba z łapówką przeleżała noc w jego biurze, a w ręce szefa śląskiej policji miała zostać przekazana dopiero po uwolnieniu wicedyrektora. Z relacji barona wynikało, że transakcja odbyła się w cztery oczy, a Mieczysław Kluk przyjechał na spotkanie prywatnym fordem ka.

Nie tylko baron z Częstochowy pogrążył generała. Pewien biznesmen ze Śląska, kupujący w Rafinerii Trzebinia lewe komponenty paliwowe (bez akcyzy), powiedział prokuratorowi, że jego firma nie była nękana kontrolami, na które uskarżała się konkurencja. Policja miała przymykać oko na jadące do niego z rafinerii transporty z „lewizną". Parasol ochronny załatwił mu baron z Częstochowy. Kosztowało to miesięcznie sto tysięcy złotych. Taki abonament za święty spokój. „Zapłaciłem dwa lub trzy razy" – powiedział prokuratorowi biznesmen ze Śląska. Na pytanie, dla kogo był ten abonament, odparł, że dla generała.

Funkcjonariusze ABW przyszli po Mieczysława Kluka w czwartek 12 maja 2005 roku do jego domu w Izbiskach koło Miedźna pod Częstochową. Było po osiemnastej.

– Właśnie wróciliśmy z żoną od sąsiadów, byliśmy na piwku. Pojawili się przed bramką, mówili, że są dostarczycielami poczty. Zobaczyłem, że mają broń. Odruchowo sięgnąłem po swoją...

Wyszło fatalnie. Do zarzutów ujawnienia tajemnicy państwowej i służbowej oraz korupcji i zmuszania funkcjonariuszy do zaniechania czynności służbowych prokurator dołożył paragraf za wymachiwanie pistoletem. Generałowi groziło do dwunastu lat więzienia.

Wróg publiczny

Media donosiły o największym w Polsce „procesie mafii paliwowej". Ława oskarżonych była długa. Musiała pomieścić jedenaście osób. Poza Mieczysławem Klukiem zasiedli na niej trzej właściciele BGM Petrotrade Poland, baron z Częstochowy oraz skorumpowani oficerowie policji z Wrocławia (CBŚ oraz „dochodzeniówki" KWP), którzy w zamian za gigantyczne łapówki chronili nielegalne interesy.

Wszystkie oczy skierowane były na generała, bo to on, ujawniając tajny dokument ze składem specgrupy, miał narazić na niebezpieczeństwo swoich ludzi. „Wystawił jak na patelnię policjantów tropiących mafię oraz sprawił, że przestępcy mogli bezkarnie prowadzić swoją działalność" – grzmiała na pierwszej stronie jedna z gazet.

Po latach pytamy generała:

– Czuł Pan nienawiść tłumów?

– Tak. Byłem wrogiem publicznym numer jeden – przyznaje Mieczysław Kluk.

– Czy córka wspierała Pana w trudnych chwilach? A może miała do Pana żal, że łamie jej Pan karierę?

– Czułem, że stoi przy mnie, zanim doszło do aresztowania. Już kilka lat wcześniej wiedziałem, że służby coś na mnie szykują. Gazety co rusz o tym pisały. Wspierała mnie nie dlatego, że tak wypada, bo jestem jej ojcem.

– A dlaczego?

– Bo znała dokumenty, które miały związek z zarzutami, jakie mi później postawiono. Analizowaliśmy je razem. Ona wiedziała, że zostałem pomówiony.

Marcepan wietrzył prowokację

– Mój klient to twardy człowiek, ale musiał przechodzić moment załamania nerwowego, ponieważ próbował popełnić samobójstwo – mówi o generale jego obrońca Włodzimierz Łyczywek. – W areszcie spędził ponad dwa lata bez możliwości zobaczenia się z żoną i córką. To było ewidentnie naruszenie praw człowieka. W wyjątkowo trudnej, jeżeli nie dramatycznej, sytuacji znalazła się również jego córka. Proszę sobie wyobrazić: ojciec siedzi, na pierwszych stronach gazet piszą o nim, że jest zdrajcą, a ona jest sędzią...

Marlena Kluk dowiedziała się o działaniach ABW wymierzonych w jej ojca jakieś pół roku wcześniej. Nie od policji, prokuratorów czy znajomych sędziów, ale od... bandyty. Marcin M. pseudonim Marcepan, bo to on był źródłem informacji, uchodził na Śląsku za lidera lokalnego gangu. Sędzia Kluk prowadziła jego sprawę – Marcepan odpowiadał za haracze i handel narkotykami. Na jednej z rozpraw poinformował sędzię, że przeciwko jej ojcu szykowana jest prowokacja. Wywnioskował to z rozmowy, jaką w areszcie śledczym w Katowicach odbył z trzema funkcjonariuszami ABW. Mówił, że przyszli do niego i nakłaniali do złożenia fałszywych zeznań obciążających generała. Wyraźnie oczekiwali, że Marcepan potwierdzi powiązania Mieczysława Kluka z mafią paliwową.

Sędzia poinformowała przełożonych o niepokojącym zdarzeniu. Alarmowała, że ABW prowadzi przeciwko jej ojcu nielegalne działania operacyjne. Prezes Sądu Okręgowego w Częstochowie zwrócił się do organów ścigania, by wyjaśniły tę sprawę, a sędzia złożyła wniosek o wyłączenie jej z prowadzenia sprawy Marcepana. W zaistniałej sytuacji trudno byłoby jej zachować bezstronność. Sprawę przejął inny sędzia. Proces musiał ruszyć od nowa.

Marcin M. niczego nie chciał powiedzieć „na papier". Lokalne media informowały, że zasłaniał się brakiem pamięci. Podobno czegoś bardzo się bał. Szef Prokuratury Rejonowej Katowice Centrum-Zachód Grzegorz Ocieczek osobiście tłumaczył, że zebrane w prokuraturze dowody nie potwierdziły, aby doszło do przestępstwa. Postępowanie umorzono.

Już wcześniej prowadzono podobne śledztwo. Źródłem informacji był jeden z członków bandy Marcepana. Różnica była taka, że do złożenia fałszywych zeznań dotyczących generała mieli go namawiać funkcjonariusze UOP, a nie ABW. Wtedy katowicka prokuratura odmówiła wszczęcia postępowania.

Na ostrzu noża

Opinia publiczna nie miała możliwości śledzenia na bieżąco procesu generała i baronów. Po odczytaniu aktu oskarżenia wszystkie następne rozprawy przed Sądem Okręgowym w Szczecinie toczyły się już przy drzwiach zamkniętych. Stało się tak za sprawą prokuratora, który wnioskował o wyłączenie jawności z uwagi na tajne wątki i procedury, których upublicznianie byłoby – jego zdaniem – sprzeczne z prawem (Mieczysław Kluk wnosił o prowadzenie rozprawy przy drzwiach otwartych).

Córka generała nie stanęła na miejscu dla świadków. Skorzystała z prawa do odmowy składania zeznań przysługującego najbliższej rodzinie.

Przewodniczącym składu sędziowskiego był Maciej Strączyński znany z tego, że swoje opinie wyraża bez owijania w bawełnę. Od lat przywołuje do porządku każdego, kto wykorzystuje prawnicze sztuczki, by opóźniać przewód sądowy. Prowadził sprawy z udziałem nawet dwudziestu dwóch oskarżonych i gdyby nie narzucona przez niego dyscyplina, procesy ciągnęłyby się w nieskończoność, a groźni gangsterzy powychodziliby na wolność. Przestępczość zorganizowana boi się go jak diabeł święconej wody. Wyroki dożywocia usłyszało z jego ust kilku szefów gangów, mafijnych egzekutorów oraz seryjnych zabójców (m.in. „wampir" ze Świnoujścia). Maciej Strączyński ma opinię surowego i sprawiedliwego. W tej jednak sprawie – o czym mówiono nieoficjalnie – momentami zaskakiwał oskarżonych oraz ich obrońców wyjątkową wobec nich surowością.

Sędzia zirytował się kilka razy. I trudno się dziwić, skoro po trzydziestu jeden rozprawach, które zajęły sądowi

3,5 roku, proces mafii paliwowej trzeba było... rozpocząć od nowa. Jak mogło do tego dojść? Otóż podczas którejś rozprawy, kiedy odtajniono podsłuchy sprzed kilku lat, okazało się, że jeden z kontrolowanych przez śledczych numerów nie należał do generała, ale do jego córki. Marlena Kluk zaskarżyła zarządzenie krakowskiego sądu, który pozwolił prowadzącemu śledztwo prokuratorowi na podsłuchiwanie i nagrywanie jej rozmów. Tak samo postąpił jej ojciec.

Sąd Okręgowy w Krakowie potrzebował aż dziewięciu miesięcy na rozpatrzenie tej sprawy. W tym czasie szczeciński proces tkwił w miejscu – akta były na drugim końcu Polski. Ostatecznie podsłuchy uznano w Krakowie za legalne i akta zwrócono do Szczecina. Ale proces generała, skorumpowanych policjantów i baronów paliwowych, mimo że był już na finiszu, należało rozpocząć od nowa. Powodem była wielomiesięczna przerwa między rozprawami. „Procedury w Krakowie trwały tak długo, ponieważ pani Marlena Kluk, która zaskarżyła podsłuchy, nie odbierała wezwań i nie stawiała się na wokandę, zatem sama przyczyniła się do przewlekłości procedur" – tłumaczył nam wtedy prokurator Marek Wełna.

Podobne odczucia musiał mieć sędzia Maciej Strączyński. Podczas jednej z rozpraw zirytował się, że pismo złożone przez pełnomocnika córki generała zawiera braki formalne. Posiedzenie po raz kolejny należało odroczyć. I wtedy powiedział dosadnie, co o tym myśli.

– Sędzia wprost zasugerował, że Marlena Kluk celowo utrudnia postępowanie, aby proces toczył się od nowa i żeby jej ojciec uniknął odpowiedzialności – relacjonował nam pełnomocnik córki generała, prosząc, aby nie wymieniać jego nazwiska. – Zarzucił, że składa wnioski dowodowe, a przecież miała do tego prawo. Jego komentarze przedstawiały Marlenę Kluk jako osobę bezwzględną, działającą na granicy prawa.

„W ocenie Marleny Kluk sformułowania użyte przez sędziego mają na celu całkowite zdyskredytowanie jej osoby. Są one tym bardziej szkalujące i dotkliwe, że wnioskodawczyni sama wykonuje zawód sędziego" – czytamy we wniosku pełnomocnika pani sędzi.

Pytamy generała, co jego zdaniem przelało czarę goryczy. Zastanawia się chwilę i mówi, że „sprawa limuzyny".

– Powiedziałem przed sądem, że czasami podwoziłem córkę do pracy – opowiada. – Jechaliśmy w tym samym kierunku: ja do komendy w Katowicach, ona do sądu, gdzie robiła aplikację. Sędzia skomentował moje słowa, że „ze służbowego auta zrobiła sobie prywatną limuzynę". Chyba wtedy skończyła jej się cierpliwość.

Córka generała poczuła się dotknięta wypowiedziami pod jej adresem wygłoszonymi na sali sądowej w obecności wielu osób. Reprezentujący ją adwokat domagał się od sędziego przeprosin na łamach ogólnopolskiego wydania „Gazety Wyborczej".

– Nie mam kogo ani za co przepraszać – ucinał rozmowę o ewentualnej ugodzie sędzia Maciej Strączyński. – Nigdy w życiu nie rozmawiałem z tą panią. Jak można się obrażać na orzeczenia sądu? – pytał retorycznie, pozostawiając sprawę bez komentarza.

Adwokat generała był poważnie zaniepokojony takim obrotem sprawy, chociaż starał się tego nie okazywać. „Dobry sędzia stara się być podczas procesu niemal niewidoczny, bez humorów, tymczasem sędzia Maciej Strączyński jest niczym pistolet. Taka postawa dobrze świadczy jedynie o adwokatach i prokuratorach" – powiedział nam wtedy. Dziś przyznaje, że stawianie sprawy na ostrzu noża wywołało w nim mieszane uczucia.

– Uważałem, że atakowanie sędziego było niezbyt taktyczne. Właściwie nie miało sensu. Sędzia to też człowiek. Mógł się „usztywnić", to była niebezpieczna gra.

W środowisku prawniczym zawrzało. Zastanawiano się, czy sędzia Marlena Kluk ugnie się przed autorytetem przewodniczącego Stowarzyszenia Sędziów Polskich Iustitia i odpuści sprawę. Gdyby nie doszło między nimi do ugody, o tym, kto ma rację, musiałby rozstrzygnąć sąd cywilny. Byłby to pierwszy taki przypadek w Polsce: dwoje sędziów stanęłoby po przeciwnych stronach barykady. Krajowa Rada Sądownictwa nie komentowała ich sporu. „To prywatna sprawa pana Strączyńskiego i pani Kluk" – ucinano dyskusje.

Do ugody miało dojść w maju 2010 roku. Prezes Iustitii nie stawił się w sali rozpraw, chociaż o terminie posiedzenia sądu w tej sprawie zawiadamiany był dwukrotnie. Wtedy właśnie, na sądowym korytarzu, poznaliśmy Marlenę Kluk.

– Liczyłam na ugodę, ale sędzia Strączyński okazał lekceważenie. Po prostu nie odebrał awiza – powiedziała po krótkiej rozprawie. Wydawała się rozczarowana. – Jeszcze nie wiem, czy zdecyduję się na złożenie pozwu o ochronę dóbr osobistych – przyznała szczerze. – Mieszkam w Częstochowie, a rozprawy odbywałyby się w Szczecinie. Dojazdy byłyby dla mnie sporym utrudnieniem.

Linia obrony

Ojciec Marleny Kluk poskarżył się na opieszałość Temidy, twierdząc, że naruszono jego prawo do „rozpoznania sprawy bez nieuzasadnionej zwłoki". Sąd wyższej instancji przyznał mu rację i 10 tysięcy zł odszkodowania. Kolejne 13 tysięcy złotych przyznał generałowi trybunał w Strasburgu za zbyt długi, bo ponaddwuletni, areszt.

Proces mafii paliwowej rozpoczął się od nowa. Z relacji, które do nas docierały, wynikało, że w zachowaniu sędziego nastąpiła radykalna zmiana. Podobno po raz pierwszy słuchał wyjaśnień generała z uwagą, bez irytacji. Zastanawiano się, czy przypadkiem nie jest to zasługa córki generała, która – w pewnym sensie – zmusiła przewodniczącego składu sędziowskiego do samodyscypliny.

Mieczysław Kluk konsekwentnie twierdził, że nie przyjął łapówki za zwolnienie z aresztu wicedyrektora Rafinerii Trzebinia. I że w ogóle nie znał szczegółów tej sprawy. Uchylenie sankcji było zresztą w gestii prowadzącego śledztwo prokuratora, nie jego. Nigdy o tym z prokuratorem nie rozmawiali – także dlatego, że są w „nie najlepszych stosunkach".

W czasie, gdy miały się ważyć losy wicedyrektora Rafinerii Trzebinia, generał odbywał kilka podróży służbowych w towarzystwie kierowcy. Żadna nie miała związku z przedmiotową sprawą. Można to sprawdzić w książce pojazdów. Prywatnym fordem ka, którym generał rzekomo miał przyjechać do biura barona z Częstochowy po pół miliona złotych łapówki, jeździł już wtedy ktoś inny. Sprzedał go w komisie kilka dni przed opisywanymi wydarzeniami.

Kolejne kilkaset tysięcy, które miał wziąć za zdjęcie policyjnej obserwacji cystern jeżdżących z rafinerii do firm płacących „haracz", było – o czym przekonywał – kolejnym pomówieniem. Ani Centralne Biuro Śledcze, ani Komenda Wojewódzka Policji w Katowicach, którą kierował, nie prowadziły w tym czasie żadnej obserwacji transportów wyjeżdżających z Trzebini. Dlatego poleceń służbowych nakazujących odstąpienie od takich czynności zwyczajnie nie można było funkcjonariuszom wydać. Poza tym w czasie, kiedy miały się rozgrywać wydarzenia opisane w zarzutach prokuratorskich, generał był na długim urlopie poza granicami kraju.

Od przecieku Mieczysław Kluk zdecydowanie się odcinał. Jego pozornie zażyłe kontakty ze środowiskiem baronów paliwowych miały być częścią gry operacyjnej. Rozpoczęła się ona na polecenie byłego szefa polskiej policji Marka Papały. Działania wymierzone w mafię, nie tylko w Polsce, muszą być poprzedzone wnikliwym rozpoznaniem. Największe sukcesy są wtedy, gdy ludzie mafii myślą, że dla nich pracujesz...

Dokumenty znalezione w siedzibie BGM Petrotrade Poland poddano wnikliwym badaniom. Przeprowadzono je w Instytucie Ekspertyz Sądowych w Krakowie. Wykazały, że w teczce barona znajdowały się „kopie z kopii". Nie tylko generał mógł je zrobić i przefaksować. Równie dobrze mógł to zrobić ktoś inny.

Prokurator do poprawki

Wyrok w pierwszej instancji zapadł w marcu 2011 roku. Był historyczny, bo obalił tezę o mafii paliwowej. Jego uzasadnienie okazało się druzgocące zarówno dla Prokuratury Apelacyjnej w Krakowie, jak i dla samego Marka Wełny.

Mieczysława Kluka uniewinniono od zarzutów korupcyjnych. Za przeciek i grożenie bronią funkcjonariuszom ABW dostał trzy lata (prokurator żądał dziesięciu). Uniewinniono także baronów paliwowych z BGM. Baron z Częstochowy, który oskarżał ojca sędzi Marleny Kluk, dostał karę czterech i pół roku więzienia.

Warto zapoznać się z fragmentami uzasadnienia wyroku, próżno bowiem szukać podobnej argumentacji w innych sądowych aktach.

„Omówienie dowodów, na których sąd oparł ustalenie, rozpocząć należy od stwierdzenia, że stan sprawy przedstawionej sądowi ocenić należy negatywnie. Widoczne było prowadzenie śledztwa bez klarownej koncepcji procesowej, a konkretnie fakt, że w sprawie ujawnienia tajnych dokumentów śledztwa właściwie nie przeprowadzono. (...) Sprawa niniejsza była znana, zyskała medialny rozgłos, ale sąd nie wziął tego pod uwagę, jako że był to rozgłos nieuzasadniony. Ciągle w mediach nazywana »aferą paliwową«, chociaż wcale paliw nie dotyczyła. Jedynie fakt, że na ławie oskarżonych zasiadał generał policji, co było bodajże drugim takim przypadkiem w historii Polski (po sprawie starachowickiej przeciwko byłemu komendantowi głównemu policji), usprawiedliwiał zainteresowanie społeczne niniejszą sprawą. (...) Dowody osobowe, a były to głównie wyjaśnienia oskarżonych oraz zeznania świadków będących często oskarżonymi (podejrzanymi) w innych sprawach, uzyskiwane były w przypadkowy sposób, przy okazji zbierania materiałów do spraw paliwowych. Wypowiedzi na temat niniejszej sprawy były wtrącane między szerokie opisy wydarzeń z nią niezwiązanych, trudne do odnalezienia. Prokurator w znacznej części cenzurował je, włączał do akt skserowane kopie z zasłoniętymi fragmentami, uniemożliwiając sądowi zapoznanie się z całością. Taki sposób przedstawiania dowodów, nieznany przedtem Sądowi Okręgowemu w Szczecinie, wywołuje wysoce niepożądane wrażenie, że prokurator chce ukryć część materiału dowodowego".

Sąd wytknął Markowi Wełnie, że włączał do sprawy po kilka kopii tych samych dokumentów, dowodząc, że „sam nie panował nad własnymi aktami i nie znał ich treści".

„Prokurator domagał się też ujawnienia bardzo licznych dowodów, które poza ogromnym zwiększaniem objętości akt nic do sprawy nie wniosły. Zostały one przyjęte jako »nieszkodliwe«, skoro i tak trudno byłoby je z akt usunąć, ale zajmowanie się nimi stanowiło tylko zbędną mitręgę. Nic nie wniosły do sprawy obszerne wyciągi z kont Mieczysława Kluka i dokumenty z umów bankowych czy ubezpieczeniowych. Czy prokurator spodziewał się, że ewentualnie otrzymaną łapówkę Mieczysław Kluk wpłaci na konto w banku, aby ujawnić ją światu? (...) Zbędne kserokopie wszystkich dokumentów, jakie wpadały w ręce funkcjonariuszy organów ścigania, mechanicznie kserowane bez jakiegokolwiek celu dowodowego, stanowiły łącznie ponad dwadzieścia tomów akt śledztwa – niemalże połowę ich objętości. Podobnie było ze świadkami. W akcie oskarżenia prokurator wymienił, jako wnioskowanych do wezwania na rozprawę, 108 świadków, ale powołał się w uzasadnieniu aktu oskarżenia na zeznania jedynie 37, a co do 71 świadków nie było wiadomo, w jakim celu chce ich wezwać. (...) Nie do przyjęcia był zarzut, że Mieczysław Kluk działał w celu osiągnięcia korzyści osobistych przez (tu nazwiska baronów paliwowych – przyp. aut.) kierujących działalnością zorganizowanych grup przestępczych, popełniających przestępstwa przeciwko mieniu i dokumentom oraz przestępstwa skarbowe, utrudniając postępowanie karne i pomagając im w uniknięciu odpowiedzialności. Jeżeli prokurator twierdzi w zarzucie, że ktoś kierował działalnością zorganizowanych grup przestępczych i popełniał rozmaite przestępstwa, trzeba to udowodnić, a dowody przedstawić sądowi. Zaprzeczeniem zasady bezstronności prokuratury jest oskarżanie ludzi, choćby pośrednio, o przestępstwa, których im się nie udowadnia i nie próbuje udowodnić. Prokurator zastosował tu po prostu domniemanie winy".

W opinii sądu drzwi sali rozpraw zamknięto przed opinią publiczną na wyrost.

„Znaczna część materiałów niejawnych otrzymała klauzulę tajności bez głębszego uzasadnienia. Na przykład część zeznań, które potem w trakcie postępowania prokurator stopniowo zwalniał z klauzuli niejawności, a inne z nich w ogóle nie były przydatne jako dowody".

...i generał też

„Niniejsza sprawa dotyczyła bardzo niebezpiecznego zjawiska, jakim jest – mówiąc nieco kolokwialnie – »zdrada« policjantów przekazujących informacje niejawne osobom zamieszanym w przestępstwa paliwowe, czyny o znacznej szkodliwości, dające wielkie, a nielegalne zyski kosztem

Skarbu Państwa. Wszelkiego rodzaju »wycieki«, w ostatnich latach zjawisko dość nasilone, wynikające z bardzo lekceważącego podejścia do ochrony informacji niejawnych w Polsce, mogą skutkować niemożnością wykrycia wielu sprawców przestępstw lub też udowodnienia im winy. Od oficerów policji należy zaś wymagać szczególnej staranności i lojalności. Mieczysław Kluk nie okazał się osobą dobrze pełniącą wysoką funkcję, na którą go powołano, nie przestrzegał on niezwykle ważnej na jego stanowisku zasady, że z pewnymi osobami kontaktów utrzymywać nie należy, gdyż mogą one ściągnąć odium na jego osobę, a tym samym na całą służbę. Wysocy rangą oficerowie policji nie powinni utrzymywać kontaktów z osobami z kręgów podejrzanego lub wręcz nielegalnego biznesu, tymczasem Mieczysław Kluk utrzymywał te kontakty bardzo szeroko, był nieźle wprowadzony w paliwowy światek. Nie tłumaczy go rzekome »uzyskiwanie informacji«, bo nie od tego jest komendant wojewódzki policji (...)".

Do dziś ten fragment uzasadnienia wyroku wyjątkowo boli generała.

– Idąc tym tokiem rozumowania, profesorowi nauk medycznych, wybitnemu lekarzowi kierującemu kliniką powinniśmy zabronić leczyć chorych, bo on nie jest od tego i od tego są maluczczy – mówi. – Policjant musi siedzieć w środowisku przestępców, albowiem podstawą jego funkcjonowania jest zdobywanie informacji. W jaki sposób przełożony ma zweryfikować prawdziwość dostarczanej mu przez podwładnych wiedzy? Nie znam i nie ma takiego przepisu, instrukcji, wytycznych, które by zabraniały wysokiemu rangą oficerowi policji utrzymywania kontaktów z osobami z kręgów podejrzanych.

„Mieczysław Kluk wykorzystywał wszelkie środki do obrony, jakie tylko były mu dostępne, ale dopuszczalnych prawem granic nie przekroczył" – zauważył sąd. – „Jedynie fakt, że składał w toku niniejszego postępowania rozmaite bezzasadne zawiadomienia o przestępstwach, które uważał za popełnione na swoją szkodę, świadczy o jego dość instrumentalnym podejściu do prawa. (...) Niewątpliwie zatrzymanie Mieczysława Kluka było czynnością szczegółowo zaplanowaną. Wzięto pod uwagę fakt, że jego córka jest sędzią, i postanowiono zapobiec ewentualnemu utrudnieniu przez nią czynności przeciwko ojcu. Okazało się to przysłowiowym dmuchaniem na zimne, gdyż do niczego takiego nie doszło. Gdy Mieczysław Kluk otworzył rzekomym kurierom, niezwłocznie poinformowali go, że są funkcjonariuszami ABW, okazali też legitymacje. Nie chciał z nimi rozmawiać. Dopiero na słowa, że jest zatrzymany, zareagował wulgaryzmem i krzykiem. W samym spożyciu przez niego alkoholu niczego nagannego nie ma – był we własnym domu, jest emerytem, nie musiał być trzeźwy. Jednakże jako generał policji niewątpliwie doskonale znał wszelkie zasady obchodzenia się z bronią palną obowiązujące osoby posiadające pozwolenie. Wiedział więc dobrze, że osobie nietrzeźwej nie wolno nawet dotknąć broni. Zachowywał się w niebezpieczny sposób. Manipulowanie nabitą bronią palną, celowanie z niej w funkcjonariuszy ABW, przeładowywanie zagrażające natychmiastowym wystrzeleniem – choćby przypadkowym – jest zachowaniem zawinionym".

Temida nierychliwa, ale...

Prawomocny wyrok zapadł po sześciu i pół roku od aresztowania generała. Sąd apelacyjny złagodził jego karę z trzech lat do półtora roku. Utrzymał w mocy wyroki uniewinniające byłego szefa śląskiej policji od przyjmowania łapówek, a sprawę przecieku – na wniosek apelacji obrońcy – uchylono do ponownego rozpoznania (gdy oddajemy naszą książkę do druku, rozprawy są w toku).

– Biorąc pod uwagę wskazówki poczynione przez sąd apelacyjny, także w tym względzie można się spodziewać uniewinnienia generała – mówi bez cienia wątpliwości jego adwokat. – Baron paliwowy, od którego wszystko się zaczęło, okazał się osobą kompletnie niewiarygodną. Podczas rozpraw nie odpowiada już nawet na pytania sądu.

Sąd pierwszej instancji musiał przyjąć słowa krytyki za to, że „nie rozważył należycie okoliczności towarzyszących przesłuchaniu" barona z Częstochowy, chociaż przyznał on, że „wszelkie wyjaśnienia obciążające (zatem także i oskarżonego Mieczysława Kluka) składał z tego względu, że chciał opuścić areszt. Tym bardziej wnikliwa i drobiazgowa powinna być ocena tego dowodu" – ocenił skład apelacyjny.

Szefowie BGM zostali prawomocnie uniewinnieni. „Żaden z przeprowadzonych w niniejszej sprawie dowodów nie wskazywał na to, by podżegali funkcjonariuszy publicznych (w tym Mieczysława Kluka) do naruszenia obowiązków służbowych w zamian za korzyść majątkową" – orzekł Sąd Apelacyjny w Szczecinie, któremu nie spodobała się także nadmierna krytyka ze strony prokuratora.

„Sąd pierwszej instancji uległ współczesnym tendencjom rozwojowym języka, obecnym zwłaszcza w mediach,

Monika i Roberto Mancini pobrali się w Rzymie w styczniu 1996 roku. Ślub kościelny wzięli pół roku później, w kopalni soli w Wieliczce, dokładnie w 36 urodziny pana młodego.

Piknik niedaleko Rzymu, 1997 rok.

Fot. z archiwum rodzinnego Moniki Dobrowolskiej-Mancini

Komisarz Roberto Mancini rozpracował interesy kamorry i powiązania mafii z politykami.

Monika promieniała przy mężu, ale też drżała z niepokoju o niego. Mafia przesłała mu do domu wieniec pogrzebowy, sypiał z bronią pod poduszką.

Rodzinny wypad nad jezioro z trzymiesięczną wówczas córką Alessią i wierną psiną Kiką, 2001 rok.

Chorego na raka komisarza policji leczono w szpitalu w Perugii. „Roberto ma wielkie serce i pragnienie, aby żyć" napisała pod zdjęciem zamieszczonym na FB Monika trzy dni przed śmiercią męża. Roberto Mancini zmarł 30 kwietnia 2014 roku.

Fot. z archiwum rodzinnego Moniki Dobrowolskiej-Mancini

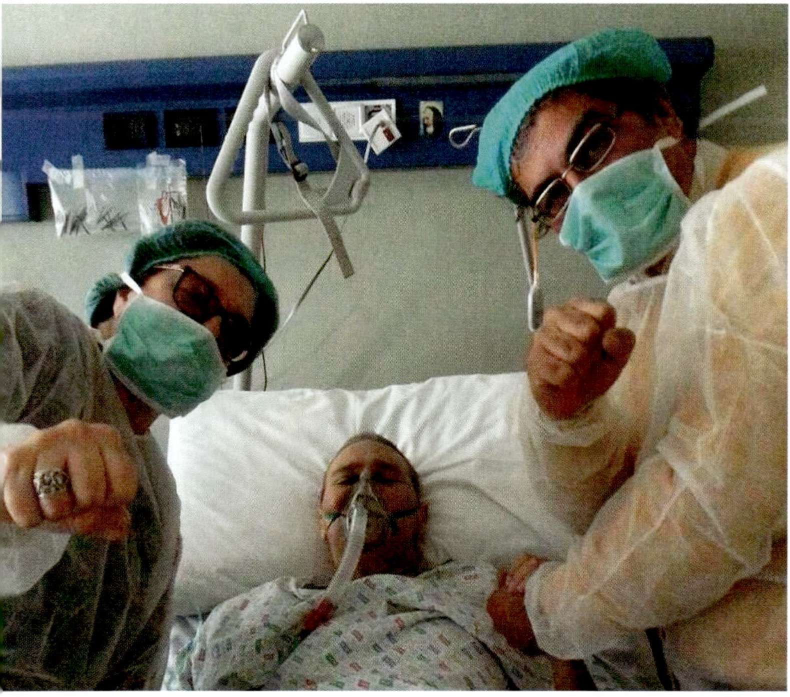

Stanisław i Lucyna Biejowie na przyjęciu ślubnym u przyjaciół w Stepnicy w 1997 roku. – Udzielił nam się nastrój tamtej chwili, wspominaliśmy nasz ślub i to, jak byliśmy wtedy zakochani. Stasiu szeptał mi do ucha czułe słówka, był taki romantyczny – opowiada nam Lucyna.

Bernardyna Bacę kupili na Krupówkach. – Pies panicznie bał się burzy – wspomina Lucyna. – Przeskakiwał ogrodzenie i gnał przed siebie na oślep. Stasiu szukał go po nocach, klął pod nosem na czym świat stoi, a potem pozwalał mu na wszystko.

Fot. z archiwum rodzinnego Lucyny Biej

Sąd Okręgowy w Elblągu, czerwiec 2014 r. Lucyna Biej dowiaduje się, że nie wyznaczono jeszcze terminu ponownego procesu zabójców jej męża, ponieważ akta sprawy utknęły w Sądzie Najwyższym.

Letnie Ogrody Polityki w Elblągu, 2014 rok – panel dyskusyjny z udziałem Lucyny Biej, Leszka Kardaszyńskiego, byłego szefa Wydziału Ochrony Świadka Koronnego KGP, oraz autorów.

Fot. z archiwum Ewy Ornackiej

Fot. z archiwum Ewy Ornackiej

Po dwunastu latach od zbrodni za tymi drzwiami w Sądzie Okręgowym w Elblągu proces zabójców Stanisława Bieja i Jerzego Ornowskiego zaczyna się od nowa…

W czerwcu 2003 roku rodziny rozwieszały plakaty z prośbą o pomoc w poszukiwaniach. Na stacji benzynowej w Malborku zauważyły audi z charakterystycznymi felgami samochodu Jerzego Ornowskiego. Właścicielka właśnie kupiła je w warsztacie. Po tych felgach policja doszła do zabójców.

ZAGINIENI

30.05.2003r.

JERZY ORNOWSKI I STANISŁAW BIEJ

ZAGINIENI PORUSZALI SIĘ **AUDI A6** O NUMERACH **ZS51011**, OSTATNIO WIDZIANO ICH W OKOLICACH KISIELIC.

PROSIMY O POMOC W ODNALEZIENIU.

Tel. 0507-812-370

0-89 640-72-00, 997

Błagamy o pomoc!!

W dniu 30 maja 2003 r. na jednej z posesji w Kisielicach zostali zamordowani dwaj mieszkańcy Szczecina:

Jerzy Ornowski i Stanisław Biej.

Pogrążone w żalu rodziny proszą o pomoc mieszkańców Kisielic i okolic w odnalezieniu ukrytych zwłok.

Interesuje nas wszystko, co państwo widzieli lub słyszeli o tej tragedii. Może ktoś z państwa chodząc po okolicznych lasach widział w tamtym czasie wykopane doły, w których zmieściłyby się zwłoki mężczyzny.

Tel: 0888101506,

lub 997

Chcemy pochować naszych mężów i ojców w poświęconej ziemi, w święto zmarłych zapalić świeczkę na ich grobach.

Rodziny Ornowskich i Biejów.

Fot. z archiwum rodzinnego Lucyny Biej

Wyłowiony z Wisły pod Gdańskiem wrak samochodu, którym podróżowali zaginieni.

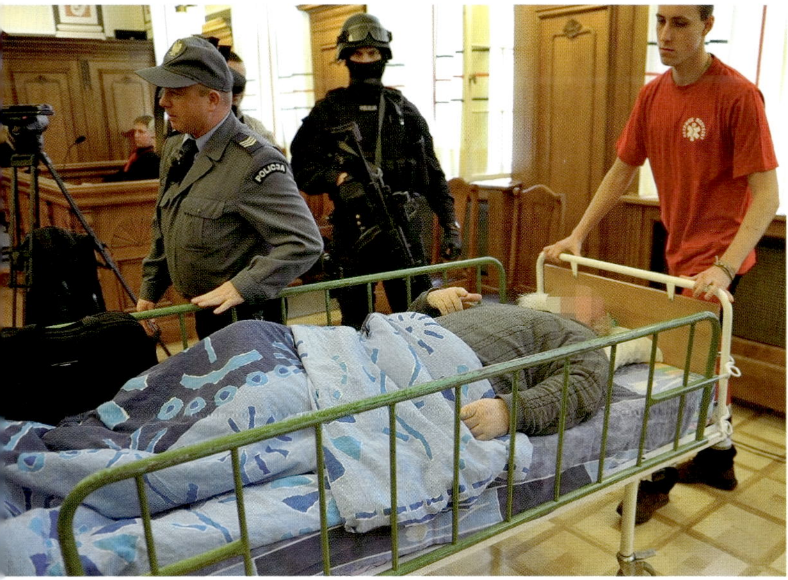

Oskarżony o zabójstwa i kierowanie gangiem Jan R. ps. Kulawy (na łóżku) podczas procesu w Elblągu.

Danuta Olewnik-Cieplińska (pierwsza z lewej) w trakcie pierwszej rozprawy w procesie, jaki wytoczyła Prokuraturze Apelacyjnej w Gdańsku, 27 czerwca 2013 roku.

„Danuta Olewnik-Cieplińska wzięła na siebie prowadzenie ogólnopolskiej kampanii przeciwko organom państwa, które nie wywiązują się ze swoich zadań. Jej ojciec Włodzimierz też się pokazywał, udzielał wywiadów, przemawiał, jednak to nie z nim, ale z Danutą utożsamiła się opinia publiczna".

przejawiającym się w nadużywaniu słów wyrażających oceny skrajne, wręcz pejoratywne. W szczególności zaś potępiające sposób gromadzenia materiału dowodowego przez prokuraturę, prowadzenia czynności w śledztwie, sposób formułowania aktu oskarżenia, wreszcie także postawę prokuratora. Wydaje się, że w dokumentach sądowych takie sytuacje nie powinny mieć miejsca. Emocje nie tylko nie są argumentem racjonalnym, lecz także nie licują z rozwagą właściwą funkcji sądzenia".

Aby było sprawiedliwie, dostało się też prokuratorowi. „Skrajne oceny wyeksponowane przez autora apelacji prokuratorskiej, np. »wyraźnie negatywne nastawienie sądu do sprawy«, »stawia pod znakiem zapytania kwalifikacje sądu i jego zdolność do całościowego rozpoznania sprawy«, »kompletne nieprzygotowanie sądu w osobie sędziego przewodniczącego do sprawy« – nie wyrażały niestety treści rzeczywistej".

Ojcowska miłość

Generał, który mógł być szefem polskiej policji, gdyby nie okrzyknięto go zdrajcą i łapówkarzem, o swoich emocjach opowiada niechętnie. To silny człowiek, nie lubi się nad sobą użalać. Tym bardziej cieszymy się, że dał się namówić na szczerą rozmowę o sobie i o wyjątkowej córce, której naprawdę wiele zawdzięcza.

– Jaka jest Marlena Kluk? Proszę opisać jej charakter.

– Twarda, uparta, zdecydowana, czasami aż nadto. Jest osobą nie do przegadania, ja przynajmniej nie mam z nią najmniejszych szans, przy czym nie jest to gadanie puste, zawsze ubrane w rozsądne argumenty. W sprawach zawodowych wyjątkowo pryncypialna, nie mogę sobie wyobrazić, aby ktokolwiek i kiedykolwiek ją „nagiął". Jest bardzo oszczędna, gospodarna i do tego dokumentująca całe swoje życie rachunkami z wydatków, wyjątkowo dbająca o czytelność i czystość swojego konta bankowego. To oczywiście wiąże się z zawodem, jaki wykonuje, albowiem sędzia musi mieć zdolności i umiejętność przewidywania, w przeciwnym razie trudno mu będzie wykonywać ten zawód. Dba o zawodowy prestiż, jest zdecydowaną przeciwniczką układów. Mieszkamy z żoną na wsi od czternastu lat. Córka często u nas przebywa. Środowisko wiejskie jest specyficzne, wszyscy o wszystkich wszystko wiedzą. Ukryć się nie da, że jest sędzią. Okoliczni mieszkańcy próbowali dostać się do niej ze swoimi sprawami, problemami czy poradami, poradzić. Zawsze spotykali się z odmową. Argumentacja, jakiej używała, była jedna: kodeks etyki zawodowej jej na to nie pozwala.

– Jako dziecko lubiła mieć własne zdanie czy karnie słuchała taty – dowódcy?

– Przekonywały ją rozsądne argumenty. Bardziej trafiały do niej argumenty mamy, bo wiadomo, że ojcowie mają słabość do córek i łatwiej im ulegają. Od dziecka była gadatliwa. Miała własne zdanie z tysiącami argumentów, i to od najmłodszych lat, gdy tylko zaczęła mówić. Nie jest i nigdy nie było to jej wadą. Ta jej cecha nie sprawiała nam żadnych problemów wychowawczych, chociaż jej szczerość i prawdomówność wpędzała nas czasami w zakłopotanie. Pamiętam, gdy odwiedził nas przyjaciel, nauczyciel angielskiego. Córka była wtedy w przedszkolu, a my z żoną rozważaliśmy wysłanie jej na zajęcia dodatkowe z języka obcego. Nasz gość intensywnie przekonywał ją, że decyzja rodziców jest niezwykle trafna, że znajomość angielskiego jest koniecznością itd. Uważnie go słuchała, nie przerywając długich wywodów. W finale tej rozmowy, kiedy już miała zapaść decyzja, kto i kiedy będzie ją nauczał, zwróciła się do naszego przyjaciela słowami: „Ale ma Pan brzydkie zęby". Trudno było zarzucić jej nieprawdę, ale nas kompletnie zamurowało.

– Czym Pana zaskakiwała? Jakie są jej zainteresowania?

– W wieku pięciu lat sama zaczęła czytać *Krzyżaków* Henryka Sienkiewicza. Czytanie stało się jej pasją. Tak jest do dziś. Mimo ogromu pracy zawsze wygospodaruje czas na dobrą książkę i żeby obejrzeć nowy film. Jest miłośnikiem kina, nie tylko polskiego, często pojawia się na premierowych seansach, wyjeżdża na festiwale filmowe. Zawsze wraca z nich pełna wrażeń. Jej pasją są także podróże po kraju i po Europie. Lubi zwiedzać, poznawać nowe kultury, zwyczaje. Poza tym interesuje się historią, szczególnie drugiej wojny światowej, a dokładnie jej polskim etapem. Nieraz toczyliśmy w domu długie dyskusje na temat powstania warszawskiego, kampanii wrześniowej, powodów, dla których nasze wojsko poniosło tak sromotną klęskę we wrześniu 1939 roku.

– Jak jej wtedy poszło z tym angielskim?

– Oczywiście dała się przekonać do intensywnej nauki. Ukończyła liceum w klasie z rozszerzonym programem w języku angielskim, cały czas doskonali wiedzę z tego zakresu i świetnie sobie radzi. Chciała nawet studiować filologię angielską. Najpierw był w zamyśle Poznań, następnie Wrocław, kierunki wówczas bardzo modne, popularne, skończyło się na Uniwersytecie Śląskim w Katowicach.

– Na wydziale prawa.

– Dała się przekonać, że powinna studiować prawo, ale postawiła twardy warunek: zgoda, ale po studiach nie będzie pracowała w policji ani w prokuraturze. Tylko sądownictwo albo adwokatura. Swoiste doświadczenie nabyła w domu. Całe swoje zawodowe życie spędziłem w pionie dochodzeniowo-śledczym w sekcji kryminalnej. Zegarek nie był narzędziem, którym można się było posługiwać zgodnie z wolą rodziny. Małżonka także przez 20 lat pracowała w policji. Warunkiem, który postawiła córka przy swojej decyzji, oboje nie byliśmy zaskoczeni. Obecnie, gdy przyjeżdża do nas na weekend, przywozi całe torby akt. Czasami jej przypominam, jak to było na etapie decydowania o przyszłości... Ona twierdzi, że nie żałuje, że to, co robi, jest jej pasją i na nic innego się nie zamieni.

– Zapewne duma Pana rozpierała, gdy została sędzią.

– Po nominację sędziowską do Pałacu Prezydenckiego pojechaliśmy razem. Do Warszawy wiozłem asesora, a do domu sędziego. To był dla nas wielki dzień, ani przez chwilę nie wątpiłem, że takiego momentu doczekam. Ja kilka lat wcześniej odbierałem z rąk Prezydenta RP swoją nominację generalską.

– Jak wyglądało wasze pierwsze spotkanie po aresztowaniu Pana w sprawie paliwowej?

– To spotkanie miało miejsce dokładnie po dwóch latach, dwóch miesiącach i dwunastu dniach od mojego zatrzymania i aresztowania: 24 lipca 2007 roku w areszcie śledczym w Szczecinie, w Święto Policji. Ten dzień był dla mnie straszny, mimo że wiedziałem o planowanym spotkaniu, ponieważ uprzedzili mnie moi obrońcy. Niby powinienem być przygotowany, ale gdy zobaczyłem żonę z córką, nie wiedziałem, co mam zrobić, z którą się najpierw witać. Podbiegłem i uścisnąłem obie naraz, i w takim uścisku pozostawaliśmy przez długi czas. Po ochłonięciu nie było żadnych pytań: „Co w domu?". Od razu przystąpiliśmy do fachowej oceny mojej sytuacji procesowej. Nie mieliśmy możliwości dokonywać takiej oceny korespondencyjnie, albowiem korespondencja była ściśle cenzurowana. Najmniejsze informacje o sprawie powodowały, że listy lub ich fragmenty były zatrzymywane. Godzina tamtego widzenia upłynęła mi jak minuta. Praktycznie rozmawiałem tylko z córką.

– Co mówiła?

– Wyrzucała z siebie całe frazy procesowego uzasadnienia sytuacji. Wiedziała w tej sprawie naprawdę wiele, przed aresztowaniem – gdy już widziałem, co się wokół mnie dzieje – bardzo dużo rozmawialiśmy. Po tamtym spotkaniu w areszcie wróciłem do celi naładowany bardziej niż nowy akumulator. Nigdy nie wątpiłem, że moje dziewczyny stoją za mną murem, ale wtedy utwierdziłem się w przekonaniu, że mam walczyć, nie przebierać w środkach i atakować głupotę. Wsparcie córki i żony miałem w sprawie od samego początku. Prawie w każdym liście pisały, że nie mają cienia wątpliwości, iż jestem niewinny. Nie wyobrażacie sobie państwo, jak to jest ważne dla człowieka, który został okrzyknięty bandytą, zanim został osądzony. Widziałem ich zaangażowanie w czynnościach, jakie podejmowały. Pamiętam, że gdy opuściłem areszt w Szczecinie, żona i córka wyjechały po mnie. Spotkaliśmy się prawie w połowie drogi, w Jarocinie, na stacji paliw. Całą dalszą drogę do domu, a następnie całą noc dyskutowaliśmy o sprawie. Była to dla mnie swoista terapia psychologiczna, albowiem po raz pierwszy mogłem się „wygadać" przed bratnimi duszami, które chciały tego ze zrozumieniem wysłuchać. Rozmowa była dla mnie niezwykle trudna. Córka z zawodowego nawyku i rozsądku zadawała mi setki pytań. Przesłuchanie w wykonaniu sędziego Strączyńskiego to małe piwo w porównaniu z tamtym nocnym „przesłuchaniem".

– Jednak cały czas Panu pomagała.

– Jedną z pierwszych przesyłek, jakie otrzymałem od córki podczas pobytu w areszcie w Krakowie, był *Kodeks postępowania karnego: komentarz* Tomasza Grzegorczyka. Potężne opracowanie z przypisami, prawie 1700 stron. Było mi bardzo pomocne w procesie. Miałem i nadal mam ze strony córki ogromne wsparcie, gdy chodzi o zabezpieczenie techniczne procesu. Z zawodowego obowiązku śledzi orzecznictwo sądowe w kraju. W każdym przypadku, gdy pojawia się orzeczenie Sądu Najwyższego lub innego sądu dotyczące problematyki mojej sprawy, natychmiast tym dokumentem dysponuję. Chodzi oczywiście o dokumenty, do których każdy śmiertelnik może mieć dostęp, publikowane powszechnie na stronach Sądu Najwyższego. Córka, nie zważając na skutki wynikające z jej zawodowej pozycji, kierowała pisma, skargi i petycje do wielu instytucji. Pokazywała niekompetencję prokuratury oraz innych organów.

Nawiązała kontakt z Helsińską Fundacją Praw Człowieka, uzyskała jej ogromne wsparcie i spowodowała zaangażowanie w moją sprawę. Przedstawiciele tej instytucji pojawili się między innymi na posiedzeniu sądu apelacyjnego, który rozpoznawał wniosek sądu okręgowego o kolejne przedłużenie mojego aresztu tymczasowego. Wniosek ten nie został uwzględniony, a uzasadnienie postanowienia po raz pierwszy miało ludzką twarz. Zapewne o takim orzeczeniu zadecydowały względy również merytoryczne, ale zainteresowanie fundacji z całą pewnością pomogło.

– **Przekraczała dla Pana swoje pryncypialne zasady?**

– Jedną rzecz chciałbym wyraźnie podkreślić: córka nigdy nie zastępowała mi obrońców w sprawie. Bardzo uważnie słuchała, oceniała fakty, rzucała pomysł rozwiązania, znowu dyskutowaliśmy, a następnie był etap realizacji, ale to już należało do mnie i obrońców. Pisma procesowe, wnioski dowodowe, zażalenia i inne dokumenty w sprawie zawsze sporządzałem sam. Nigdy mnie w tym nie zastępowała. Każdy dokument, jaki wytworzyłem, z uwagą czytała. Można powiedzieć, że była to swoista cenzura, albowiem zawsze wyrzucała z tych dokumentów treści, które uznawała za agresywne. Gładziła i tonowała ich treść, gdyż – nie ukrywam – w trakcie ich sporządzania ponosiły mnie emocje. Gdyby tego nie robiła, moja mowa końcowa w procesie, którą sędzia Strączyński w uzasadnieniu ocenił jako wyśmienitą, zrobiłaby z prokuratora Wełny kompletnego idiotę. Zdarzały się i takie sytuacje, że obrońcy odwodzili mnie od wykonania określonego kroku procesowego. Po dyskusji z córką i wyłożeniu argumentów postępowałem wbrew ich woli. Nie oznacza to wcale, że mam do moich obrońców uwagi, jednak ona spogląda na tę sprawę jako sędzia i przewidywała, co w danej sytuacji procesowej zrobiłby sąd.

– Jak córka wspomina tamten czas, tuż po wybuchu tak zwanej afery paliwowej?

– Szczególnie trudny okres miała bezpośrednio po moim aresztowaniu. Musiała przecież przejąć opiekę nad matką, odpierać zarzuty dziennikarzy i łączyć to wszystko z pracą zawodową. Do tego doszły starania o pozyskanie obrońców w mojej sprawie, częste wyjazdy do Krakowa i Szczecina, a także... opędzanie się przed agresywnym postępowaniem ABW. Żona i córka opowiadały mi, jak przez kilka kolejnych dni po moim aresztowaniu ABW prowadziła permanentną obserwację mojego domu i rodziny. Każdy ich krok wiązał się z asystą tajnej obserwacji. Kiedy córce już się ta zabawa znudziła, zadzwoniła do komendanta jednostki policji, na której terenie odbywały się działania służb, i zawiadomiła o podejrzeniu, że może dojść do popełnienia przestępstwa. Policja podjęła czynności sprawdzające, samochód obserwacyjny został zatrzymany, a agenci wylegitymowani. Podobno tłumaczyli się, że chcą kupić działkę rolną. Od tego momentu obserwacji już nie prowadzono. Proszę pamiętać, że w czasie przeszukania naszego domu zabrano wszystkie dokumenty, jakie normalnie w domu być muszą, na przykład rachunki za wodę, energię elektryczną, decyzje emerytalne, dokumenty budowy domu. Zabrano wszystkie moje notatniki, wizytówki, zdjęcia, nawet fotografie naszego psa. Zatrzymano moje telefony i telefon żony. Dziewczyny zostały bez niczego. Gdyby w domu zdarzyła się jakakolwiek awaria, nie miałyby możliwości wezwania fachowca, gdyż wszystkie dokumenty i kontakty zabrano do prokuratury.

– Przemawia przez Pana gorycz. Takie są zasady postępowania.

– Być może ja w czasie swojej zawodowej działalności postępowałem wobec innych podobnie, ale jak się idzie na przeszukanie, to trzeba wiedzieć, czego szukać, a nie totalnie brać wszystko. Następnie to wszystko skserowano i włączono do akt sprawy, stąd dziesiątki tomów. Do chwili obecnej mamy ogromne trudności z odnalezieniem wielu dokumentów. I jeszcze jedno: w portfelu miałem wtedy pieniądze na bieżące opłaty i wydatki, które także zabezpieczono. Mimo próśb żony, aby jej część zostawić, bo przecież musi coś jeść, oczywiście odmówiono. W swoim postępowaniu policjant powinien przede wszystkim uruchomić rozum i kierować się obowiązującą od wieków zasadą poszanowania minimum egzystencji. Tak jak rolnikowi w czasie przeszukania nie zabiera się ostatniego worka zboża, aby mógł obsiać pole na wiosnę, tak żonie zatrzymanego pozostawia się przynajmniej część pieniędzy, aby mogła sobie kupić chleb i coś do chleba. Kto postępuje inaczej, nie jest godzien noszenia legitymacji i występowania w imieniu tego państwa. Opowiadam o tym wszystkim, ponieważ tutaj właśnie jest znacząca część odpowiedzi na pytanie, w jaki sposób wspierała mnie córka…

– Czego bał się Pan najbardziej, myśląc o niej w areszcie?

– W mojej obronie postawiła na szali cały swój zawodowy autorytet, całą swoją zawodową przyszłość. Dla mnie jest oczywiste, że do czasu, aż wymrze pokolenie pamiętające „sprawę Kluka", zawsze znajdzie się ktoś, kto będzie jej o tym przypominał. Każdego dnia bałem się o Marlenę, że jakiś bandyta, którego będzie sądzić, wykrzyczy jej kiedyś w oczy: „Czego ty ode mnie chcesz? Przecież twój ojciec jest taki sam". Nic takiego na szczęście się nie zdarzyło. I mam nadzieję, że nigdy nie zdarzy.

Marlena Kluk nie wytoczyła procesu Maciejowi Strączyńskiemu. Wciąż pracuje w Sądzie Rejonowym w Częstochowie.

Rozdział 5

Matka niezbywalna, czyli jak Teresa chroni syna

Matki gangsterów nie mają łatwego życia. Z jednej strony obwiniają się o to, że nie potrafiły wychować dziecka na tzw. porządnego człowieka. Z drugiej odczuwają ciągły lęk o zdrowie i życie osoby najbliższej. Czasem dochodzi do tego obawa o własne bezpieczeństwo, bo podczas wojny gangów można oberwać rykoszetem.

Teresa cieszyła się, że Roman tak dobrze się rozwija i rośnie jak na drożdżach. Był wyjątkowo bystry, chłonął wiedzę, fascynował się książkami. A potem, nie wiadomo kiedy, nastąpił moment nieuwagi. Syn zboczył na inną drogę, a ona nie potrafiła w porę go zatrzymać. Tak bywa.

Później czytała już o nim w gazetach. Miał pseudonim Sproket. To nie były dobre informacje.

Chłopak z dobrego domu

O Sprokecie, gangsterze z grupy pruszkowskiej, słuch zaginął w 2007 roku. Aresztowano go wtedy w spektakularnej akcji policji w pobliżu Strykowa. Wracał ze spotkania ze słynnym w Polsce świadkiem koronnym Masą. Zatrzymanie odbyło się w sposób filmowy: liczne radiowozy, krążący śmigłowiec, antyterroryści w akcji. Sproket wracał ze spotkania z Masą na stacji benzynowej w Brzezinach. Jechał z Indykiem, swoim kierowcą, członkiem gangu, który w późniejszych zeznaniach zrelacjonował, jak doszło do spotkania ze świadkiem koronnym. Indyk osobiście świadka Masy nie znał, był na to za młody. Kiedy Masa brylował w pruszkowskim towarzystwie, Indyk, jako małolat, mógł jedynie poczytać o nim w gazetach. Policjanci pokazali mu tablice poglądowe z fotografiami różnych typów. Miał odnaleźć tego, z którym spotkał się jego szef Sproket. Wybrał zdjęcie świadka koronnego Masy.

Potem o Sprokecie było cicho. Pojawiła się jedynie informacja, że został skazany na osiem lat więzienia, głównie za wyłudzenia i oszustwa. Mało kto wiedział, że w trakcie odbywania kary dostał status świadka koronnego. Dla prokuratury jego wiedza o kulisach działalności Moniki Z., znanej jako Monia (wówczas żony słynnego Andrzeja Z. pseudonim Słowik z tzw. zarządu „Pruszkowa"), była na tyle cenna, że postanowiła puścić w niepamięć jeszcze nieosądzone przestępstwa, jakich dopuścił się w swoim gangsterskim życiu.

O Monice, czyli pani Słowikowej, wiedział wiele, bo wcześniej pełnił przy niej nieformalną funkcję ochroniarza, a przez dwa lata, jak twierdził, był jej kochankiem. Dlaczego postanowił zdradzić tę kobietę? Tego nie wiemy, podobnie jak nie znamy prawdziwych motywacji, dla których inni gangsterzy decydują się w zamian za status świadka koronnego zdradzać swoich przyjaciół. Inna rzecz, że w świecie przestępczym prawdziwych przyjaźni nie ma. Są wyłącznie doraźne sojusze zawierane w imię interesów. Interesy się kończą, kończy się lojalność.

Sproket, czyli Roman O., dzisiaj czterdziestodwuletni, barczysty i uważany za twardziela były gangster, to postać z drugiego szeregu członków gangu pruszkowskiego. Zaczynał karierę w tej grupie w drugiej połowie lat 90., ale nie pasował do pozostałych. Inteligentny, oczytany, starannie dobierający słowa – to był facet trochę z innej bajki. Syn adwokata i pani psycholog. Ojciec wyprowadził się z domu, kiedy Roman miał pięć lat. Z matką Sproket jest związany w sposób szczególny. Kiedyś, żeby sprawić jej radość, napisał do niej z więzienia list składający się z jednego, ale przepisanego 327 razy zdania: „Kocham moją mamusię". Na urodziny wysłał jej pocztówkę z Jezusem na łodzi zaopatrzonej w żagiel koloru czerwonego i z wielkanocnym „Alleluja". Napisał: „Spełnienia wszystkich marzeń. Twój syn Romuś". I dalej: „Na pocztówce jest, co prawda, Ten w łódce, ale jest też czerwony sztandar – specjalnie dla ciebie. Mamusiu – Alleluja i do przodu, jak mawia Ojciec Dyrektor. Kocham Cię!". Matka Sproketa jest ateistką i socjalistką – symbolika widokówki miała być swego rodzaju żartem.

W innym liście napisał: „Jeśli gdy patrzysz na moje zdjęcie, nasuwa ci się ta refleksja, co myślę, to podpowiadam: Nie, mamo, aborcja poporodowa cały czas nie jest legalna! Mnie to zdjęcie kojarzy się tylko z wierszem:

Pijawki pocałunek, uścisk głowonoga
Małpy lubieżnej wygląd plugawy

Powiedz, czy lubisz rodzaj ludzki?
Nie, nie bardzo.
To się tyczy również i Ciebie
Więc trzymaj się z daleka.

Był to cytat z Aldousa Huxleya z tomu *Małpa i Duch*. Czułość przeplatał jednak z brutalnością. Na wieść, że Roman przechodzi w więzieniu ostre załamanie psychiczne, całą noc tłukła się w pociągu, aby go odwiedzić. Po trzech minutach syn wezwał strażnika i zakończył widzenie. Wracała do Warszawy jak zbity pies.

Roman i Teresa telefonują

Najpierw zatelefonował do nas z więzienia Sproket. Przedstawił się imieniem i nazwiskiem i czekał na naszą reakcję. Słysząc, że efektu brak, dodał:

– Nazywają mnie Sproketem.

Później dzwonił wielokrotnie i były to trudne rozmowy, bo Sproket mówił szyfrem. To znaczy tłumaczył, że wiąże go, jako świadka koronnego, tajemnica państwowa, dlatego nie może używać konkretów. Mówił, że czuje się zagrożony, że ktoś mu groził, że popadł w konflikt z funkcjonariuszami z Zarządu Ochrony Świadka Koronnego CBŚ i prosi o mediację, bo prokuratura nie potrafi albo nie chce załagodzić sporu. Ale nie chciał ujawnić istoty sporu, czyli powiedzieć, na czym polega konflikt z CBŚ.

Skontaktowaliśmy się z CBŚ. Od osoby związanej z Zarządem Ochrony Świadka Koronnego dowiedzieliśmy się, że Sproket to typ roszczeniowy, a do tego niestabilny psychicznie. Jeżeli o coś walczy, to pewnie o pieniądze. Jego bezpieczeństwu nic nie zagraża. W końcu chronią go specjaliści. Jeszcze żadnemu polskiemu świadkowi koronnemu, a było ich od 1998 roku dokładnie 110, nie spadł włos z głowy.

Wyjaśnienie wydało nam się zbyt banalne jak na ładunek emocji targających Sproketem podczas rozmów telefonicznych. Poza tym znane są przynajmniej dwie historie śmierci byłych – jak podkreślają funkcjonariusze CBŚ – świadków koronnych. Obaj zostali znalezieni martwi w więziennych celach. Ich przypadki zakwalifikowano jako samobójstwa, ale wśród osadzonych krążą inne wersje: że obu zlikwidowano, bo za dużo wiedzieli i za dużo powiedzieli.

Nie ma jasno określonej granicy oddzielającej świadka koronnego od byłego świadka koronnego, któremu odebrano status za niewywiązywanie się z obowiązków. Ich zeznania są bowiem nadal przedstawiane w sądach jako prokuratorski materiał dowodowy. Fakt, że odebrano im status, nie zwalnia administracji więziennej z obowiązku szczególnej ochrony takich osób. W jaki sposób pozostający pod taką ochroną ludzie mogli się targnąć na swoje życie – tego nie wyjaśniono. Jeden z uznanych za samobójców byłych świadków, Andrzej L. pseudonim Rigodon, był bliskim znajomym, a także wspólnikiem Sproketa. W rozmowach z nami Sproket wielokrotnie powtarzał, że boi się powtórzenia losu Rigodona.

Po kilkunastu dniach zatelefonowała jego matka. Poprosiła o spotkanie. Tak ją poznaliśmy. Powiedziała, że ma 70 lat, ale wyglądała dużo młodziej. Ładna twarz, duże, ciemne oczy. Sprawiała wrażenie osoby nieśmiałej, ale szybko okazało się, że to jedynie pozór. Kiedy matka stawia sobie za cel ratowanie syna, nieśmiałość musi schować głęboko na dnie duszy. Liczy się skuteczność.

W gruncie rzeczy to ona spowodowała, że zainteresowaliśmy się historią jej syna Romana. W tym czasie był już tzw. skruszonym przestępcą, narażonym na zemstę byłych kompanów. Roman, telefonując z więzienia, mówił, że boi się o matkę, bo jest zupełnie sama i bezbronna wobec potencjalnych wrogów. Matka z kolei mówiła, że o siebie się nie boi, ale lęka się o Romka. Oboje mieli podstawy do strachu, bo Sproket obracał się wcześniej w niebezpiecznym towarzystwie.

Dlaczego chłopak z tzw. dobrego domu przystał do warszawskich bandytów, matka nie wie. Może zemścił się brak czasu z jej strony. Pracowała, często wyjeżdżała w delegacje, nie upilnowała. Dorastał, wędrując między rozwiedzionymi rodzicami, ale coraz częściej urywał się spod opieki zarówno ojca, jak i matki. Chodził krótko ostrzyżony, z kolczykiem w uchu. Trochę pozował na skina, trochę na punka. Ćwiczył na siłowni. Matka zapamiętała scenę z początku lat 90., kiedy wpadł do strajkujących przed jednym z ministerstw pielęgniarek. Wielki, wygolony, z kolczykiem i w podkoszulku, żeby widać było mięśnie. Wystraszyły się, że to jakiś prowokator, który przyszedł je zlać, a on wręczył im zgrzewkę wody mineralnej i życzył powodzenia. W pewnym momencie mama psycholog i tata adwokat stracili nad nim kontrolę. Poznał wtedy złych ludzi, zaimponowali mu. Przyjął ich kodeks wartości.

W policyjnych analizach Roman występuje jako członek gangu pruszkowskiego. Podlegał tam Jarosławowi S. pseudonim Masa. Zajmował się wymuszeniami, wyłudzeniami towarów i kredytów, odbieraniem długów. Korzystał z własnych żołnierzy, wśród których była grupa Ormian. W pierwszej dekadzie XXI wieku, po czystce dokonanej wśród warszawskich gangsterów przez nowo powstałe Centralne Biuro Śledcze, Sproket wyrósł na ważną postać stołecznego półświatka.

Kiedy wpadł i został skazany, najpierw składał wyjaśnienia, potem zeznania. To istotne rozróżnienie, bo wyjaśnienia składa podejrzany, a zeznania już tylko świadek. Żeby zostać świadkiem koronnym, Sproket musiał podbić swoją wartość. Nie znamy powodu, dla którego postanowił pogrążyć dawnych wspólników. Na pewno nie była to chęć uniknięcia kary, bo prawomocnego wyroku, na jaki go skazano, nikt zmienić nie mógł. Pozostają dwa motywy: zemsta albo strach. No i trzecia, ale najmniej prawdopodobna możliwość, że nagle postanowił stać się uczciwy i szczery aż do bólu.

Opowiedział prokuratorom wszystko, co wiedział o świecie przestępczym Warszawy w latach 1997–2007. Opisał około 400 przestępstw. Wyszła z tego gruba książka, ale chyba nie powieść, bo śledczy uznali, że fakty podane przez kandydata na świadka koronnego brzmią na tyle wiarygodnie, iż odkurzyli stare, umorzone sprawy i część skierowali do sądów z aktami oskarżenia. Wszczęli też nowe śledztwa.

Zeznania Sproketa rozbito na cztery rozdziały: grupa pruszkowska, grupa Skwary (pseudonim lidera), grupa Słowikowej (byłej żony Andrzeja Z. pseudonim Słowik) i grupa świadka koronnego Masy (działająca w okresie 2001–2007, kiedy Masa jako świadek koronny obciążał inne osoby). Dwunastego września 2012 roku, po mniej więcej dwuletnim okresie kandydackim, Sproket uzyskał status świadka koronnego, a to oznaczało nabycie nowych praw, ale i obowiązków. Miał prawo do bezkarności za wyznane czyny (te, które nie zostały jeszcze osądzone), prawo do ochrony dla siebie i najbliższej rodziny, prawo do późniejszej zmiany danych osobowych i wizerunku, jeżeli by tego chciał. Wśród obowiązków najważniejsze było zeznawanie o wszystkich przestępstwach innych osób oraz własnych i potwierdzanie tych zeznań na salach sądowych.

Spotkanie ze Sproketem

Uzyskanie widzenia ze świadkiem koronnym osadzonym w więzieniu to rzecz prawie niemożliwa, nawet dla dziennikarza. Przepisy są tak skonstruowane, aby jak najbardziej ograniczyć możliwość kontaktowania się człowieka chronionego specjalnym statusem ze światem zewnętrznym. Sproket siedział wtedy w kryminale w mieście na południe od Warszawy. Dogrywanie spotkania trwało kilka tygodni.

Na miejscu szczegółowa kontrola osobista i zakaz nagrywania rozmowy. Notować można, ale długopis też został na wszelki wypadek rozkręcony i sprawdzony. Po dwóch godzinach procedury sprawdzającej wreszcie wprowadzają nas do celi widzeń. Po chwili zostaje doprowadzony Sproket.

Rozmowa z nim, podobnie jak wcześniejsze telefoniczne, nie należy do łatwych i przyjemnych. Wciąż powołuje się na obowiązujący go zakaz ujawniania informacji dotyczących zeznań, bezpieczeństwa i właściwie wszystkiego. Rozmowie przysłuchuje się funkcjonariusz więzienny, co sprawia, że Sproket jeszcze bardziej się pilnuje, żeby czegoś nie palnąć. W co drugim zdaniu używa określenia „moi wrogowie". Tak nazywa policjantów z Zarządu Ochrony Świadka Koronnego (ZOŚK CBŚ).

Dopiero po przeanalizowaniu zapisków z tej rozmowy, informacji z jawnych materiałów procesowych, odpowiedzi prokuratury i CBŚ na zadane przez nas na piśmie pytania oraz po rozmowach z matką Sproketa i jego adwokatem mogliśmy odtworzyć przebieg wydarzeń, które zakończyły się otwartą wojną, jaką Sproket wytoczył ZOŚK CBŚ.

Zażądał zmiany ekipy z Zarządu Ochrony Świadka Koronnego CBŚ zajmującej się jego bezpieczeństwem podczas konwojów na czynności procesowe, bo stracił do niej zaufanie. Napisał zażalenie do Komendy Głównej Policji za pośrednictwem Prokuratury Apelacyjnej w Warszawie. Twierdził, że funkcjonariusz ekipy ZOŚK CBŚ, która miała go chronić podczas konwojów na czynności procesowe, przekroczył swoje uprawnienia, bo chciał wyciągnąć od niego, który z chroniących świadka koronnego Masę policjantów przymykał oczy na różne sprawki podopiecznego. Według Sproketa funkcjonariusz ten miał wiedzę z jego zeznań. To wbrew prawu, zeznania są tajne, twierdził i dodawał, że policjant w sposób zawoalowany namawiał go do zmiany zeznań i groził mu. Zażalenie pozostało bez echa. Podobnie jak kilkadziesiąt kolejnych, które wysłał do prokuratur, ministerstw, rzecznika praw obywatelskich, kancelarii premiera i sądów.

Zapowiedział, że jeżeli nie zostanie wymieniona ekipa przydzielona mu do ochrony, odmówi składania zeznań w sądach. W lutym 2014 roku odmówił wyjazdu na rozprawę sądową – miał tam zeznawać przeciwko przestępcom. Potem konsekwentnie albo odmawiał wyjazdów, albo w sądzie milczał.

Dla prokuratury taki świadek koronny jest bezużyteczny. Zagrożono więc Sproketowi odebraniem statusu. Będę zeznawał, ale spowodujcie, by CBŚ wymieniło moich ochroniarzy, odpowiedział. Sytuacja stała się patowa. Prokuratura nie mogła nakazać wymiany ekipy, bo to działka CBŚ, do tego objęta tak ścisłą tajemnicą, że nawet prokuratorowi odmawiano informacji, który funkcjonariusz tak indagował Sproketa, że ten ogłosił bunt. CBŚ powołuje się na te zapisy Ustawy o świadku koronnym, w których mowa o bezpieczeństwie świadka koronnego. Paradoks polegał na tym, że w tej historii świadek upierał się, iż to CBŚ, powołując się na ustawę, naraża na szwank jego bezpieczeństwo.

Prokurator z wydziału przestępczości zorganizowanej Prokuratury Apelacyjnej w Warszawie próbował mediacji między Sproketem a ZOŚK, ale bezskutecznie. Ochrony nie zmieniono, a świadek koronny od lutego 2014 roku konsekwentnie odmawiał zeznawania na procesach, które toczyły się m.in. na podstawie dowodów z jego zeznań. Taka odmowa oznaczała jawny bunt. Po co prokuraturze świadek koronny, który odmawia składania zeznań w sądach?

Sproket był w pełni świadomy, że naraża się na utratę statusu, ale nie zamierzał ustąpić.

Zeznania grożące śmiercią

Co takiego było w zeznaniach Sproketa, co mogło wywołać niezdrowe zainteresowanie funkcjonariuszy jego ochrony? Według naszych źródeł obciążył ekipę chroniącą jego kolegę, świadka koronnego Masę, o nadmierne zblatowanie z osobą chronioną i przyzwalanie na popełnianie przez nią przestępstw. Sproket miał o tym dobrze wiedzieć, bo to właśnie on dokonywał przestępstw na zlecenie, jak twierdził, świadka Masy. O tym, że coś mogło być na rzeczy (co nie znaczy, że było), świadczą zeznania innych osób, do których dotarliśmy. Przede wszystkim samego świadka Masy, bardzo obszerne i złożone w latach 2000–2003. Zmarginalizował w nich Sproketa, chociaż doskonale wiedział, czym ten się zajmował. Wspomniał o nim, ale nie przypisał mu żadnych przestępstw. Twierdził, że nie zna nawet jego nazwiska. Tymczasem według zeznań innych osób Masa i Sproket byli zaprzyjaźnieni.

Świadek koronny Marek: „Masa faworyzował Sproketa. Myślę, że mieli do siebie duże zaufanie. Nie wiem, dlaczego Masa w dotychczasowych zeznaniach nic nie wspomniał o Sprokecie".

Świadek Cezary S.: „Masa posiada na temat Sproketa wiedzę, ale nie podzielił się nią z policją. Myślę, że nie zrobił tego, gdyż Sproket zbyt dużo wie na jego temat. Oni się wzajemnie szachują".

Świadek Jarosław M.: „Wiem, że Sproket i J. spotykali się z Masą w okresie, kiedy ten ostatni był już świadkiem koronnym. Sproket cały czas odprowadzał mu działkę z pieniędzy, które uzyskiwał z oszustw. Masa oszczędził go w zeznaniach, gdyż zostawił go jako informatora z miasta oraz dostawał działkę z lewych interesów".

Na przełomie października i listopada 2014 roku prokurator z wydziału V Prokuratury Apelacyjnej w Warszawie wydał postanowienie o podjęciu zawieszonego śledztwa przeciwko Romanowi O. pseudonim Sproket. W gruncie rzeczy oznacza to wszczęcie procedury odebrania statusu świadka koronnego. Zainteresowanemu przysługuje zażalenie do sądu. Sproket skorzystał z tej furtki.

W prokuratorskim piśmie (dokumencie jawnym) wyjaśniono, że wszystkie materiały dotychczas wyłączone ze śledztw, a dotyczące 162 czynów przestępczych popełnionych przez Sproketa w przeszłości, zostaną teraz włączone do postępowania przeciwko byłemu już świadkowi koronnemu. Sam te czyny ujawnił, obecnie zostanie to wykorzystane przeciwko niemu. „Uchylenie bezkarności świadka jest obligatoryjne, nie pozostawia pola manewru" – napisał prokurator. Powodem była odmowa składania zeznań przed sądem. „Wobec deklarowanego skonfliktowania z ZOŚK CBŚ odmawiał konsekwentnie udziału w czynnościach. Prokuratura wielokrotnie usiłowała skłonić Romana O. do podjęcia dialogu, ale bez rezultatu" – wyjaśniał prokurator.

I fragment być może kluczowy, dotyczący wiarygodności uprzednich zeznań Sproketa: „Opisał okoliczności znajomości z Masą oraz czynów popełnionych w związku z tą znajomością. Czyny te są przestępstwami. Wyodrębniono te materiały do osobnego postępowania".

Czyny, o których pisze prokurator, objęte są klauzulą tajności, ale wiadomo, że według zeznań Sproketa, ale i innych osób, mieli je popełniać on sam, Masa, Krzysztof M. i J. (biznesmen karany za korupcję) oraz inne osoby. Dochodziło do nich w okresie, kiedy Masa był już świadkiem koronnym, a Sproket miał z nim ciągły kontakt. Chodzi m.in. o powoływanie się na wpływy w policji, przestępstwa gospodarcze i wymuszanie pieniędzy od dłużników.

– Pobiłem kilka osób, które były winne pieniądze – wyznaje Sproket – ale o żadnych szczegółach mówić mi nie wolno.

Sproket uważa, że ta część jego zeznań, która dotyczy Masy, jest dla prokuratury i CBŚ niewygodna. Mówił tam m.in. o funkcjonariuszach CBŚ, którzy przywozili Masę na spotkania z nim i uczestniczyli w rozmowach, które nie były towarzyskimi pogawędkami.

– Nie chcą tego zbadać – mówi. – Pewnie wyłączyli, aby nawet nie wszcząć postępowania.

Ale na pytanie, jakie są konsekwencje zeznań Sproketa, w których obciążył m.in. Masę, dostaliśmy z Prokuratury Apelacyjnej odpowiedź na piśmie: „Postępowanie przygotowawcze w tej sprawie jest prowadzone (tu podano sygnaturę akt). Śledztwo to pozostaje w fazie in rem (w sprawie), dotychczas nie przedstawiono zarzutów żadnej osobie. Aktualnie trwa gromadzenie materiału dowodowego, tak osobowego, jak i rzeczowego, oraz jego weryfikacja".

Sam świadek koronny Masa, trochę wbrew zacytowanym wyżej opiniom innych gangsterów, mówi nam, że uważa Sproketa za notorycznego kłamcę i psychopatę, człowieka bez zasad. Nigdy mu nie ufał. Kiedy dotarły do niego wieści o zeznaniach Sproketa, zapytał wprost policję, prokuraturę, czy prowadzone jest jakieś postępowanie przeciwko niemu. Zapewniano go, że nie. Wymieniany w zeznaniach Sproketa Mieczysław J., bliski kolega Masy, jest zdania, że Roman „plecie, co mu ślina na język przyniesie, licząc pewnie na to, że jako świadek koronny ustawi się do końca życia na koszt państwa. Dziś już wiadomo, że Sproket nie ustawi się i nie zrobi kariery jako świadek koronny.

Podobny los matek

Sproket obawia się o swoje życie. Boi się, że skończy jak jego wspólnik w gangsterskich interesach, wspomniany wcześniej Andrzej L. pseudonim Rigodon. Andrzej L. był świadkiem koronnym, ale nadal popełniał przestępstwa, wskutek czego stracił status i trafił do aresztu. Tam znaleziono go w celi powieszonego. Stwierdzono samobójstwo, ale Sproket jest pewien, że ktoś pomógł Rigodonowi w opuszczeniu tego świata.

Teresa, matka Sproketa, nagle znalazła się w sytuacji, której sama do końca nie rozumie. Wie, że syn, o którym wypowiada się chłodno, ale którego kocha nad życie, o coś walczy, i solidarnie chce walczyć razem z nim. Co drugi dzień chodzi do prokuratury, godzinami siedzi w poczekalni i czeka, aż prokurator znajdzie chwilę, by jej wysłuchać. Czasem znajduje, czasem jej nawet nie zauważa. Kiedy uda jej się dopchać do oskarżyciela, mówi mu, że syn potrzebuje pomocy, że grozi mu śmierć. Prokurator bagatelizuje jej obawy. Nie wiemy, może ma rację. Ale zdarza się też, że intuicja matki jest słuszna.

Los matek gangsterów bywa podobny. Kilka lat temu rozmawialiśmy z matką zastrzelonego Wojciecha K. pseudonim Kiełbasa, jednego z liderów gangu pruszkowskiego. Fragmenty tej rozmowy ukazały się w *Nowym alfabecie mafii*, książce naszego autorstwa wydanej w 2013 roku nakładem wydawnictwa REBIS. Warto ją przypomnieć.

Helena K. to lekarka, specjalistka medycyny pracy. Podobnie jak Teresa, nie potrafiła zapanować nad złymi fascynacjami syna. Potem mogła już tylko płakać nad jego grobem.

Helenę K., matkę Kiełbasy, pytaliśmy:

– **Jakim Wojtek był synem?**

– Jako o synu to ja nie mogę powiedzieć nic złego.

– **Nie chcemy, żeby Pani mówiła cokolwiek złego, raczej o tym, jak go Pani zapamiętała.**

– Jako syn, jako brat, jako kolega to on był bardzo dobry. Ooo, ale miał swoje wejście w życie dość przykre i później to...

– **...tak się potoczyło właśnie?**

– Tak. W kilku słowach to trudno mówić. Każdy ma swoje życiowe progi, a one potem rzutują na dalszy bieg.

– **Czyli on miał pecha, że trafił na taki próg, którego później nie przekroczył?**

– On miał takiego pecha, że miał bardzo „dobrego" ojca i uciekał z domu, żeby przyjść dopiero wtedy, kiedy ja będę. No i stąd kolegów miał różnych.

– **Ale chyba do pewnego momentu wszystko było w porządku, przecież on nawet zrobił maturę.**

– Doszło do tego momentu, że jak był w piątej klasie, już miał w szkole napady padaczki, które nieraz utrzymywały się 24 godziny, i ja musiałam jechać na neurologię, tam dawali mu zastrzyk i jakoś to mijało. Później było podejrzenie, ponieważ był pod opieką profesora, było podejrzenie guza mózgu, ponieważ to się nasilało. A profesor wyciągnął ze mnie niechcący, ponieważ ja już pękłam i zaczęłam mówić, co się w domu dzieje. I profesor powiedział wtedy, co myśli o mnie jako o fachowcu. To było w gestii lekarza i ja nim jestem.

– **Ale pani jest internistą?**

– Nie, ja jestem od chorób zawodowych. Zajmuję się medycyną pracy. Tak że profesor był zdziwiony, że ja pozwoliłam, żeby mnie i Wojtka, i córkę ktoś czwarty doprowadził do progu wytrzymałości. No i wysłaliśmy go do sanatorium, gdzie chodził do szkoły, i okazało się, ponieważ on miał wysokie IQ, to on bardzo szybko wyszedł z kłopotów w nauce, no i zresztą tam był spokój, odstawiono leki, nie było napadów padaczki.

– **Pani powiedziała, że przyczyną był „dobry" ojciec.**

– Ponieważ Wojtek był słaby, mały, on go bił od małego, jak tylko dzieciak zaczął mówić.

– **Za coś konkretnego czy po prostu bez powodu?**

– Bez żadnego powodu. On się urodził, poród był bardzo ciężki, on się urodził w zamartwicy, ja byłam o krok od śmierci. I on miał ileś mikrowylewów w mózgu. I to dawało takie ubytki funkcji. Na przykład miał tak duże drżenie rąk, że w żłobku zabawki nie utrzymał. Miał kłopoty z pisaniem, przez to właśnie dostawał pięścią po głowie. On miał jeszcze coś takiego, że jak widział, że ojciec się szykuje na niego, to miał zacisk krtani, oczy się rozszerzały, on był taki szary i w ogóle nie wydobywał głosu z siebie. A tamtego to do pasji szewskiej doprowadzało, że mały nie żebrze o życie.

– **A co się stało z tym „dobrym" ojcem?**

– Właśnie wtedy, kiedy profesor mnie tak obrugał, zgodziłam się na wysłanie jego do sanatorium, a moja dyrektor wojewódzka założyła w moim imieniu proces o rozwód. No bo i ja już się nie bardzo nadawałam do pracy.

– Pani też była zastraszana przez tego człowieka?

– To nie tylko chodziło o zastraszenie. Ja psychicznie nie wytrzymywałam. Jeżeli wiedział, że ja się nie dam bić, to wtedy mnie psychicznie kończył. To też można zrobić bardzo gładko. Zresztą małżeństwo trwało 18 lat, to był czas na wszystko. I to samo było z córką. To było na takiej zasadzie, że jak kogoś zgnoił, to tańczył, śpiewał, skakał, był szczęśliwy, bo kogoś zgnoił. I zawsze ktoś któregoś wieczoru padał jego ofiarą.

– Ale kiedy Wojtek dorastał, to męża już wtedy z wami nie było?

– Nie, Wojtek już chodził do siódmej klasy, jak ten rozwód był przeprowadzony.

– A czy Wojtek później, kiedy stał się dorosły, szukał zemsty na ojcu za to wszystko?

– Nie, na ojcu nie.

– Jak to się stało, że Wojtek związał się nie z tymi ludźmi, co powinien?

– Bardzo prosto. Poszedł do parku posiedzieć na ławce, nie wiedział, że siedzi na czatach, że ci, co razem z nim siedzą na ławce, patrzą, jak inni włamują się do kawiarni czy jakiegoś kiosku. No i już mieli na niego haka. On nawet chciał z tego wyjść, przejść na współpracę, ale policja nie chciała.

– Dlaczego?

– Bo już Masa przeszedł.

– Przecież Masa przeszedł dużo później.

– On przeszedł w 1980 czy 81 roku.

– Czy Wojtek się Pani zwierzał ze swoich przygód?

– Wojtek był taki, że się z niczego nie zwierzał. Ja wiem tylko to, co się przypadkowo dowiadywałam.

– Kiedy Wojtek się zaprzyjaźnił z Jarkiem Masą?

– On się nie zaprzyjaźnił. On sobie postanowił, że Jarka wyprowadzi na ludzi. A ten go z kolei wyprowadził. Jeździłam do pracy nieraz z Wojtkiem i jechał też z nami nieraz Jarek. Widziałam, że Jarek aż kipi, mówiąc do niego. I stale powtarzał, że Wojtek ma matkę i jest ustawiony, a on, Jarek, niczego nie ma. Nieraz mówił: Bo ja byłem w domu dziecka, a tobie matka wszystko... Z Jarkiem był ten problem, że jak on wypił, to nie panował nad sobą i chodziło o to, żeby go ktoś wtedy stonował. Tylko Wojtek miał jakiś wpływ na niego. Wojtek nie palił i nie pił, jego raził każdy, kto tak robił. Dlatego on tak to zwalczał u Jarka, tym bardziej że to dawało takie skutki.

– Ale później Wojtek się zmienił i zaczął jednak używać alkoholu?

– On niewiele używał. Wie pan, ja nie jestem zakonnica i ja nie piję, ale jak jestem w towarzystwie, które pije, to trudno jest odmówić.

– Czy Pani miała do Wojtka pretensje o przyjaźń z Jarkiem, czy Pani to tolerowała?

– Nigdy nie ingerowałam w znajomości żadnego z moich dzieci. Nigdy im nie dobierałam znajomych ani nie sugerowałam sposobu życia.

– Jarek bywał u was w domu?

– Potem już nie. Był jakiś dziwny, zawsze kipiał jakąś taką zawiścią. Ja nie mogłam tego zrozumieć.

– Czy później, kiedy już Wojtek stał się bogatym człowiekiem, bo to, co robił, przynosiło mu spore dochody, pomagał Pani finansowo?

– A jaki był bogaty? Miał kawalerkę, i to wszystko.

– A dobre samochody?

– Jakie samochody? Passata pierwszego dostał od mojego brata z USA, a później go sprzedał i kupił drugiego. Jaki tam był bogaty? Miał część segmentu w Warszawie i działkę na Mazurach. To wszystko. Niezabudowaną zresztą. Ja jestem przyzwyczajona od dziesiątego roku życia, że pracuję na ileś osób, a nikt na mnie.

– A kiedy wyjeżdżał na wycieczki zagraniczne, do Turcji, na Dominikanę, czy proponował Pani wspólne wakacje?

– Jak on mieszkał oddzielnie, to ja już nie wiem, gdzie on jeździł. Jak jeździł, to ze swoimi dziewczynami, a nie z matką.

– Poznała Pani towarzystwo, które go otaczało?

– Znałam chyba dwóch albo trzech. Znałam Jarka i tego, którego zabili w Warszawie, chyba Jacka D.

– Kiedy już dotarło do Pani, czym się syn zajmuje, czy próbowała go Pani ratować z tego wszystkiego? Czy były takie możliwości?

– Jakie możliwości? Nie było możliwości.

– Kiedy powiadomiono Panią o jego śmierci?

– Jeden pan widział Wojtka leżącego koło tego sklepu i on mnie zawiadomił. Poszłam, stałam półtorej godziny, daleko od niego, na drugiej stronie ulicy, bo nie miałam zgody pana prokuratora, żeby podejść. Nie wiem, czego się pan prokurator obawiał. Wszyscy mogli podchodzić, tylko ja nie mogłam. Był mróz, luty, a ja stałam półtorej godziny daleko od mojego syna.

– Czy Pani się później próbowała dowiedzieć, kto to zrobił?

– Były tutaj takie plotki, krążyły. Ale dla mnie była najważniejsza śmierć jego, a nie, kto to zrobił. Tutaj krążyły różne wersje, zresztą przychodzili różni ludzie i mówili różnie o przebiegu tego wszystkiego. No, ale ja nie jestem człowiekiem mocnym, żeby mi coś dały te wiadomości.

Ofiary złego wyboru

Teresa ma więcej szczęścia, bo jej syn żyje. Zapewne, kiedy był dzieckiem, marzyła dla niego o innej karierze, ale nie udało jej się poprowadzić go w życiu według własnego scenariusza. Kiedy Roman dorastał, ona chodziła na zebrania partyjne, bo właśnie odrodziła się Polska Partia Socjalistyczna, a ona uważała i nadal uważa się za socjalistkę. Chciała, aby Roman też uwierzył w socjalizm. To jej nie wyszło – syn wybrał dziki kapitalizm, dokładnie taki, jakiego prawa wyznaczała polska odmiana mafii. Teraz oboje są ofiarami tego wyboru.

Pytamy Teresę:

– Czy to Pani nazwała syna Sproketem?

– Sproket to przezwisko Romka ze szkoły podstawowej. Była wtedy taka dobranocka z jakimś króliczkiem czy pieskiem i od tego czasu na Ochocie, w środowisku, w którym syn się wychował, funkcjonuje jako Sproket.

– Co to za środowisko?

– Normalne środowisko ochockie, normalna szkoła, sąsiedzi. Stara Ochota, raczej inteligenckie otoczenie, chociaż nie mam uprzedzeń do innych środowisk. My jesteśmy socjalistami.

– To ciekawe. Jak w dzisiejszych czasach zostaje się socjalistą?

– Socjalizm dziedziczy się po przodkach.

– Proszę o nich opowiedzieć.

– My jesteśmy czwartym pokoleniem socjalistów, Roman piątym, a wnuczka będzie szóstym pokoleniem.

– Skąd pewność, że wnuczka nie wstąpi do konserwatywnych liberałów?

– Stąd, że to niemożliwe, bo my socjalizm mamy we krwi. To rzecz pokoleniowa i genetyczna, jak mówiłam.

– Kto w waszej rodzinie dał początek?

– W 1892 roku powstał PPS, a w 1894 do partii wstąpił mój pradziadek Bartłomiej. Były w naszej rodzinie cztery pokolenia zesłańców, jedna z moich przodkiń brała udział w zamachach bombowych. Mamy dobre tradycje. Przodkowie byli bojowcami, należeli do frakcji antypiłsudczykowskiej. W II RP przeszli Brześć, Berezę, rozprawiano się z nimi jako z przeciwnikami politycznymi. Mówiło się, że Piłsudski spławia przeciwników rzeką.

– Po II wojnie światowej też byliście socjalistami?

– W 1948 roku skończyła się cała sprawa po połączeniu PPS z PPR. Idea odżyła w 1987 roku, kiedy Piotr Ikonowicz i Cezary Miżejewski reaktywowali PPS, wznowili wydawanie „Robotnika". Co prawda na krótko, bo pismo padło. Ja wstąpiłam do PPS chyba w 1993 roku.

– A jakie były Pani poglądy polityczne, kiedy nie było PPS, tylko PZPR?

– Pewne rzeczy z socjalizmu zostały zachowane i były kultywowane, tak jak powiedział Wałęsa: socjalizm tak, wypaczenia nie. Tak to można skomentować.

– Należała Pani do PZPR?

– Nie, nie należałam do żadnej organizacji. Chodziłam do szkoły, gdzie byłam wrogiem klasowym numer jeden, jak okazało się, że jestem z domu Odyniec-Dobrowolska. Chociaż, szczerze mówiąc, marzyłam, żeby mi zaproponowali wstąpienie do ZMP.

– Żeby efektownie odmówić?

– No właśnie nie. Naprawdę uważałam, że to jest organizacja lewicowa.

– Nie zaproponowali?

– Oczywiście, że nie. Byłam przecież wrogiem klasowym z powodu nazwiska.

– Pani jest warszawianką?

– Tak jak socjalistką, z pokolenia na pokolenie.

– Z wykształcenia psychologiem?

– Tak, studiowałam zaocznie na UW, ale nie pracowałam jako psycholog. Byłam zatrudniona w różnych agencjach, także w Pagarcie, jako impresario, jeździłam po całej Polsce. Każdego miesiąca podpisywałam z inną estradą w innym województwie umowę na ten miesiąc.

– Czyli była Pani wolnym strzelcem od imprez? Kimś w rodzaju wodzireja z filmu Feliksa Falka?

– Wodzirejem nie byłam, ale dyrektorem zespołu cygańskiego już tak. Uciążliwe zajęcie. To był taki okres, że musiały być folklorystyczne zespoły różnych mniejszości: góralski, łemkowski, białoruski.

– Pani zajmowała się cygańskim?

– Tak, to był zespół pieśni i tańca. Nazywał się Terno. Do tej pory ta grupa jest, moim zdaniem, najlepsza, bo to czysty folklor, a nie disco polo cygańskie.

– Poznała Pani ich język?

– Tak, musiałam.

– Mówi Pani po romsku?

– Po cygańsku, bo określenie „romskie" brzmi zbyt nowocześnie i poprawnie politycznie. Nie jest wstyd nazywać się Cyganem.

– Cyganie nie obrażali się, kiedy nazywano ich nie Romami, ale Cyganami?

– Na mnie nie. Zostałam nawet matką chrzestną Cygana.

– Zjeździła Pani całą Polskę z taborem?

– Zjeździłam, ale nie z taborem. Oni mieszkali w hotelach. Było to dość uciążliwe, ponieważ nie była to szczególnie zdyscyplinowana grupa. Ale grali wspaniały folklor. Wtedy też były inne warunki finansowe, wtedy były rady zakładowe, które miały fundusz socjalny na koncerty, na wycieczki, i nie miałam kłopotów ze sprzedażą imprez. Sprzedawałam na pniu dużym zakładom przemysłowym kilka koncertów hurtem. Ludzie z rady zakładowej dostawali bilety za darmo. To były dobre koncerty i dobrze wspominam ten okres, chociaż to była bardzo ciężka praca. Wstawałam o świcie, piętnaście po czwartej, wyprawiałam ludzi w teren, a koncerty trwały do późnej nocy. Spało się przeważnie w autokarze, w drodze.

– Uznali Panią za swoją?

– Nie było to skomplikowane, ponieważ zżyliśmy się i mnie szanowali. Najlepszy dowód – jak mówiłam – że jestem chrzestną matką Cygana, utrzymuję z nimi bardzo serdeczny kontakt. Uważam, że to bardzo poszkodowana społecznie grupa, dlatego że stworzono wokół nich atmosferę dziadostwa, ludzi, którzy żyją tylko z zapomóg. Niesłusznie uważa się, że wszystkie kursy zawodowe dla tej grupy są niecelowe, i nikt nie pilnuje, żeby po tych kursach podejmowali pracę. Jest nawet w Sejmie komisja do spraw mniejszości, ale nie widzę efektów jej pracy.

– A skąd w Pani edukacji ta psychologia?

– To był modny kierunek, kiedy ja byłam w wieku studenckim. W PRL były duże ułatwienia dla ludzi, którzy chcieli pracować i studiować. Nie wiem, jak jest teraz. Ale nigdy nie pracowałam w zawodzie psychologa. Wiedzę wykorzystywałam w tym zakresie, jaki się może prywatnemu człowiekowi przydać.

– Czyli na przykład do wychowania męża i syna?

– Byli to panowie niereformowalni, żadna psychologia nie obejmowała tych postaci i nie mogła im pomóc. Mąż był adwokatem, podobno niezłym.

– Jak w Pani życiu pojawił się mecenas?

– Ujmę to nieelegancko: przypętał się.

– Mówimy o człowieku, który zmarł. Może trzeba schować urazy?

– Chowanie uraz nie jest moją najmocniejszą stroną. Był znakomitym adwokatem, bardzo zdolnym. Byłam jego drugą żoną, po mnie miał jeszcze jedną. Zostawił trzech synów, każdego z innego małżeństwa. Każdego traktuję jak własnego.

– Mówią do Pani „mamo"?

– Tylko Roman. Ale najmłodszy, Łukasz, jest bardzo z nami związany. Znałam jego matkę, była to bardzo miła, kulturalna pani, została wdową po mecenasie. Odnosiłam się do niej z dużym współczuciem, ponieważ wychodząc za mojego byłego męża, porwała się na coś strasznego. Łukasz bardzo kochał mojego syna, dlatego że kiedy ojciec zmarł, Roman się nim zajmował, chodził na wywiadówki, zachowywał się jak starszy brat.

– I Łukasz poszedł drogą Romana?

– Łukasz jest socjologiem.

– Oddalił się od Romana.

– Trudno tak powiedzieć. Dlaczego miał się oddalić?

– Bo Roman nie jest socjologiem. Został gangsterem.

– Roman jest wybitnie inteligentny, ma ogromną wiedzę. Jest też butny, co mu bardzo utrudnia życie. Jest przekonany o swojej intelektualnej przewadze i zwykle ma rację.

– To cechy odziedziczone genetycznie? Po Pani czy po ojcu?

– Nie wiem, po kim. Ja pochodzę z rodziny intelektualistów, zdaję sobie z tego sprawę, natomiast nie uważam tego za coś nadzwyczajnego, ponieważ jeżeli coś się ma od pokoleń, to uważa się to za normę. Bardziej się ceni rzeczy zdobyte niż zastane. A mąż pochodził z Kurpiowszczyzny, to zupełnie inna para kaloszy.

– Ma Pani coś do Kurpiów?

– Sądząc po moim mężu i synu, to zakute łby, nic na to nie pomoże.

– Uparci?

– Niereformowalni. Mój syn jest, po pierwsze, butny, po drugie, jest spod znaku Skorpiona, a na dodatek po ojcu jest Kurpiem. To mieszanka nie do zwyciężenia. Nawet się nie staram.

– Jak to się stało, że chłopak z dobrego domu poszedł taką drogą?

– Zawsze twierdzę, że ludzie, którzy mówią, iż ktoś źle wychował dziecko, nie zdają sobie sprawy, co to znaczy. Wychowuje się potomka z najwyższą starannością, a potem różne sytuacje sprawiają, że to dziecko idzie w swoją stronę, nie zawsze w tę, w którą powinno. Splot okoliczności, towarzystwo, jakieś fascynacje. Najróżniejsze rzeczy powodują, że człowiek zaczyna błądzić.

– Chce Pani całkiem umyć ręce od odpowiedzialności za życiowe wybory Romana?

– Nie czuję się za nie winna. Bardzo ciężko pracowałam, często byłam w terenie, wychowywały go moja mama i ciotka. Tłumaczyły mu, że jest bogiem, potem umarły, a on dalej chciał być bogiem. I tę swoją boskość w taki czy inny sposób próbował wywalczyć.

– Co czuje matka, kiedy słyszy o swoim synu, że to gangster?

– W tej książce Masy, w której wymienił czołówkę gangsterów, nie było mojego syna. Nie mam pojęcia, jaką on tam pełnił funkcję, jaką rolę, na pewno nie wiodącą.

– To Panią cieszy? A nie odczuwa Pani wstydu czy niesmaku?

– No dobrze, czuję zażenowanie. Zawsze starałam się dociec motywacji, jakie nim kierowały, ale to trudne. Myślę, że może była to chęć dominacji nad innymi albo pragnienie imponowania. To wzbudza moje zażenowanie, że inteligentny chłopak i mój syn wybrał taki sposób na życie.

– Obserwowała go Pani od małego. Kiedy nastąpił moment, w którym Roman urwał się ze smyczy?

– Okres dorastania, wpadł w towarzystwo skinów. Sam nie został skinem, nie strzygł się całkiem na łyso, dość dyskretnie okazywał tę fascynację, ale efekt końcowy, jak widać, jednak był nieciekawy.

– Jakiej muzyki słuchał?

– Bardzo różnej, słuchał tego, co młodzież w tym czasie. On się urodził w 1972 roku, jego dorastanie to lata 80. i 90. Wtedy nie było takiego rozrzutu muzycznego jak dzisiaj. Słuchał kolejnych modnych zespołów, bez szaleństwa, ale chętnie.

– Był oczytany?

– Tak, bardzo dużo czytał zawsze i teraz też dużo czyta. Czytaliśmy równolegle i wymienialiśmy opinie, ja raczej mu nie narzucałam lektury. U nas w domu jest tradycja czytania i mamy dużo książek. Czytał Lema, jak był młody, to jakieś przygodowe, przeczytał wszystkie podstawowe lektury. I ta literatura zostaje mu w głowie, w listach z więzienia często cytuje zapamiętane zdania i złote myśli, czasami dość kontrowersyjne. Napisał mi ostatnio cytat z Churchilla: „Jestem nastawiony na męczeństwo, ale wolałbym odłożyć to na kiedy indziej”.

– Nigdy nie miała Pani takiego momentu, żeby powiedzieć: „Basta! Precz z mojego życia!"?

– Nie ma takich układów między nami. Ja uważam, że rodzina jest trochę jak mafia, to znaczy jest niezbywalna. Czasami kończę list do niego podpisem: Twoja matka niezbywalna. Syn też jest niezbywalny i myślę, że mamy bardzo silną więź. Mimo że nie akceptuję jego pewnych postaw, nie wpływa to na nasz wzajemny stosunek.

– Macie dziwne, jak dla kogoś z zewnątrz, relacje. Jechała Pani całą noc na widzenie z nim, a on po trzech minutach uciekł z sali widzeń.

– Nie mam o to do niego pretensji, ponieważ był w stanie tak dramatycznego rozstroju nerwowego, że to była reakcja niekontrolowana. Oczywiście byłam wtedy wściekła, ale nie znaczy to, że nie rozumiałam jego zachowania.

– Pamięta Pani *Balladę o Januszku*? Nie czuje się Pani jak matka Januszka?

– Nie, zupełnie nie. To były zupełnie inne relacje. Januszek maltretował mamusię, która zgadzała się na wszystko. Jej miłość do syna nie była konstruktywna.

– A Pani miłość była konstruktywna?

– Nie widzę związku mojej miłości z efektami, które są teraz, bo to są dwie zupełnie inne ścieżki życiowe. Wydaje mi się, że Roman, który ma różne zawirowania losowe, może mieć cały czas świadomość silnej opoki rodzinnej, bo on wie o tym, że ma we mnie i w swojej córce bardzo duże oparcie i że zawsze przybędziemy mu na pomoc. I to trochę go podtrzymuje w najgorszych sytuacjach.

– Z drugiej strony stwarza wygodne ramy do życia.

– Tak, ale rodzina ma być właśnie od tego, rodzina ma być tą ramą.

– Ale nie może dawać alibi dla złych wyborów życiowych. Błądzę, ale rodzina mnie zrozumie.

– Myślę, że Romanowi należy bardzo wyraźnie zaakcentować niezgodę i potępienie tego, co robi, natomiast musi wiedzieć, że zawsze może na mnie liczyć. To się naprawdę da połączyć. On jest bardzo sprytny, tak zręcznie lawirował moim dostępem do informacji o sobie, nie ujawniał pewnych rzeczy. Nie mieszkaliśmy już wtedy razem, więc było to łatwe do ukrycia. Dość rzadko się widywaliśmy. Były to sympatyczne, serdeczne spotkania, natomiast ta częstotliwość wynikała z tego, że chciał coś ukryć.

– Bał się Pani reakcji?

– Myślę, że tak.

– A może nie chciał Pani zranić?

– Pewnie jedno i drugie. U nas w rodzinie jest tak, że jeden za drugim staje murem. Myślę, że wiedział, iż tego nie zaakceptuję, ale nie sądzę, żeby obawiał się, że z nim zerwę.

– Powiedziała Pani wcześniej, że Roman jest piątym pokoleniem socjalistów w waszej rodzinie. Przodkowie w grobie się nie przewracają?

– Jego socjalizm jest nieuświadomiony. Dla mnie pochód 1 maja to świętość, bo moi przodkowie chodzili, natomiast Romana trzeba było siłą zapędzać, a potem już w ogóle nie chciał chodzić. Ale pamiętam głodujące pielęgniarki przed Ministerstwem Pracy. Roman, wytatuowany, krótko ostrzyżony, wparował do tego ich namiotu ze zgrzewką wody. Chciał je wspomóc. Czyli gdzieś tam wie, jak to jest ważne dla mnie. Nie sądzę, żeby on bez mojego nacisku przywiązywał do tego wagę. Pamiętam, jak kiedyś nowym mercedesem, bo wtedy dobrze zarabiał, woził jakieś kanapki i butelkę z gorącą herbatą i szukał po pustostanach takiego bezdomnego pana Józia. Nie mógł go znaleźć i mówi do mnie, że to jest idiotyzm jeździć nowym mercedesem po takich kątach. A ja mu na to, że dla pana Józia to nie będzie idiotyzm, jak dostanie kanapki i gorącą herbatę. Często mamy takie pomocowe historie. Roman, jak się go dociśnie, to pomaga, sam nie ma takiego pomysłu.

– Ostatnie lata w Pani życiu to walka, ale nie o socjalizm. Walczy Pani o swojego syna, o jego bezpieczeństwo.

To jest nierozłącznie związane ze statusem matki. W PPS jest taka teoria niepodważalna, że sprawa jednego jest sprawą wszystkich. Na pewno ta świadomość, że nie można zostawić nie tylko rodziny, ale i współtowarzysza w nieszczęściu, jest bardzo ważna. Ale w tym przypadku chodzi o mojego syna. Nie mam wyjścia.

– Jest takie powiedzenie, że miłość matki jest ślepa. Według Pani słusznie skazano go na osiem lat więzienia?

– Nie wiem, bo nie byłam w stanie ocenić, czy słusznie postawiono mu zarzuty, czy ktoś go w coś wciągnął, czy rzeczywiście coś było na rzeczy. Wydaje mi się, że ten wyrok był trochę na wyrost. Tam były jakieś prowokacje, jakaś narzeczona, którą policja napuszczała, żeby na niego mówiła.

– Przyznał się czy nie?

– Nie wiem, czy się przyznał, ale wyrok dostał.

– Przecież chodziła Pani na proces?

– Chodziłam, ale to żadna wiedza, bo on się nie przyzna do niczego, to przecież jasne.

– Ale przynajmniej część zarzutów, które mu stawiano, była oparta na faktach czy całkowicie niewinnego skazano?

– Nie mam pojęcia.

– Sto sześćdziesiąt dwa zarzuty, które teraz mają mu postawić, to jego zeznania.

– Nie wiem, jakie to są zarzuty.

– Nie chodzi o to, żeby Pani znała na pamięć sto sześćdziesiąt dwa zarzuty stawiane synowi, ale żeby odważyła się Pani powiedzieć, że Roman nie był aniołkiem.

– Naturalnie, że nie był.

– To jak w tym kontekście ten socjalizm rozumieć? Czy socjalista to jest człowiek, który może wyłudzać kredyty, okradać ludzi, używać siły fizycznej, dopuszczać się kryminalnych przestępstw?

– Socjalistką jestem ja. Kiedyś było bardzo obśmiane zestawienie słów: kultura socjalistyczna, moralność socjalistyczna, a dla mnie nie jest to śmieszne. Dla mnie to jest fakt, socjalista ma inną moralność. Socjalizm Romana wynika z tradycji, jest raczej werbalny.

– Czyli nie jest świadomym wyborem filozofii na życie?

– Nie sądzę, jednak te pokolenia naszych przodków miały zupełnie inną mentalność.

– Ci przodkowie też mieli na koncie wyroki, ale nie za czyny kryminalne, lecz za ideologię i ideały.

– Za poglądy i polityczne sprawy skazywano ich na zesłanie.

– Roman w tej kategorii się nie mieści.

– Nawet nie sądzę, żeby mu to imponowało. On to przyjmuje jako stan zastany. Gdybym mu powiedziała, że jego przodek był kowbojem, to pewnie by mu to zaimponowało, ale zesłańcem – średnio.

– Kiedy się Pani dowiedziała, że został świadkiem koronnym?

– Bał się chyba mojej reakcji, nie wiedział, czy ja to zaakceptuję, dlatego zwlekał z informacją dla matki.

– Czego by Pani miała nie zaakceptować?

– Jego decyzji.

– Ale z jakiego powodu?

– Uważam, że to jest na pewno splot jakichś nacisków, kalkulacji, ale wciąż nie wyobrażam sobie, żeby ktoś świadomie wybrał taki status ze wszystkimi tego konsekwencjami.

– Chodzi o donoszenie na innych?

– Tak, chociaż to towarzystwo nie wzbudza we mnie litości i utarło się, że donoszą jedni na drugich. Natomiast nie jestem zachwycona faktem, że w tym wszystkim jest mój syn.

– Wolałaby Pani, żeby nie donosił?

– Wolałabym, żeby w ogóle miał trochę inne zainteresowania i żeby nie musiał decydować się na status świadka. Myślę, że tam były duże naciski prokuratury. On po prostu utrzymywał kontakt z Masą, kiedy ten był świadkiem koronnym, i wyobraził sobie, że są to większe możliwości. Wtedy możliwości były jeszcze duże. Masa był roszczeniowy, kapryśny, marudził, że ma willę bez basenu, a on chce z basenem. Natomiast Roman zderzył się z rzeczywistością dosyć brutalnie.

– Masa był jego idolem?

– Nie wiem. Oni jakąś współpracę mieli, ale szczegółów nie znam. To był już okres, kiedy Roman ukrywał swoje sprawy przede mną. Kluczył.

– Czy to, że został świadkiem koronnym i stał się wrogiem tego środowiska, wzbudzało w Pani obawy o jego bezpieczeństwo?

– Tak, oczywiście, boję się o niego cały czas. Jak ja to oceniam, to jest jedno, a to, że się boję, to drugie.

– A o siebie? Jako najbliższa rodzina świadka koronnego Pani też może się stać obiektem jakiejś zemsty.

– Nie boję się. Spodziewam się tego, bo oni wiedzą, że atak na mnie zabolałby Romana, ale nie należę do tchórzliwych. Nie jestem w stanie przyczaić się gdzieś, ani warunki finansowe, ani bytowe na to mi nie pozwalają. Muszę żyć normalnie.

– Nie proponowano Pani objęcia ochroną?

– Coś w tym sensie, szef komendy dzielnicowej powiedział mi, że gdyby coś się działo, mam dzwonić na 112. Roman walczył o to, żeby objęli ochroną mnie i jego córkę. Zgodziłabym się, gdyby była taka konieczność, gdybym mogła z nim zamieszkać, bo jest teraz w bardzo złym stanie psychicznym, i opiekować się nim. Jestem już stara, przeszłam dużo i uodporniłam się. Pewnie on jest trochę betonowy po mnie. Ja się zaparłam, że nic mnie nie zmoże. I nic mnie nie zmoże! Mam tylko Romana i wnuczkę, żadnej więcej rodziny.

– Podobno synowie przenoszą relacje z matkami na wymagania wobec kobiet w dorosłym życiu. Czy było coś szczególnego w stosunku Romana do innych kobiet?

– Nie był kochliwy. Raz się chyba zakochał w straszliwym tłumoku, ta pani potem zeznawała na niego w sądzie. Dał się ponieść wtedy, kiedy się zadał z tą Słowikową, przecież to straszna baba. Kuchta ze skrzekliwym głosem. Rządziła twardą ręką i zaimponowała mu.

– Czym? Tym, że była żoną numeru jeden?

– On się chyba nie przyjaźnił ze Słowikiem, boby mu żony nie poderwał. Bardzo wtedy zjechał w moich oczach.

– Ale jej Pani nie znała. To czemu Pani osądza?

– Znałam z opowiadań, które były dość jednoznaczne.

– Mogli złośliwie opowiadać.

– Opowiadali, że mówiła głupstwa skrzekliwym głosem, że rządziła się, szarogęsiła.

– Czy była jakaś kobieta w życiu Romana, którą Pani akceptowała?

– Bardzo lubiłam jego żonę. Miała 19 lat, jak znalazła się w naszej rodzinie, i praktycznie ja ją wychowałam. To była mieszczańska rodzina z Targówka, rodzina ekonomistów, my humaniści. Roman nie był dla niej dobry, potem zaczął ją zdradzać. Ja jej doradziłam, żeby go rzuciła, i zrobiła to. Wystąpiła o rozwód.

– Czy to był burzliwy rozwód?

– Nie, zupełnie nie. Roman starał się całą sprawę wyciszyć i przejść na normalne relacje. Z córką kontaktu nie stracił, córka go bardzo kocha i on ją też. Roman nie jest uczuciowy, oboje nie jesteśmy uczuciowi, ale mamy pełną świadomość tej takiej więzi niezbywalnej.

– To takie coś, co łączy na dobre i na złe i bez emocji?

– Na pewno go kocham, ale może nie w taki sposób jak mamuśka zakochana w swoim synku. Widzę jego wady, oceniam go bez macierzyńskich emocji. Jerzy Urban powiedział o sobie, że ma płytką uczuciowość, że łezki roni na filmie, natomiast w sytuacjach ekstremalnych potrafi się opanować. Ja pewnie też mam tę płytką uczuciowość.

– Na jakim filmie roni Pani łzy?

– Ostatnio chyba na żadnym.

– Melodramat Pani nie wzrusza? Jak ludzie chorują, umierają albo się rozstają?

– Zwykle wzruszają człowieka sytuacje dramatyczne w czyimś życiu, w literaturze, w filmie. Coś, co wymaga współczucia, pomocy, a jej nie ma, jakieś losowe przypadki. Tego nie wymagają nawet socjalistyczne poglądy, ale ludzkie podejście do drugiego człowieka. Jak ktoś kiedyś powiedział, pierwszym socjalistą był Pan Jezus.

– A Roman? Pamięta Pani, co go wzruszało, przy czym płakał, jaka lektura, jaki film?

– Nie przypominam sobie czegoś takiego, co wzruszało go do łez, ale były rzeczy, które przeżywał. Nie pamiętam, jakie to były książki. Ale bardzo dużo czytał.

– Bycie matką gangstera to niepokój o to, czy syn nie stanie się ofiarą porachunków. Nie chodzi o więzienie, chodzi o to, że może stracić życie. Jak Pani sobie radzi z takim niepokojem?

– Wydaje mi się, że każda matka, której syn wychodzi z domu, boi się, że może mu się coś stać. W przypadku takich synów jak Roman to jest po prostu większe prawdopodobieństwo. Boję się o niego oczywiście, dlatego właśnie, gdyby była możliwość zamieszkania z nim razem, zdecydowałabym się na to również dlatego, żeby dopilnować jego bezpieczeństwa.

– Chronić go własną piersią jak dziecko?

– Jeżeli byłaby taka konieczność. W każdym razie wolałabym mieć na oku całą sprawę związaną z jego bezpieczeństwem, jego bytowaniem.

– W sytuacji, jaka teraz zaistniała, jest Pani całkowicie bezsilna. Chodzi Pani po tych prokuratorach, jeździ do zakładów karnych. I co?

– Robię, co mogę, walczę przez cały czas, wykorzystuję wszystkie możliwości, jakie tylko są.

– Wyciąga go Pani za uszy z tego chaosu.

– Tak, tylko on nie zdaje sobie sprawy, jaki to jest zakres działania, te pomocowe wszystkie historie. On oczekuje jakichś nadzwyczajnych działań, które będą skuteczne, a to jest akurat dziedzina, gdzie nie można oczekiwać skuteczności, co więcej, trzeba mieć świadomość, że ta skuteczność prawdopodobnie będzie niewielka. Nie ma się żadnego wpływu na pewne sprawy w momencie, kiedy wyjdą poza sprawy standardowe. Do takich dziedzin jak gangsterka i jej jakieś sądowo-prokuratorsko-policyjne konsekwencje zwykły obywatel nie ma wstępu. Normalny obywatel, gdy coś się dzieje, stara się szukać znajomości, ale tutaj mam pełną świadomość, że to nic nie da.

– Jedyne, co może Pani zrobić, to go wspierać?

– Tylko że moje wsparcie mu na nic, bo to jest tylko wzajemna wymiana grzeczności. A tego, co najważniejsze, czyli skuteczności, nie mogę mu zagwarantować.

– On wcześniej siedział w więzieniu?

– Nie, to pierwszy wyrok, jaki odsiaduje. On już dawno powinien wyjść, ale nie chciał wyjść na przedterminowe, trzy razy odmawiał ze względu na to, że obawiał się o swoje życie i zdrowie.

– Zanosi się na to, że kiedy mu się skończy wyrok, jeżeli zostanie mu odebrany status świadka koronnego, zastosują wobec niego areszt w związku z nowymi zarzutami, które zostaną mu postawione na podstawie jego zeznań.

– Nie wiem, jak teraz będzie, bo on zaskarżył odebranie mu statusu. On przewidział wszystkie ruchy bardzo trafnie i uważa, że odebranie mu statusu to takie dokręcenie śruby, przeniesienie go z miejsca, gdzie czuł się bezpiecznie, do innego, gdzie będzie zagrożony. Staram się rozumować tak jak prokurator. Mają w tej chwili faceta, który im już do niczego się nie przyda. Zeznania, które złożył, powinien poprzeć zeznaniami w sądzie, a tego odmawia. W związku z tym zawiesiło im się dość ważne postępowanie przeciwko Słowikowej i coś tam jeszcze, bo on odmawia w kilku sprawach. Co z tego, że rozpatrzą te 162 zarzuty i go wsadzą, będzie nieprzydatny. Ciekawa jestem, czy tym w prokuraturze będzie bardziej zależało na tym, aby go ukarać, czy na tym, żeby kontynuować współpracę z nim. Wydaje mi się, że zwycięży zdrowy rozsądek i przywrócą mu ten status.

– Ale jeżeli ta sytuacja rozwinie się w tym kierunku, w jakim rozwija się teraz, to czekają Panią kolejne lata czekania na powrót syna. Jest Pani na to przygotowana?

– Jestem przygotowana do wszystkiego, najróżniejsze rzeczy mogą się zdarzyć. Może to śmieszne, ale w kabarecie Olgi Lipińskiej była taka piosenka: „Ciesz się z tego, co masz, ciesz się, nawet się śmiej, więc się ciesz z tego, co masz, zawsze możesz mieć mniej". A gdybym miała dwoje dzieci, w tym jedno z białaczką? Zawsze może być gorzej, i to dużo gorzej. Jestem sama, jest to moja decyzja, moja strata i jakieś reperkusje czekające tylko mnie. Nikt inny dla mnie bliski poza mną nie ucierpi. Ja się na to zdecydowałam, rodząc syna. Z tym, że wtedy nie przewidziałam przyszłości, bo nigdy nie wiadomo, co się człowiekowi urodzi.

Rozdział 6

Dama i windykatorzy

Nienaganne maniery, wysoka kultura osobista i skromność to bezsprzecznie zalety Marii, która w tej historii była bohaterką drugiego planu. Ściąganie na siebie uwagi nie leży w jej naturze. Zresztą nie o niej mówiono i pisano, gdy rozgrywały się interesujące nas wydarzenia. Na pierwszym planie był wówczas jej mąż Jerzy – przedsiębiorca budowlany z Hamburga potraktowany przez policję jak groźny przestępca gospodarczy. Mówiono o nim, że z premedytacją niszczy polskie firmy. Zatrzymano go i przewieziono na przesłuchanie. Zwykłe z pozoru procedury dochodzeniowe przybrały formę wymuszenia, jakiego nie powstydziłaby się mafia pruszkowska.

Zarzuty stawiane biznesmenowi przez policję były wyssane z palca, ale okazało się to dopiero po kilku latach prokuratorskiego śledztwa i procesu. Druzgocących dla biznesu konsekwencji nie dało się powstrzymać – syndyk zajął majątek firmy, a fabryka zatrudniająca w Polsce kilkaset osób znalazła się na skraju bankructwa. Niewiele brakowało, by bezprawie funkcjonariuszy zamieciono pod dywan. Nie pozwoliła na to żona przedsiębiorcy. Zapłaciła wysoką cenę, lecz dzięki niej wiadomo, kto w tej historii jest katem, a kto ofiarą.

– Gdy kilkadziesiąt lat temu zobaczyłam ją po raz pierwszy, miała na szyi perły. Piękna i dystyngowana. Prawdziwa dama – opisuje ją przyjaciółka Grażyna Winowicz, właścicielka odwiedzanego przez aktorów i muzyków pensjonatu „Pod Lipami" w Mierzynie.

Przed wyjazdem z Polski Maria mieszkała w Warszawie. To nie jest jej prawdziwe imię. Zmieniliśmy je, ponieważ nas o to prosiła. „Demony natrętnie powracają, zasypiam i budzę się z tą sprawą. Wydarzenia przesuwają się jak film, poszczególne decyzje poddawane są analizie. A do tego fakt, że sprawa ujrzy światło dzienne, że wszystkim się przypomni: zainteresowanym, znajomym, klientom, przyjaciołom i wrogom, a także rodzinie – szczególnie tej najbliższej. I to moje charakterystyczne imię... Może napiszcie o mnie »żona prezesa«, a może »pani M.«?" – zwróciła się do nas w mailu.

Zatem Maria... To imię do niej pasuje – jest niekrzykliwe, dystyngowane. Maria skończyła w Polsce studia, zrobiła doktorat, wyszła za Jerzego i wyjechała do Hamburga.

Tajniacy nie zjedli śniadania

Jerzy prowadził w Hamburgu firmę budowlaną Wera. Realizował szereg inwestycji w kilku krajach w Europie. Dbał o fasady i wyposażał w okna i drzwi m.in. pięciogwiazdkowy hotel „Cztery pory roku" w Budapeszcie oraz siedzibę Agory, wydawcy „Gazety Wyborczej", w Warszawie. W Maszewie w województwie zachodniopomorskim otworzył fabrykę Welet produkującą drewniane okna i drzwi.

– Ta firma była jego dzieckiem, Jerzy stworzył ją od podstaw – wspomina Maria. – Dał pracę wielu ludziom, wyszkolił cały personel, wprowadził nowatorskie technologie. Okna i drzwi z Weleta stały się synonimem jakości. Dostarczano je do znanych obiektów w Warszawie, między innymi ratusza, a także domów prominentnych osób.

W maju 2003 roku, podczas służbowego pobytu w Polsce, Jerzy zatrzymał się jak zwykle w hotelu w Maciejewie, w dziewiętnastowiecznym pałacu należącym niegdyś do starego rodu von Flemmingów.

Tajniacy pojawili się tam następnego dnia, z samego rana. Było ich dwóch: korpulentny brunet przed czterdziestką i młodszy od niego o jakieś pięć, siedem lat szczupły blondyn. Zachowywali się inaczej niż hotelowi goście – nie mieli bagażu i nerwowo się rozglądali. Ten pierwszy sprawiał wrażenie ważniejszego. Dyrygował blondynem, wydawał polecenia. Zapytali obsługę, czy mogą zjeść śniadanie. Wskazano im, dokąd mają się udać, ale oni nie byli zainteresowani posiłkiem. Nie usiedli nawet przy stoliku. Przemierzali salę wzdłuż i wszerz, bacznie przyglądając się wszystkim obecnym. Wyraźnie kogoś szukali.

Jerzy pojawił się w pałacowym holu kwadrans przed ósmą. Wymienił uprzejmości z pracownikami recepcji i skierował się do restauracji. Właśnie siadał przy stoliku, kiedy podeszli do niego dwaj tajniacy. Pokazali legitymacje policyjne i poinformowali, że musi pojechać z nimi na komendę w celu złożenia wyjaśnień. Nie chcieli zdradzić, w jakiej sprawie. „Wszystkiego dowie się pan na miejscu" – zbyli go. Wkrótce wszyscy trzej opuścili hotel.

Obsługa nie słyszała, o czym rozmawiali. Zwrócono jednak uwagę na to, że gość sprawiał wrażenie nie tylko zaskoczonego. Był przestraszony.

– W recepcji pracowała wtedy na zmianie młoda dziewczyna, którą zaniepokoiła cała sytuacja – opowiada Maria. – Zaalarmowała przełożoną, a ta adwokata. Powiedziała, że jacyś dziwni ludzie właśnie wyprowadzili gościa z hotelu.

Zdarzenie w pałacowej restauracji zaobserwował też pewien prawnik, który przyjechał do Maciejewa na spotkanie z klientem. Zorientował się, że „dziwni ludzie" to policjanci. Zadzwonił do Roberta Korneckiego, wiedząc, że adwokat ten zna przedsiębiorcę zatrzymanego przez funkcjonariuszy. Zrelacjonował mu wydarzenia, których był świadkiem.

– Uznałem, że powinienem jak najszybciej powiadomić żonę pana Jerzego – mówił kilka dni później Robert Kornecki. – Przez godzinę próbowałem się do niej dodzwonić, ale nie odbierała. Kiedy w końcu przedstawiłem jej sytuację, była przerażona. Powiedziała, że nie spodziewała się czegoś takiego, że to niemożliwe, aby istniał jakikolwiek powód do zatrzymania jej męża przez policję. Zasugerowałem wtedy, aby wynajęła prawnika.

Policyjne auto już docierało do miasta. Kierowca, z którym Jerzy podróżował po Polsce, za nim, w bezpiecznej odległości. Wjechali do centrum Szczecina, dotarli na Kaszubską – ulicę sądów i kancelarii adwokackich. Auto z tajniakami zatrzymało się przed komendą miejską. Kierowca zobaczył, że brunet i blondyn wprowadzają jego szefa do budynku. „Zabrali go na przesłuchanie, do pokoju 225. To są przestępstwa gospodarcze" – zameldował niebawem żonie pracodawcy.

Maria usiłowała dodzwonić się do męża. Bezskutecznie. Jego telefon był wyłączony.

Ważniak z pokoju 225

Z Jerzym udało jej się skontaktować dopiero po południu. To on do niej zadzwonił. Był wzburzony.

– Pierwszą rzeczą, jaką mi powiedział, było to, że zabrali mu paszport i oświadczyli, że nie ma prawa opuścić Polski – opowiada Maria. – Powiedział również, że podpisał weksel własny in blanco na jakąś wariacką, wymyśloną przez tamtych sumę, ale to była konieczność, bo inaczej by stamtąd nie wyszedł. Tłumaczył, że potwornie się bał, ponieważ był szkalowany i zastraszany. Zapewniłam go, że niebawem będę w Polsce, że ruszam w drogę. Byłam bardzo zdenerwowana i bałam się, że na granicy także mój paszport zostanie zarekwirowany. Po kilku godzinach spotkaliśmy się w hotelu w Maciejewie. Jerzy był w bardzo złym stanie psychicznym i fizycznym. Chciałam nawet wezwać do niego pogotowie, ale on tak się bał, że znów mogą go odseparować na wiele godzin od świata, że w końcu musiałam odpuścić.

Co tak wzburzyło i przeraziło sześćdziesięcioczteroletniego przedsiębiorcę, że nie chciał opuścić hotelowego pokoju? Zapytaliśmy go o to kilka dni po wydarzeniach na komendzie.

– Zostałem bezprawnie zatrzymany pod pozorem przesłuchania, przetrzymywano mnie siedem godzin bez możliwości skontaktowania się z rodziną i adwokatem – opowiadał, z trudem panując nad emocjami.

– Dlaczego „bezprawnie"? Nie dał Pan policji pretekstu do zatrzymania?

– Gdyby tak było, przedstawiono by mi oficjalnie zarzuty, a tego nie zrobiono.

– To co Pan tak długo tam robił?

– Odegrano przedstawienie, abym uwierzył, że trwa jakieś śledztwo przeciwko mnie. Grożono mi długim pobytem w areszcie, zdyskredytowaniem przed władzami Niemiec i kontrahentami. Wymuszono na mnie podpisanie oświadczenia, że nie opuszczę Polski.

– Dlaczego?

– Znajomym tych policjantów okazał się jeden z moich kontrahentów, z którym byłem w trakcie skomplikowanych rozliczeń finansowych. Poskarżył się, że mu nie zapłaciłem, a oni widać postanowili mu pomóc…

– W jaki sposób?

– Postawiono mnie w sytuacji bez wyjścia: albo oddam mu kilkaset tysięcy złotych, albo trafię do celi. Urabiali mnie przez kilka godzin, chociaż wiedzieli, że są to zobowiązania firmy, a nie moje, prywatne. To bezprawie!

– I urobili?

– W końcu ugiąłem się pod żądaniami policji i podpisałem weksel in blanco na ponad siedemset tysięcy złotych!

– Policja i weksel? Trudno w to uwierzyć...

– Dopiero wtedy mnie wypuszczono, bez śladu w dokumentacji po tym, co się wydarzyło za zamkniętymi drzwiami. Byłem tak przerażony, że nie działałem racjonalnie.

Relacja Jerzego wydawała się nieprawdopodobna. Podobnymi metodami wymuszania podpisu na ważnych dokumentach posługują się przestępcy, ale nie policja. Postanowiliśmy zadać kilka pytań stróżom prawa. Oficjalny komunikat prasowy komendy, o jaki wystąpiliśmy, nie przybliżył nas do prawdy. Zatrzymanie przedsiębiorcy rzekomo miało związek z „trwającymi czynnościami", ale nie udało nam się ustalić, w jakiej sprawie i czy biznesmen miał w niej status podejrzanego. Nieoficjalnie sugerowano, że Jerzy K. – jak o nim mówiono – ma na sumieniu szereg przestępstw gospodarczych. Jakich konkretnie? Dobro śledztwa zabraniało informować o tym media.

Szczegóły poznaliśmy kilka lat później, z akt sprawy – ale nie przeciwko Jerzemu K., lecz policjantom, którzy wymusili na nim podpisanie weksla. W pokoju 225, gdzie odbywało się przesłuchanie, funkcjonariusz nakazał, by przedsiębiorca oddał mu paszport i komórkę. Do pomieszczenia wszedł wtedy szczupły mężczyzna po trzydziestce i oznajmił, by zwracać się do niego per „panie komisarzu".

„Pan komisarz" to Robert B. – naczelnik sekcji do walki z przestępczością gospodarczą tamtejszej komendy. Jego kariera w policji właśnie nabierała rozpędu. Przełożeni chwalili go za wyniki, doceniali, że się dokształca (pisał doktorat z prawa na Uniwersytecie im. Adama Mickiewicza w Poznaniu). W zakresie jego obowiązków znajdowało się: „kierowanie pracą sekcji, opracowywanie kierunkowych koncepcji działania pionów do walki z przestępczością gospodarczą, sprawowanie bezpośredniego nadzoru nad pracą operacyjną zespołu do spraw ochrony obrotu gospodarczego oraz koordynowanie i nadzorowanie pracy operacyjnej sekcji i podległych jednostek policji w pionie do walki z przestępczością gospodarczą" (wypis z zakresu obowiązków, dział kadr).

Do pracy w takich sekcjach i wydziałach trafiali najlepsi. Szkolono ich, by demaskowali machlojki białych kołnierzyków okradających Skarb Państwa. Wielu z tych ludzi przeszło potem z policji do lepiej płatnej pracy w Centralnym Biurze Antykorupcyjnym.

Z zeznań Jerzego: „Od razu było wiadomo, że to ktoś ważny. Miał ze sobą grubą teczkę przypominającą akta sprawy. Zaczął ją przy mnie kartkować i powiedział, że ja, jako prezes zarządu firmy Welet produkującej okna i drzwi z drewna, popełniłem przestępstwa, o których policja została poinformowana przez pokrzywdzonych. Wymienił trzy paragrafy z kodeksu karnego. Miało mi za to grozić do pięciu lat pozbawienia wolności i powiedział, że on właśnie prowadzi w tej sprawie czynności. Nie mówił, że jestem zatrzymany, ale przez cały czas dawał mi to do zrozumienia. Odczytał na głos jakąś regułkę, że jeśli szkodę popełnioną w ramach tych przestępstw naprawię w ciągu trzech dni, to policja i prokuratura odstąpią od ścigania tego przestępstwa. Naprawienie szkody polegałoby na zapłaceniu ponad siedmiuset tysięcy złotych, które firma Welet była winna polskiej firmie Re-al. Poprosiłem o kontakt z adwokatem, ale pan komisarz stwierdził, że będzie to możliwe, dopiero jak skończymy".

Skomplikowane rozliczenia

Firma Re-al, z którą robił interesy Jerzy, produkowała aluminiowe akcesoria budowlane.

– Potrzebował tych elementów do budowy biurowców i apartamentowców w Berlinie, ponieważ w fabryce w Maszewie nigdy nie robiono aluminiowej galanterii. Do tamtych inwestycji musiał pozyskać partnera, który się na tym znał – wyjaśniała nam kulisy umowy ze spółką Re-al żona przedsiębiorcy.

Udział polskiej firmy w berlińskich inwestycjach oszacowano na kilkaset tysięcy euro. Już w trakcie budowy przedsiębiorca z Hamburga nie był zadowolony z partnera. Mówił, że wykonanie zleconych prac pozostawiało wiele do życzenia i że posypały się reklamacje. Przedstawiciel firmy Re-al uważał, że z umowy wywiązuje się należycie. Wystawił faktury, których suma przewyższała ustaloną wcześniej kwotę. Jerzy zapłacił mu w ratach część należności, mimo że sam nie otrzymał jeszcze pieniędzy z tamtych inwestycji. Kontrahent chciał więcej, ale on nie mógł mu zapłacić. Wcześniejsze inwestycje we Francji i w Niemczech wciąż były nierozliczone, a terminy zakończenia prac na budowach przesuwały się z różnych przyczyn. Obwiniano o to właśnie producenta aluminiowej galanterii, ponieważ to wadliwe profile były powodem reklamacji. Ostatecznie mąż Marii zakwestionował roszczenia firmy Re-al i poinformował kontrahenta, że końcowe rozliczenie nastąpi po odbiorze budów przez inwestora.

Podczas przesłuchania zatrzymany biznesmen starał się wytłumaczyć policjantom kulisy tych rozliczeń. Naczelnik sekcji wiedział swoje. Należność za wystawione faktury chciał wyegzekwować natychmiast. Tu i teraz. Gotówką.

Jerzy nie wiedział (bo skąd miał wiedzieć), że kontrahent z firmy Re-al ma chody w policji. Zatrudniał emerytowanego funkcjonariusza z komendy wojewódzkiej, byłego kierowcę. Mężczyzna ten i jego szef musieli być w pobliżu, gdyż krótko po rozpoczęciu przesłuchania pojawili się w pokoju 225. Znajomy policjantów przybył w roli mediatora. Wtedy przesłuchanie zamieniło się w negocjacje. Podczas gdy poróżnieni kontrahenci wyjaśniali sobie sporne sprawy, policjanci wyszli na korytarz, zamiast protokołować przebieg spotkania. Przedstawiciele firmy Re-al zażądali natychmiastowej wypłaty pieniędzy. Poinformowali Jerzego K., że jeśli nie podpisze weksla, to zawiadomią konsula Niemiec w Gdańsku i wtedy on, jako przedsiębiorca, będzie skończony. Straszyli go, że dotrą do innych wierzycieli i skierują ich do niego na takich samych zasadach, chyba że im zapłaci i wtedy wszyscy zapomną o sprawie.

Przedsiębiorca odmówił. Wówczas obrażeni panowie od aluminium opuścili pokój, trzaskając drzwiami. Policjanci wrócili. Nie byli zadowoleni. Naczelnik uzmysłowił Jerzemu, że „może go zatrzymać na 48 godzin, potem sąd przyklepie trzymiesięczny areszt, który – znając życie – może się przedłużyć aż do rozprawy, a ta rozpocznie się pewnie za jakieś pół roku".

Przedsiębiorca był w szoku. Coraz bardziej się bał. Przedstawiciele firmy Re-al wrócili po jakimś czasie, chcieli się dogadać. Wtedy zaproponował, że odda sporną kwotę w ratach, jednak oni nie przystali na takie rozwiązanie. Naciskali coraz mocniej, a policjanci trzymali ich stronę. W końcu zgodził się na podpisanie weksla in blanco. Wpisał tyle, ile chcieli – 724 tys. zł. Wolał to niż areszt i szarganie opinii.

Z chwilą złożenia podpisu wszyscy obecni odetchnęli z ulgą. Szef firmy Re-al oznajmił, że „widzi dobrą wolę dłużnika i w związku z tym nie będzie żądał ścigania go i ukarania". Naczelnik sporządził notatkę służbową: „Na prośbę Jerzego (tu nazwisko) przedstawiciel firmy Re-al (tu pełne dane osobowe) przybył do Komendy Miejskiej Policji i mimo spornych kwestii obaj doszli do porozumienia". Wydano „Postanowienie o odmowie wszczęcia dochodzenia z zawiadomienia firmy Re-al". Jerzy był wolny, ale wychodził z komendy na miękkich nogach. Docierała do niego powaga sytuacji. Podpisał weksel osobisty, nie firmowy. Skutkiem mogło być zajęcie przez komornika jego rodzinnego majątku.

Sen i bezsenność „Pod Lipami"

Oboje zatrzymali się na noc w pensjonacie Grażyny Winowicz. Byli wreszcie wśród przyjaciół, mogli szczerze porozmawiać o tym, co się stało, przeanalizować wszystko od początku do końca.

– Kochanie, byłem przerażony – wieczorem Jerzy tłumaczył się żonie. – Na stole leżały kajdanki. Nawet gdy szedłem do toalety, podążała za mną policyjna eskorta. Gdybym miał wtedy pieniądze, oddałbym im wszystko!

Maria nie mogła uwierzyć, że policyjne procedury dopuszczają takie sytuacje. Intuicyjnie czuła, że funkcjonariusze przekroczyli swoje uprawnienia.

– Padłeś ofiarą bezprawnych działań, policjanci wykorzystali swoją pozycję, by załatwić czyjeś interesy. To zmowa i prywata. Jak inaczej nazwać to, co ci się stało? – przekonywała męża.

W rzeczywistości była nie mniej przerażona niż on. „Co mogę zrobić? Opowiedzieć o wszystkim dziennikarzom? Wytoczyć sprawę funkcjonariuszom? Kto uwierzy Jerzemu? Policja będzie bardziej wiarygodna... To może się okazać przedsięwzięciem z góry skazanym na klęskę. Zwykłym porywaniem się z motyką na słońce" – biła się z myślami do rana. – „Niejeden już próbował walczyć z aparatem ścigania i przegrał. Zresztą nie wiadomo, jak Jerzy zniósłby konsekwencje nagłośnienia tych wydarzeń. Wprawdzie ma silną psychikę, bywał w sytuacjach podbramkowych, jednak sprawiał wrażenie, że historia z wekslem go złamała. A może im zapłacić?" – zastanawiała się. – „To nie jest przecież kwota, która przekraczałaby nasze możliwości. No dobrze, zapłacimy, ale i tak nie będziemy mieli pewności, że na tym się skończy. Tamci mogą się rozzuchwalić, ponowić żądania. I co wtedy? Kto nam uwierzy, że policja nie po raz pierwszy zachowuje się jak mafia? Wszyscy powiedzą, że od razu mogliśmy się zgłosić do prokuratury, a nie milczeć. Nie, nie możemy tego zrobić! Jeśli teraz zapłacimy, to już zawsze będziemy płacić" – stwierdziła.

– Jerzy był tak padnięty, że spał całą dobę – wspomina Grażyna Winowicz. – Chodziliśmy wszyscy na palcach, żeby go nie zbudzić.

Maria z niepokojem obserwowała jego nierówny oddech. Ważyła wszystkie „za" i „przeciw" ewentualnego nagłośnienia sprawy. Naczelnik sekcji do walki z przestępczością gospodarczą musiał być człowiekiem wpływowym, sprytnym i bardzo ambitnym. Wytoczy najcięższe działa. Interesy męża poważnie ucierpią. Ludzie w fabryce mogą stracić pracę, a oni – wiarygodność w biznesie i bezpieczeństwo finansowe. Stopniowo przerażenie ustępowało jednak miejsca oburzeniu. Przecież wobec jej męża rażąco nadużyto prawa! Nie można tego tak zostawić. Musi zmotywować Jerzego, by złożył w prokuraturze zawiadomienie o popełnieniu przestępstwa. Ona nie może tego zrobić za niego, przecież to on jest pokrzywdzonym. Postanowiła dodać mu odwagi, wspierać na każdym kroku. I przyjmować ciosy, jeżeli sytuacja będzie tego wymagała. Nawet jeśli Jerzy będzie się wahał, ona nie daruje policjantom tej zniewagi i upokorzenia!

Wojna była nieunikniona.

– Wiem, że się bała, bo nigdy nie była w podobnej sytuacji i trudno było przewidzieć konsekwencje przeciwstawienia się policji – wspomina jej przyjaciółka z Mierzyna. – Ale Maria okazała się niezwykle silna i konsekwentna. Wrażenie sprzed lat, jakie zrobiła na mnie przy pierwszym spotkaniu – że ma dobrze prezentować się u boku męża – minęło bezpowrotnie. Wtedy nie przypuszczałam, że ona jest taka twarda.

Otwarta wojna

Robert Kornecki uważał, że policjanci zachowali się jak przestępcy.

– Historia z wekslem brzmiała nieprawdopodobnie – wspomina adwokat – ale zastanowiło mnie, dlaczego odebrano mu paszport bez żadnego pokwitowania. I jeszcze to oświadczenie, że nie opuści Polski... Nie podpisałby ani oświadczenia, ani weksla, gdyby zezwolono mu na kontakt z prawnikiem. Taka możliwość istniała, w trakcie przesłuchania bowiem, po konsultacji z żoną przedsiębiorcy, z naszej kancelarii wysłano prawnika. Nie został wpuszczony na teren komendy, czekał przy dyżurce ponad godzinę. Już sam ten fakt był poważnym sygnałem, że w tej sprawie źle się dzieje.

O zatrzymanego przedsiębiorcę dopytywał się również (poinformowany przez zaniepokojonego adwokata) przedstawiciel Honorowego Konsulatu Niemiec w Szczecinie, ale i jego odprawiono z kwitkiem, chociaż policja – tak jak każda państwowa instytucja – ma obowiązek udzielić placówce dyplomatycznej pełnej informacji o tym, co się dzieje z obywatelem obcego państwa.

Niepokojące wydarzenia miały ciąg dalszy. Robert Kornecki był świadkiem spotkania Jerzego z pracownikiem firmy Re-al, który podczas przesłuchania występował w roli mediatora.

– Ten człowiek nie wiedział, że jestem prawnikiem – opowiada. – W mojej obecności groził panu Jerzemu, że jeśli ten nie zrealizuje weksla, on osobiście pojedzie do Hamburga i zniszczy jego firmę i rodzinę. Wtedy byłem już pewien, że sprawę trzeba zgłosić do prokuratury.

Doniesienie o przestępstwie popełnionym przez policjantów i pracowników firmy Re-al na szkodę Jerzego wpłynęło do prokuratury trzy dni po „przesłuchaniu" i rzeczywiście okazało się wypowiedzeniem wojny silnemu przeciwnikowi. Naczelnik miał wiele do stracenia: dobre imię, pracę w policji i – w tym konkretnym przypadku – także karierę naukową. Sprawą zainteresowały się lokalne media i ogólnopolska telewizja. Rozgłos tylko dolał oliwy do ognia. Naczelnik nabrał wiatru w żagle, uznał, że wszystkie chwyty są dozwolone. Rozesłał do kontrahentów fabryki okien pisma, w których informował, że wobec prezesa zarządu toczy się postępowanie o działanie na szkodę wierzycieli i oszustwo: „W toku prowadzonych czynności ustalono, że jedną z firm pokrzywdzonych jest Wasza firma. Prosimy o skierowanie do tutejszej jednostki zawiadomienia o popełnieniu przestępstwa wraz z wnioskiem o ściganie i ukaranie". Kontrahenci zareagowali natychmiast – tyle że zgłaszali się nie do komend, lecz do fabryki Welet, żądając uregulowania należności za faktury. Nazbierało się tego wiele milionów złotych. Konsekwencje otwartej wojny z policją okazały się poważniejsze, niż można się było spodziewać. Przedsiębiorca zaczął zwalniać pracowników fabryki w Maszewie, rozpoczął też postępowanie ugodowe z wierzycielami. Zdruzgotany i upokorzony, wycofywał się z interesów w Polsce.

– Pisma rozsyłane przez naczelnika do naszych dostawców nadszarpnęły zaufanie do nas – komentował sytuację dyrektor nadzorujący finanse w fabryce Welet. – Wiarygodność firmy legła w gruzach. Cofnięto nam kredyty kupieckie, czyli praktykowane na całym świecie kupowanie z odroczoną płatnością materiałów do produkcji. Straciliśmy płynność finansową. Z 330 pracowników zredukowaliśmy załogę do 115, a to przecież nie był koniec zwolnień.

Polska firma Jerzego stanęła na skraju bankructwa. Były senator Platformy Obywatelskiej, adwokat Włodzimierz Łyczywek, poproszony o komentarz do tamtych wydarzeń, mówił bez ogródek, że naczelnik po prostu mścił się za obciążające go doniesienie o przestępstwie:

– Śmiem wątpić, że alarmował te firmy dla dobra publicznego – przekonywał. – Niewykluczone, że chciał stworzyć pozory legalności wcześniejszego zatrzymania biznesmena, tym bardziej że nie sporządził protokołu z przesłuchania. Nie można człowieka zatrzymywać i puszczać, gdy tylko zaspokoi on roszczenia osoby prywatnej. To było po prostu wymuszenie.

Permanentny stres spowodował pogorszenie stanu zdrowia Jerzego. Mąż Marii zaczął wycofywać się z życia zawodowego. Marię niepokoiła wielomiesięczna cisza wokół doniesienia o przestępstwie. Obawiała się, że sprawa wymuszenia podpisu na wekslu może zostać zamieciona pod dywan, dlatego postanowiła temu zapobiec.

– Zleciłam prowadzenie sprawy adwokatowi ze znanym nazwiskiem – mówi. – O prawdę walczyły kancelarie prawne ze Szczecina i Warszawy.

Maria uporczywie wypytywała o postępy w śledztwie, nie pozwalała, by media zapomniały o zdarzeniu. Adwokaci, których była zmuszona wynająć, wysoko cenili swoje usługi. Ich honoraria w znaczny sposób podnosiły cenę, jaką ona i jej mąż musieli zapłacić za rzucenie rękawicy policji.

– Niewykluczone, że koszta związane z procesem przewyższyły sumę weksla – dokonuje bilansu.

Wierzyła jednak, że nadejdzie dzień, kiedy rachunki się wyrównają.

Temida nie taka ślepa

Naczelnik sekcji Robert B. bronił siebie i swoich ludzi jak lew. Tłumaczył, że w pracy zawodowej zawsze kierował się prawością i determinacją w ściganiu przestępstw białych kołnierzyków. Za takiego właśnie przestępcę uważał Jerzego. Podejrzewał go o sporo działań sprzecznych z prawem. Mówiąc wprost – o machlojki gospodarcze. Imał się zatem wszystkiego, by go zdemaskować. Policjant rzekomo posiadł wiedzę, z której wynikało, jakoby wiele polskich firm padło tylko dlatego, że przedsiębiorca z Hamburga nie regulował płatności, że podpisywał umowy, których nie zamierzał dotrzymać (prokuratura badała ten wątek sprawy, ale śledztwo zostało umorzone).

– Zanim doszło do spotkania w komendzie, mieliśmy już wstępne rozpoznanie o jego zadłużeniu wobec wielu polskich podmiotów gospodarczych – mówił nam Robert B. – To była spora kwota, bo blisko dziesięć milionów złotych. Analizowaliśmy materiały z Krajowego Rejestru Sądowego, korespondencję od wierzycieli do fabryki Welet. Wiele polskich firm padło tylko dlatego, że pan Jerzy K. z premedytacją nie płacił swoich zobowiązań. Od byłego kierowcy z wydziału do walki z przestępczością gospodarczą zatrudnionego w firmie Re-al dostaliśmy sygnał, że niemiecki przedsiębiorca „chce zwinąć firmę i wyjechać do Niemiec". Wtedy żadnych pieniędzy nie można by było od niego wyegzekwować. Dlatego przystąpiliśmy do realizowania czynności w tej sprawie.

Naczelnik przekonywał nas, że działał pod presją czasu. Chciał zebrać dowody przeciwko przedsiębiorcy z Hamburga, zanim ten „zwinie firmę". Przypuszczał, że takie dowody pojawią się podczas konfrontacji z wierzycielami, ale – jak sam przyznał – popełnił błąd.

– Kiedy pan Jerzy K. podpisał weksel, jego wierzyciel zapowiedział wycofanie zawiadomienia o przestępstwie.

Czułem, że sprawa się sypie. Stąd moje późniejsze pisma do innych firm, którym Jerzy K. nie płacił. Przestępstwa kryminalne różnią się od gospodarczych tym, że w pierwszych jest denat i po śladach szuka się sprawcy, a w drugich najpierw znamy sprawcę, a później kompletujemy zeznania i dokumenty, które potwierdzają jego winę. To znacznie trudniejsze – przekonywał.

Pogląd ten prawdopodobnie podzielała prokuratura. Nie paliła się do prowadzenia śledztwa przeciwko policjantom. Prokuratorzy analizujący okoliczności wydarzeń na komendzie w większości uważali, że najrozsądniej będzie odmówić wszczęcia śledztwa, a gdyby było już ono w toku – umorzyć postępowanie. Sprawa dziwnego przesłuchania i wymuszenia podpisu na wekslu umarłaby śmiercią naturalną. Tak się na szczęście nie stało. Podobno zaważył jeden głos sprzeciwu w prokuratorskim gremium. Kluczowa okazała się analiza dokumentów przekazanych do prokuratury przez naczelnika. Materiały zgromadzone przez policjantów podległej mu sekcji miały stanowić dowód rzekomo przestępczej działalności biznesmena z Hamburga. Czas pokazał, że sprawa jest dęta. Biegli nie dopatrzyli się żadnych machlojek, które świadczyłyby o jego działaniu z premedytacją na szkodę polskich kontrahentów. Linia obrony naczelnika Roberta B. legła w gruzach.

Ostatecznie prokuratura uznała zatrzymanie przedsiębiorcy za bezprawne, a groźby kierowane pod jego adresem – za karalne. Po dziewięciu miesiącach od złożenia zawiadomienia o przestępstwie prokurator postawił zarzuty wszystkim uczestnikom zajścia: naczelnikowi, dwóm policjantom z jego sekcji oraz wierzycielom, dla których wymuszono podpis na wekslu. Naczelnika Roberta B. oskarżono o to, że „działając wspólnie i w porozumieniu [z pozostałymi] w celu osiągnięcia korzyści majątkowej, przekroczył swoje uprawnienia, dokonując bezprawnego zatrzymania Jerzego (tu nazwisko przedsiębiorcy) i dopuszczając się wobec niego bezprawnych gróźb skutkujących podpisaniem weksla". Funkcjonariusze zostali zawieszeni w czynnościach służbowych.

Sprawa trafiła do sądu po trzech latach od zdarzenia na komendzie. „Relacjonowanie przebiegu procesu przez media i publikacja wizerunku oskarżonych może wypaczyć odbiór społeczny tej sprawy. Pan Jerzy K. jest tu wprawdzie osobą pokrzywdzoną, chociaż w innych sądach ma wiele spraw o wyłudzenie" – uzasadniał próbę wyłączenia jawności procesu mecenas oskarżonych. Sąd miał na ten temat inne zdanie. Odrzucił jego wniosek, tłumacząc, że za obecnością mediów przemawia „uzasadniony interes społeczny".

Pokrzywdzony nie przyjeżdżał na rozprawy. Nie czuł się najlepiej. Maria robiła wszystko, by nie wracał myślami do traumatycznych wydarzeń. Podczas przesłuchania powiedziała: „Mój mąż doznał niepowetowanych szkód psychicznych. My i nasi znajomi straciliśmy zaufanie do praworządności. Od tamtego czasu staramy się nie poruszać po Polsce pojedynczo, bo groźba i możliwość tego, że człowiek wyjdzie rano i nie wróci wieczorem, jest realna. Można zostać odizolowanym od świata zewnętrznego, nie mając prawa do kontaktu z adwokatem. Może utrudnia to prowadzenie firmy w Polsce, ale staram się maksymalnie ograniczać przyjazdy".

Prawomocny wyrok zapadł w styczniu 2010 roku. Sąd uznał, że naczelnik Robert B. przekroczył swoje uprawnienia, ale nie działał z pobudek materialnych. Karę półtora roku pozbawienia wolności złagodzono mu o trzy miesiące, darowano także zasądzoną wcześniej grzywnę. Wobec policjantów, którzy uczestniczyli w przesłuchaniu, postępowanie karne warunkowo zawieszono na dwa lata. Wykonywali polecenia przełożonego, nie oni uknuli intrygę, zatem po okresie próby dano im szansę na powrót do policji, z której skorzystali. Dwaj wierzyciele z firmy Re-al dostali od roku do półtora pozbawienia wolności. Ich apelacja od wyroku została oddalona jako „bezzasadna w stopniu oczywistym".

Maria nie komentuje wyroku polskiego sądu.

– Wciąż niezwykle trudno mi opowiadać, jak tamta sprawa wpłynęła na nasze życie. To wszystko jest nadal we mnie, bardzo głęboko. To była i wciąż jest największa trauma mojego życia – ocenia po latach.

Jej męża nie było przy ogłoszeniu wyroku.

– Była druga w nocy. Maria zadzwoniła do mnie ze szpitala. Powiedziała, że Jerzy nie żyje – wspomina Grażyna Winowicz.

– Zabił go stres, potworny i długotrwały, ta hańba – mówi Maria. – Zmarł w lutym, a jeszcze w styczniu prokuratura nalegała, aby Jerzy stawił się w sądzie. Oczywiście było to niemożliwe, nie pozwalał na to stan jego zdrowia, dlatego przesłuchanie odbyło się za pośrednictwem telebimu. Informacja o tym, że sprawa jest wygrana, przyszła już po śmierci mojego męża. Tak naprawdę tu nie ma wygranych: Jerzy nie żyje, firma Welet została sprzedana przez syndyka i jest dziś w innych rękach, a parę lat naszego życia upłynęło w nerwach i strachu.

Niezależnie od sprawy karnej prowadzonej w Polsce przeciwko policjantom i przedstawicielom firmy Re-al niemiecki sąd orzekł, że weksel został sporządzony prawidłowo, zatem jego egzekucja jest natychmiastowa. Komornik przystąpił do zajmowania prywatnego majątku biznesmena. Miał do ściągnięcia 165 tys. euro z odsetkami.

Były naczelnik sekcji do walki z przestępczością gospodarczą nie zrobił kariery naukowej. Do policji nie wrócił, w wieku trzydziestu siedmiu lat był już emerytem. Maria mówi o sobie, że po tamtych wydarzeniach jest innym człowiekiem, mniej ufnym i pogodnym, ale odważniejszym. Mówi też, że nie nosi pereł, bo one przynoszą łzy.

Rozdział 7

Krystyna walczy o męża

Ogłoszono aferę na cały kraj. Z czasem zyskała miano „afery Pojezierza". Pojezierze to największa w Olsztynie spółdzielnia mieszkaniowa, 33 tysiące mieszkańców w blokach zlokalizowanych w centrum miasta.

Zenon Procyk kierował spółdzielnią od 1997 roku. Wcześniej był pracownikiem naukowym olsztyńskiej Akademii Rolniczo-Technicznej. Rozpierały go energia i ambicja. Już jako prezes SM Pojezierze został olsztyńskim radnym, a nawet przewodniczącym Rady Miejskiej. Wszystko mu wychodziło, kariera na większą skalę niż lokalna czekała za progiem. Kłopoty się zaczęły, kiedy wpadł na pomysł, aby uniezależnić spółdzielnię od monopolisty w dostawie ciepła do budynków – Miejskiego Przedsiębiorstwa Energii Cieplnej (MPEC).

Dogadał się z zakładami Stomil, które miały własną ciepłownię i dużą nadwyżkę mocy grzewczych. Wystarczyło zbudować rurociąg i połączyć go z instalacją Stomilu. Ta operacja doprowadziła do znacznej obniżki cen ciepłej wody i ogrzewania. Mieszkańcy SM Pojezierze skorzystali. MPEC stracił.

Czy to faktycznie MPEC, jak uważa Zenon Procyk, stał za atakiem na niego – nie wiemy. Raczej skłaniamy się do opinii, że sprzęgło się naraz kilka przyczyn. Prezes spółdzielni podpadł nie tylko energetykom cieplnym, ale też pewnemu oficerowi CBŚ i bizneswoman Lidii Staroń. Funkcjonariusz był członkiem spółdzielni Pojezierze, działaczem jednej z rad osiedlowych. Domagał się remontu lokalu, w którym jego żona prowadziła kwiaciarnię. Procyk odmawiał.

Kulisy prowokacji

Bizneswoman wybudowała na terenie spółdzielni Pojezierze pawilon handlowy. Chciała praw własności do budynku. Spółdzielnia się na to nie zgadzała. Trwały przepychanki i targi o wysokość czynszu. Lidia Staroń twierdziła, że jest złośliwie szykanowana, że spółdzielnia nalicza jej paskarski czynsz. Nie płaciła, kierowany przez Procyka zarząd naliczał karne odsetki, dług narastał. Pani Staroń zagięła więc parol na prezesa, zaczęła tropić nieprawidłowości w spółdzielni. Nawiązała kontakt z CBŚ. Namawiała dziennikarzy z prasy ogólnopolskiej, aby zajęli się, jak to nazywała, przewałkami prezesa Procyka, dostarczała kwity i przedstawiała świadków. Była uparta. Dotarła do słynnego prokuratora Kazimierza Olejnika.

W kwietniu 2005 roku zastępca prokuratora generalnego Kazimierz Olejnik powiedział w wywiadzie dla jednej z gazet: „Tak wstrząsającej patologii jak w Olsztynie nie widziałem nigdzie". To zabrzmiało jak zapowiedź trzęsienia ziemi. I już po miesiącu ziemia się zatrzęsła. Do aresztu trafili prezes spółdzielni Pojezierze Zenon Procyk i dwaj jego zastępcy. Postawiono im cały szereg zarzutów: korupcja, niegospodarność, fałszowanie głosowań (które miały umożliwiać prezesowi pozostawanie na stołku), sprzedaż mieszkań po obniżonych cenach olsztyńskim notablom, w tym sędziom.

Kiedy Zenon Procyk, bezsilny i załamany, zagryzał zęby za kratami, jego główna oponentka Lidia Staroń dostała propozycję kandydowania do Sejmu z listy Platformy Obywatelskiej. Była w Olsztynie osobą popularną, znaną z bezkompromisowej walki z sitwą, jak sama o sobie pisała na stronie internetowej. Informowała też, że: „Dotarła do dokumentów, które pokazały głęboką patologię nie tylko w spółdzielczości, ale także w urzędach i sądownictwie. Mimo szykan samotnie doprowadziła do rozbicia mafii spółdzielczej w Olsztynie i aresztowania prezesa spółdzielni".

Została posłanką.

Mafii nie było – tak po latach uznał sąd. Ale najpierw trzeba było zaliczyć swoistą ścieżkę zdrowia – przejść gehennę aresztu i długotrwałego procesu sądowego.

Za kratami Zenon Procyk spędził dziewięć miesięcy. Rozchorował się na żołądek, podejrzewano zmiany nowotworowe. Wychudł na wiór. Rozsypał się psychicznie. Jego zastępca, wiceprezes Pojezierza, jeden z prawie trzydziestu podejrzanych o udział w mafii spółdzielczej, nie wytrzymał stresu. Po wizycie, jaką złożył mu oficer CBŚ, popełnił samobójstwo, skacząc z okna spółdzielczego bloku.

Proces odsłonił kulisy niegodziwej prowokacji, której ofiarami padli Zenon Procyk i inni działacze spółdzielni.

W kilkudziesięciu tomach akt znalazły się stenogramy z trzech lat podsłuchiwania rozmów Procyka. Była zgoda na objęcie kontrolą jednego telefonu, objęto nią trzy aparaty. To niezgodne z prawem, stwierdził sąd. Z nagrań nic nie wynikało. Nie mają wartości dowodowej, uznał sędzia.

Niektórzy świadkowie mówili na rozprawach, że funkcjonariusze CBŚ fałszowali ich zeznania. Kilkudziesięciu świadków odwołało przed sądem swoje zeznania ze śledztwa. Sąd I instancji uniewinnił Zenona Procyka z większości zarzutów. Uznał go za winnego nieprawidłowości przy okazji zwoływania zebrań spółdzielczych. Sąd wyższej instancji uniewinnił go także z tego zarzutu.

Kiedy piszemy te słowa, jest rok 2014, od początku śledztwa w sprawie rzekomej mafii minęło więc 13 lat. Tyle czasu potrzeba, aby oczyścić człowieka z błota, jakim go obrzucono? Trzeba jeszcze więcej. Po apelacji sąd nakazał ponowne rozpatrzenie trzech mało istotnych wątków. To potrwa, chociaż jest więcej niż pewne, że zakończy się pełnym i prawomocnym uniewinnieniem.

Wybudzona z letargu

Po latach spotkaliśmy się z Krystyną Procyk w jej olsztyńskim domu. Zapytaliśmy, jak się czuje żona, kiedy nagle dowiaduje się, że mąż jest podejrzany o przestępstwo.

– To straszne, to był szok – odpowiedziała.

Wspomnienia powracają jak dokuczliwy, mroczny sen. Trauma powoduje, że czasem łamie jej się głos, drżą wargi.

Ale nie płacze. Swoje już wypłakała. Pijemy mocną kawę, na stole czeka ciasto własnej roboty, a pani Krystyna snuje opowieść o rodzinnym dramacie.

Wielu dawnych przyjaciół wymazało numery telefonów Zenona Procyka. Teraz, po latach, nagle sobie o nim przypomnieli. W gruncie rzeczy w najcięższych czasach mógł liczyć głównie na najbliższych: żonę, córkę i syna. Oni nigdy nie zwątpili w jego niewinność.

Krystyna Procyk pochodzi ze wsi spod Giżycka. Zenon Procyk też ze wsi, ale pod Kętrzynem. Poznali się na rodzinnej komunii. Ona maturzystka, on – osiem lat starszy – doktorant na Wydziale Chemii Rolniczej ART w Olsztynie. W 1981 roku ślub. Dorabiali się od zera, od pokoju w hotelu doktoranckim, do własnego domku w willowej części Olsztyna. Mają dwoje dzieci: Kasię i Piotrka – oboje już po studiach prawniczych. Krystyna od lat pracuje w Państwowej Inspekcji Handlowej.

Krystyna:

– Poznaliśmy się w 1980 roku, byłam świeżo po maturze. Moi rodzice mieszkali dwa kilometry od jego rodziców, moja rodzina w pięknej miejscowości Róże, a mąż mieszkał w Dłużcu, między Kętrzynem a Węgorzewem. Nasi rodzice się znali, moja kuzynka wyszła za mąż za jego stryja i nasze losy się jakoś zetknęły. Mąż skończył studia w Olsztynie, najpierw rok pracował w szkole, później wrócił na uczelnię, zrobił doktorat i miał takie ambitne plany, żeby nadal na tej uczelni pracować naukowo. Ale najpierw wyjechał na dwa lata do Stanów Zjednoczonych do pracy. Jak wrócił, namówiono go na tę radę nadzorczą spółdzielni Pojezierze. Jak wyjeżdżał do Stanów, mieliśmy już dwoje dzieci. W 1982 roku urodził się Piotrek, a dwa lata później Kasia.

Kasia jest dzisiaj adwokatem, mieszka w Krakowie, wyszła za mąż. Piotrek też skończył wydział prawa, pracuje w administracji szkolnej.

Kiedy Zenon Procyk trafił do aresztu, wspomniana Lidia Staroń jako posłanka PO świętowała rozpoczęcie kadencji. Krystyna Procyk mówiła wtedy, że do pani Lidii żalu nie ma.

– Ta kobieta walczyła o swoje, miała prawo – uważała. – Ale źle oceniła mojego męża.

To paradoks, że walcząca Lidia Staroń wybudziła z domowego letargu cichą Krystynę Procyk i też zmusiła ją do walki. Obie walczyły o swoje.

Dopóki mąż Krystyny był na wolności, nie zabierała publicznie głosu. W dniu aresztowania popadła w stupor. Milczała, a łzy same płynęły jej z oczu. Następnego dnia zerwała się o czwartej rano. Zasiadła do komputera i napisała tekst zatytułowany *List otwarty*. Rozesłała go po całym kraju – trafił do posłów i mediów, do rzecznika praw obywatelskich, Ministerstwa Sprawiedliwości, prokuratury. Przesłanie brzmiało: Mój mąż jest niewinny. Proszę o pomoc!

Tak narodziła się zupełnie nowa Krystyna Procyk. Dawniej cicha, spokojna, jak to się zwykło określać, kobieta domowa. Teraz zapalczywa, domagająca się sprawiedliwości. Stanęła do boju o godność swojego męża.

– Dlaczego? Bo przecież kto jak kto, ale ja wiem najlepiej, że Zenek nie złamał prawa. Jest niewinny. To kto ma go bronić, jak nie żona, która ślubowała mu wierność aż po grób? – mówi z lekką emfazą.

W warszawskim Domu Chłopa zorganizowała konferencję prasową, podczas której dowodziła, że jej mąż stał się ofiarą lobby ciepłowniczego. Wspomagał ją mecenas Robert Smoktunowicz, który stwierdził, że robi to w ramach przysługi, nieodpłatnie, bo wierzy, że Zenon Procyk nie jest winny. Na sali była Lidia Staroń. Patrzyła Krystynie w oczy, a ta nie opuszczała wzroku. Wydarzenie miało posmak politycznej sensacji, bo mecenas Smoktunowicz był wtedy senatorem z ramienia PO, a Lidia Staroń z listy tejże partii dostała się do Sejmu.

W styczniu 2006 roku Krystyna wymusiła audiencję u szefa Prokuratury Okręgowej w Elblągu. Przez półtorej godziny przekonywała go, że trzymanie męża za kratami jest groźne dla jego zdrowia i życia. I chyba przekonała, bo kilka dni później Zenonowi Procykowi areszt uchylono.

Zadarł z lobby ciepłowniczym

O tym, że coś złego dzieje się wokół męża, wiedziała od jakiegoś czasu. Zaczynało się powoli, atmosfera gęstniała. Czuło się, że coś wisi w powietrzu. Jako urodzona optymistka nie przypuszczała, że może dojść do zatrzymania i aresztowania męża. Ale nadszedł ten moment. Pamięta, że natychmiast podniosła się tryumfalna wrzawa. Pierwsze strony gazet, telewizja, radio. Prezes Procyk stał się bohaterem czołówek.

Wcześniej olsztyńskie media też sporo o Zenonie pisały, ale w zupełnie innym kontekście. W „Gazecie Olsztyńskiej" dwukrotnie wymieniano go na pierwszym miejscu rankingu najważniejszych osób w mieście.

– Później pomyśleliśmy, że to też miało znaczenie, że taki wpływowy jest – mówi Krystyna.

Mąż pracował najpierw na uczelni, zrobił doktorat, wykładał chemię rolną. Mieszkali w spółdzielni Pojezierze. Chodził na zebrania spółdzielcze i dał się poznać, bo zabierał czasem głos, mówił konkretnie. Został wybrany do rady nadzorczej i tam wytypowano go na prezesa.

– W tej spółdzielni ciągle trwała jakaś wojna – opowiada Krystyna. – W ciągu kilku lat zmieniło się sześciu prezesów. Męża wytypowano, żeby to wreszcie uspokoić. Spółdzielnia miała zadłużenie, nie płaciła za ciepło, nie płaciła za wodę, była w krytycznej sytuacji, tym bardziej że trwały roszady personalne. Nikt nie miał pomysłu, jak wyjść z kryzysu. Mąż przez te swoje siedem lat prezesowania wyprowadził spółdzielnię na prostą. Wpadł na pomysł budowy własnej sieci ciepłowniczej, bo spółdzielnia znajduje się w pobliżu fabryki opon, której ubocznym produktem jest ciepło. Część sprzedawali MPEC, a ten odsprzedawał spółdzielni, ale już drożej. Spółdzielnia pominęła pośrednika. Do tej pory myślę, że to była podstawowa przyczyna tych nieszczęść Zenona. Zadarł z lobby ciepłowniczym. Ostrzegano go wcześniej, żeby się uspokoił, bo go zniszczą. Przyjaciele mówili: Nie rozrabiaj, wybij sobie tę sieć z głowy.

Wie, że nie słuchał rad z prostej przyczyny. Bo jest spod znaku Barana, więc jak coś postanowi, to działa na maksa. Bardzo ambitny, lubi być chwalony.

Pomysł budowy tej sieci to był strzał w dziesiątkę. W efekcie, jako w jedynej spółdzielni, zmniejszono w Pojezierzu opłaty za ciepło.

– Ale to już zrobił jego następca, bo Zenka wcześniej zniszczyli. Pamiętam, że w trakcie uruchamiania tej sieci spółdzielnia mieszkaniowa Rubinkowo w Toruniu chciała zrobić taką sieć z fabryką Elana. Mąż do nich jeździł, doradzał. Ale tamtego prezesa odwołano, zanim zaczął budowę. Zadziałały jakieś siły, nie dopuściły do przerwania monopolu ciepłowniczego. Ale prawda jest też taka, że ponarażał się różnym osobom, bo zawsze miał swoje zdanie i nie zginał karku. Na początkowym etapie miał bardzo dużą przychylność mediów, które doceniały jego przebojowość. A to zrodziło ludzką zawiść. Generalnie był bardzo lubiany przez lokatorów, do tej pory dzwonią do niego z życzeniami, szczególnie babcie emerytki były nim zachwycone, przez ludzi był lubiany.

Życie na podsłuchu

Nagonka na prezesa trwała od 2000 roku, a zarzuty postawiono mu chyba w roku 2005. Procykowie nie wiedzieli, że ich telefony przez lata podsłuchiwano. Nawet ich prywatne życie było widoczne jak na dłoni. To dziwne uczucie, dla kobiety wręcz nieznośne, kiedy dowiaduje się, że obcy ludzie słuchali jej rozmów o gotowaniu, o zdrowiu, samopoczuciu, a nawet jej kłótni z mężem. Najgorsze było to, że próbowano w to włączyć ich dzieci.

– Obydwoje staliśmy w jadalni – relacjonuje Krystyna. – Telefon jest tam, przy drzwiach, na stoliczku. Spieraliśmy się trochę. Nagle dzwoni córka z Krakowa. Mówi, że zadzwonił jej telefon, a kiedy podniosła słuchawkę, usłyszała naszą kłótnię na żywo.

Do tej pory nie wiedzą, jak CBŚ to zrobił. Później Krystyna dowiedziała się, że w tym czasie w olsztyńskim CBŚ zamontowano najnowocześniejszy zestaw do podsłuchów. Dostali coś takiego jako jedni z pierwszych w kraju.

Po telefonie od córki Procykowie uświadomili sobie, że nawet w domu nie mogą rozmawiać swobodnie.

Na małej uliczce przed ich domem często parkowały jakieś samochody. W środku siedzieli mężczyźni, jakby na coś czekali. Procykowie domyślali się, że to ich obserwacja, tzw. ogony. Faceci siedzieli po cywilnemu, radiowozy też nieoznakowane. Krystyna, kontroler w Państwowej Inspekcji Handlowej, podczas sprawdzania towarów w sklepie pod Olsztynem znalazła papierosy i alkohol bez akcyzy.

– Wezwaliśmy policję – opowiada. – Przyjechał radiowóz i oczom nie wierzę. Siedział w nim policjant w mundurze, ten sam, który warował pod moim domem po cywilnemu. On też mnie poznał i się zarumienił.

Kiedy jakiś czas później znów go dostrzegła przed swoim domem, podeszła i zapytała, czy zrobić mu kawy, skoro już się znają. Znów się zarumienił i nic nie powiedział.

Przemiana

Kiedy Zenona zatrzymała policja, ani przez moment nie myślała, że coś jest na rzeczy, że mąż zawalił. A przecież mogła zwątpić, bo nie zatrzymuje się człowieka bez dowodów.

– Byłam go pewna, między nami nigdy nie było tajemnic – mówi Krystyna. – Zarówno mąż, jak i ja jesteśmy bardzo otwarci, pochodzimy z podobnych rodzin, u nas w domach o wszystkim się mówiło. On ciągle mnie zamęczał opowieściami o swojej pracy. Wiedziałam wszystko, co się tam dzieje.

Sama nie wie, jak jej się udało pokonać nieśmiałość i publicznie wystąpić w obronie dobrego imienia męża. Widziała, jak Zenon się szarpie, próbuje udowodnić swoją niewinność, przekonać innych, ale mu nie szło. Jego działania nie były skuteczne. Wchodził w szczegóły, słuchacze się gubili, zniechęcali, przestawali słuchać. Uznała, że o tej sprawie trzeba mówić inaczej.

– Prostym językiem i normalnie krótko wyjaśniać – tłumaczy. – Postanowiłam go bronić, bo wiedziałam, że gdybym ja była w takiej sytuacji, on też by mnie bronił. Postanowiłam działać tak, jak w życiu postępuję, normalnie, bo jestem bardzo otwarta na ludzi i generalnie najpierw widzę dobro, nie widzę w człowieku czegoś złego.

Adwokat męża doradził jej, że powinna przestać nosić biżuterię, przestać się malować, bardzo skromnie się ubierać, w szarych kolorach. Zrozumiała, że ma z siebie robić męczennicę, że to będzie dobrze widziane, że ludzie będą jej wtedy współczuć. Pomyślała, że to nie jest dobra metoda, bo nie będzie sobą.

– Wiedziałam, że będę się z tym źle czuła – mówi. – Nie dość, że mam taki problem na głowie, to jeszcze będę z siebie robić kogoś, kim nie jestem. Postanowiłam, że będę sobą, że to chyba jest najlepsze. Problem był taki, że ja się wstydziłam publicznych wystąpień. Jeszcze w szkole, jak miałam na większym forum zabierać głos, to się czerwieniłam, co mi do dzisiaj zostało, głos mi się łamał i było bardzo ciężko mi to przełamać. Myślałam, że nie dam rady, ale taka adrenalina we mnie zadziałała, że nawet jak w Warszawie zwoływałam konferencję, pomyślałam, że nie mam już nic do stracenia.

Byliśmy na tej konferencji w Domu Chłopa. Pełna sala i Krystyna Procyk żarliwie przekonująca dziennikarzy, że jej mąż jest niewinny. W tylnym rzędzie, wśród reporterów, skromnie siedziała Lidia Staroń.

– Nie zapraszałam jej, ale się zjawiła – wspomina Krystyna. – Ta sprawa była dla niej ważna. Można powiedzieć, że ta pani odbiła się od mojego męża i zrobiła karierę polityczną. Gdyby nie ta sprawa, jej by nie było.

Nigdy nie podjęła próby porozumienia się z przeciwniczką swojego męża, ale, jak mówi, traktowała ją nie jak zaciekłego wroga, ale jak człowieka, który zbłądził.

– Wiedziałam, że przekonywanie jej nie ma sensu, bo to już taki człowiek. Ale zawsze mówiłam jej „Dzień dobry", do tej pory to robię. Dwa tygodnie temu spotkałam ją i jej męża w Biedronce i oni oboje udawali, że mnie nie widzą, w sklepie minęliśmy się w kilku miejscach i w końcu sama podeszłam i powiedziałam im „Dzień dobry". Tak wypadało.

Kiedy kreowano aferę Pojezierza, Krystyna Procyk i Lidia Staroń, chociaż stały po przeciwnych stronach barykady, wydawały się trochę podobne. Tak samo zdeterminowane. Jedna, oskarżając Zenona Procyka, druga, broniąc go.

– Ja byłam przekonana do swoich racji – mówi Krystyna – a ona walczyła o swój interes, czyli lokal wybudowany na spółdzielczym gruncie.

Na konferencję w Domu Chłopa przyszło kilka ekip telewizyjnych i wielu dziennikarzy z gazet, ale relacji ukazało się niewiele. Na Krystynę Procyk patrzono trochę jak na dziwoląga, który staje w przegranej sprawie. Sympatia mediów była po stronie Lidii Staroń.

Na pomysł zorganizowania konferencji Krystyna wpadła z poczucia bezsilności. Chciała spowodować, aby spojrzano na tę sprawę jej oczami. Zaproszenia wysłała do mediów, jak jej się wydawało, opiniotwórczych. Adresów szukała w internecie, pomagała jej koleżanka.

Dziennikarzom powiedziała, że jej mąż padł ofiarą lobby ciepłowniczego. Na sali zrobił się szumek. Zapytano, jakie ma na to dowody. Odrzekła, że do tej pory dowodów czarno na białym nie ma, ale poszlaki wskazują na to, że postanowiono męża załatwić. A do ciepłowników dołączyła grupa przedsiębiorców, którym mąż chciał podnieść czynsz za lokale spółdzielcze. Każdy z nich miał interes w tym, aby podstawić nogę prezesowi.

– Nie wierzono mi wtedy, ale w trakcie procesu wyszło, że ciepłownicy działali ręka w rękę ze spółdzielczą opozycją – przypomina. – W olsztyńskim MPEC-u były organizowane zebrania przeciwników Zenona, udostępniano im ksero i samochód.

Jak poradziła sobie z wrodzoną nieśmiałością?

– Coś się we mnie przełamało, właśnie na tej konferencji w Warszawie. Pomyślałam: „Raz kozie śmierć", i postanowiłam cały czas być sobą, nie grać nikogo, chociaż tak mi adwokat doradzał.

Podobnie zachowała się, kiedy szła do jednego z szefów prokuratury w Elblągu, aby błagać o wypuszczenie Zenona z aresztu. Adwokat mówił, żeby ubrała się skromnie i, broń Boże, nie wkładała biżuterii.

Przecież niczego nie ukradłam, pomyślała, nie mam się czego wstydzić. Włożyła najlepszą bluzkę, trochę ozdób, narzuciła też futro i tak pojechała do oskarżyciela.

– Rozmawialiśmy przez dwie godziny – relacjonuje

Krystyna. – To była najważniejsza rozmowa w moim życiu. Prokurator okazał się bardzo ciepłym człowiekiem, choć początkowo starał się trzymać mnie na dystans, zimno i służbowo. Ale po godzinie on pękł i ja pękłam, i dalej porozmawialiśmy normalnie, szczerze, jak ludzie. Nie wiedział, co się w tej sprawie dzieje, bo przedstawiano mu wszystko inaczej niż w rzeczywistości. Nie wiedział, że to prokuratura powołała biegłych psychiatrów i że oni męża badali. On uważał, że to jest na wniosek naszego adwokata, tymczasem my w ogóle nie wiedzieliśmy, że mąż był badany przez psychiatrów. Prokuratura miała obowiązek powiadomienia nas i męża oraz adwokata. Nie zrobiła tego, bo nie mając dowodów jego winy, próbowali zrobić z niego wariata, żeby zamknąć go w szpitalu psychiatrycznym. Po ośmiu miesiącach w areszcie już dużo mu nie trzeba było, bo był strasznie załamany. Pan prokurator powiedział, że jeżeli okaże się, iż mam rację, to mąż zostanie zwolniony. I tak się stało, to honorowy człowiek.

Przemowa w sądzie

Do sądu wezwała ją prokuratura. Mogła odmówić składania zeznań, znów adwokat tak jej doradzał, ale wzięła sprawy we własne ręce. Powoli weszła za barierkę dla świadków. Na sali zapanował lekki gwar. Poprosiła o zgodę na wygłoszenie oświadczenia. Sędzia zgodził się, bo każdy świadek ma prawo do tzw. swobodnej wypowiedzi.

Zaczęła mówić, ale najpierw niewyraźnie i za cicho. Sędzia napomniał ją, żeby mówiła głośniej. Głos jej się rwał, przerwy między zdaniami były zbyt długie, publiczność sprawiała wrażenie znudzonej. Ale nagle jej wypowiedź nabrała tempa – dzisiaj sama nie wie, jak to się stało, że potrafiła zapanować nad nerwami i skupić uwagę sali. I to do tego stopnia, że zrobiła się kompletna cisza. Słuchali wszyscy: skład sędziowski, dziennikarze, prokuratorka, oskarżeni i publiczność.

Przytaczamy obszerne fragmenty jej swobodnej wypowiedzi przed sądem. Była przekonana, że tylko mówiąc wszystko, kawa na ławę, może przekonać innych, że wszystko wyglądało inaczej, niż opisywał to prokurator w akcie oskarżenia. Warto przeczytać uważnie mowę zdeterminowanej, walczącej Krystyny.

„Dobrze, że mam możliwość zabrania głosu w tej sprawie i przedstawienia tego, co spotkało naszą rodzinę. To wszystko, co w ostatnim czasie przeszła nasza rodzina, budzi zgrozę. Gdybym osobiście tego nie przeżyła, to nie uwierzyłabym nigdy w życiu, że takie coś może dziać się naprawdę. A już na pewno nie uwierzyłabym, że może nas to wszystko spotkać w majestacie prawa i ze strony organu, który ma stać na straży prawa.

Jesteśmy małżeństwem od dwudziestu siedmiu lat i mamy dwoje dzieci: dwudziestotrzyletnią Kasię, studentkę prawa na UJ w Krakowie, i dwudziestopięcioletniego Piotra, studenta prawa na UWM w Olsztynie. Z dzieci jesteśmy bardzo dumni.

Wszystko zaczęło się chyba w 2001 roku, gdy mąż mój zaczął finalizować swój pomysł na budowę spółdzielczej sieci cieplnej, która miała przynieść wymierne korzyści zarządzanej przez niego spółdzielni oraz spowodować rozbicie monopolu olsztyńskiego MPEC-u, co w efekcie nastąpiło.

Najpierw jednak wszyscy uznali, że jest to kampania wyborcza mojego męża w zbliżających się wyborach, i podchodzono do tego pomysłu z przymrużeniem oka. Nawet bez większych problemów spółdzielnia uzyskała zgodę na budowę tej sieci. Niestety, gdy prace nad siecią ruszyły i okazało się, że idea jej budowy to nie propaganda, tylko rzeczywiste działania, rozpoczęła się dosłownie walka na śmierć i życie, dosłownie, bo przykładem takiej śmierci jest późniejsza śmierć A. Łozińskiego, ówczesnego zastępcy mojego męża.

Nastąpiły próby różnych nacisków, od firm, które chciały przystąpić do budowy sieci (z czego wówczas, niestety, zupełnie nie zdawaliśmy sobie sprawy), przez blokady wydanego już zezwolenia na budowę, a nawet odpłatne wynajęcie przez Urząd Miasta firmy, która w swym specjalnie spreparowanym opracowaniu twierdziła, jak bardzo niekorzystna jest budowa sieci dla ogółu mieszkańców, po wymówienie kredytu przez jeden z banków, który pierwotnie takiego kredytu spółdzielni na budowę sieci udzielił. Wymówienia tego kredytu bank ten dokonał wówczas, gdy budowa sieci szła już w najlepsze, a na podstawie kredytu z tego banku firmy budujące i współpracujące przy budowie sieci wzięły inne kredyty na prace przy tej budowie. Miało to definitywnie skompromitować ideę mojego męża, a tym samym także i jego. Udało się jednak wziąć kredyt w innym banku i budowy sieci nie zablokowano. Być może już wówczas powinniśmy zrozumieć, że to walka na całość, ale jeszcze wtedy nie przeczuwaliśmy tego.

Tak więc rozpoczęła się wojna z moim mężem na wielu frontach i dosłownie »rzucanie mu kłód pod nogi«. Zaczęły się anonimy wysyłane do naszego domu i do pracy do męża, a także do pracy do mnie, w których nakazywano mężowi odejście ze spółdzielni, bo w przeciwnym razie grożono nam śmiercią, a nawet śmiercią naszych dzieci.

Były też anonimy telefoniczne na telefon mojego męża, o których musieli wiedzieć funkcjonariusze CBŚ podsłuchujący jego telefony, którzy jednak nie zrobili nic w tym kierunku, aby te anonimowe telefony wyjaśnić.

Najbardziej przykro odbierałam anonimy przysyłane mi do pracy, bo otwierałam je w pokoju, siedząc razem z kilkoma osobami, i musiałam robić dobrą minę do złej gry. Szczerze mówiąc, wolałam już, jak te anonimy przychodziły do domu. Bagatelizowaliśmy jednak te listy i wyrzucałam je do kosza. Potem zaczęły się już ostrzejsze ataki, które niestety, czego teraz nie mogę sobie wybaczyć, także bagatelizowaliśmy. Uszkodzono oba nasze samochody. W moim metalowe przewody hamulcowe. W serwisie naprawczym powiedziano mi, że to uszkodzenie wygląda na celowe i mogą mi zrobić ekspertyzę, ale wówczas miała ona kosztować 800 złotych i pożałowałam na nią pieniędzy, bo nawet wtedy jeszcze nie braliśmy na poważnie tych wszystkich gróźb.

Podpalono nasz dom, co zapowiadano w kilku anonimach, a czego też nie braliśmy na poważnie. Mogło to się zakończyć tragicznie, ale o szczęśliwym zakończeniu zadecydował przypadek. Tego dnia z samego rana mąż miał wyjeżdżać na jakieś szkolenie i postanowił wstać przed piątą rano, aby zdążyć skosić trawę przed wyjazdem. Jak się potem okazało, właśnie to, że wstał tak wcześnie, uratowało nam życie. Po prostu ogień nie zdążył się jeszcze mocno rozprzestrzenić i nie zdążył zająć się ogniem styropian, którego grubą, dziesięciocentymetrową warstwą jest pokryty cały nasz dom.

Jak potem powiedzieli nam fachowcy od pożarnictwa, gdyby nastąpiło uszkodzenie zewnętrznej warstwy elewacji, to przy drewnianych oknach, które mamy w domu, cały dom płonąłby jak pochodnia i najprawdopodobniej moglibyśmy ulec zaczadzeniu i spaleniu, a czas podpalenia, w sobotę nad ranem, wskazywał na to, że to nie była już próba tylko zastraszenia, ale próba rzeczywistego spalenia, bo w wolny dzień nad ranem śpi się najmocniej i dłużej. Policja stwierdziła jednoznacznie, że było to podpalenie, bo na miejscu znaleziono resztki szmat i papierów nasączonych jakąś łatwopalną substancją oraz uszkodzoną siatkę od strony sąsiadów i ślady butów na działce, którą wszedł podpalacz. Niestety podpalacza nie znaleziono. Spaliły się narzędzia ogrodnicze, popękały płytki na schodach, uszkodzone zostały drzwi, spaliły się przewody elektryczne itp. Najważniejsze jednak, że żyliśmy.

W praktyce dopiero to zdarzenie dało nam do myślenia, że autorzy anonimów nie żartują. Wówczas zaczęliśmy się naprawdę bać.

Mąż mój dotychczas cieszył się bardzo dużym szacunkiem w naszym mieście, najpierw jako pracownik naukowy na uczelni był lubiany przez studentów, bo słynął tam ze swojego poczucia humoru. Teraz, niestety, to już nie jest ten sam człowiek, ale mam nadzieję, że powróci jeszcze do swej dawnej formy. Potem, już jako radny miasta i przez pewien czas także przewodniczący rady oraz jednocześnie prezes jednej z większych spółdzielni mieszkaniowych w Olsztynie, zdobywał dalszy szacunek i uznanie u ludzi. Dał się poznać jako prekursor wielu zmian w spółdzielni. Znajdowało to szerokie uznanie u mieszkańców, o czym pisały też lokalne media. Początkowo także bardzo pozytywnie odebrany został pomysł dotyczący budowy spółdzielczej sieci cieplnej i tym samym zamiar złamania monopolu olsztyńskiego MPEC-u. Kiedy jednak budowa sieci zaczęła przybierać realne kształty, walka z moim mężem coraz bardziej zaczęła się nasilać. Zaczęto do niej wykorzystywać stowarzyszenie pani Staroń.

Przychylne dotychczas media radykalnie zmieniły ton. Szokiem dla nas było przedstawianie mojego męża w mediach jako przestępcy. Robiła to w swych wywiadach pani Staroń, występując jako obrończyni uciśnionych spółdzielców. Zaczęła atak, zarzucając mojemu mężowi, że żądał od niej łapówki. Prokuratura oczywiście prowadziła w tym zakresie śledztwo, które w efekcie zostało umorzone, jednak plama na honorze pozostała do dziś. W rzeczywistości skupionej wokół niej niewielkiej grupie – głównie członkom spółdzielni, którzy byli właścicielami lokali użytkowych – chodziło wyłącznie o obniżenie czynszu za te lokale.

W tym czasie sprawę tak zwanej »afery Pojezierza« prowadziła już chyba druga lub trzecia z kolei prokuratura i żadna z nich nie widziała podstaw do postawienia nikomu zarzutów. Cierpliwie więc czekaliśmy, aż wszystko zostanie wyjaśnione. Początkowo jeszcze dawano mężowi możliwość wyjaśniania stawianych mu zarzutów, ale już w gazetach pisano to ze znakiem zapytania, gdyż kolejne prokuratury prowadziły dochodzenie, a nieoficjalne wywiady udzielane przez śledczych co najmniej sugerowały, że w SM Pojezierze nie wszystko jest w porządku. Oczywiście potem śledczy wypierali się tych nieoficjalnych przecieków ze śledztwa, ale wiem to nawet od samych dziennikarzy, że takie sytuacje niejednokrotnie miały miejsce i robili to funkcjonariusze olsztyńskiego CBŚ. Nawet jeden z funkcjonariuszy wystąpił w ogólnopolskim programie telewizyjnym z zasłoniętą twarzą i z nutką zwycięstwa w zniekształconym celowo głosie opowiadał o treści podsłuchiwanych przez CBŚ rozmów prowadzonych przez mojego męża.

Cała sprawa powoli nabierała tempa, jak śnieżna kula, która tocząc się z góry, nabiera coraz więcej śniegu. My już wiedzieliśmy, że to nie są żarty, że tutaj idzie o dużą sprawę, a może bardziej – o duże pieniądze. Trwała już bowiem budowa sieci cieplnej, a w wyniku przetargu odpadło kilka znaczących firm, w tym jedna, której lobbystą był jeden ze znanych kiedyś dziennikarzy ogólnopolskich. Czynił on usilne próby, by reprezentowana przez niego firma prowadziła budowę tej sieci cieplnej. Tej samej firmie bardzo zależało też na tym, aby po wybudowaniu sieci przejąć na własność kładziony jednocześnie z siecią cieplną światłowód, który można wykorzystać na wiele sposobów i który może być bardzo dochodowym źródłem zarobku. Czego zresztą bardzo, ale to bardzo żałuję, bo po wymuszonym odejściu mojego męża ze spółdzielni nikt więcej nie umie tego odpowiednio wykorzystać. W efekcie firma ta odpadła w przetargu i późniejszy bieg wypadków daje mi do myślenia, że działania tego lobbysty nie zakończyły się na etapie przegrania przetargu.

Dodam tylko, że budowa tej sieci cieplnej była przedmiotem zainteresowania kilku po kolei prokuratur, w tym elbląskiej, i po uzyskaniu pozytywnej opinii biegłego, a znajdującej się w aktach tej sprawy, wątek jej budowy umorzono. Co oczywiście na pierwszym etapie śledztwa nie przeszkadzało rzecznikowi prokuratury w wielokrotnym powtarzaniu sloganu typu: »Budowa sieci cieplnej jest w zainteresowaniu prokuratury«, co dla szerokich rzesz spółdzielców dawało podstawy do myślenia, że zaszły tutaj jakieś, potocznie zwane, »przekręty«.

Jednocześnie w olsztyńskim ratuszu rozpoczęto starania, by sprzedać MPEC. Budowa spółdzielczej sieci stała się przeszkodą dla korzystnego sfinalizowania tego zamiaru, gdyż konkurencyjna sieć spółdzielcza zabierała przyszłym ewentualnym nabywcom około 15% olsztyńskiego rynku i przedsięwzięcie zakupu MPEC-u stawało się znacznie mniej opłacalne. Dlatego między innymi były jednocześnie czynione starania cofnięcia kredytu na budowę sieci, o których wcześniej już wspomniałam.

Mąż, jako radny miasta, był jednym z najbardziej zagorzałych przeciwników jego prywatyzacji. W tej kwestii oboje z mężem mieliśmy zasadniczo różne zdania. On uważał, że należy zablokować sprzedaż MPEC-u, bo stracą na niej wszyscy mieszkańcy, i jako radny czynił starania prowadzące do jej zablokowania. Uważał, że ewentualna prywatyzacja MPEC-u powinna polegać na tym, że to spółdzielnie mieszkaniowe i samo miasto powinny mieć udziały w tej firmie i stać się pospołu jej właścicielem. Wówczas wszyscy razem działaliby we wspólnym interesie, nie byłoby problemu z osiąganiem zysków kosztem mieszkańców. Nawet spółdzielnia złożyła taką propozycję odpowiednim władzom. Na marginesie dodam, że ten pomysł wykorzystały niektóre spółdzielnie warszawskie, w ten sposób prywatyzując jeden z warszawskich PC-ów, i okazało się to bardzo trafną decyzją. Biorąc to wszystko pod uwagę, uważam, że mój mąż wyprzedzał i przerastał swoim ekonomicznym i nowatorskim myśleniem wielu innych.

Natomiast ja – widząc całą, napiętą już sytuację związaną z jego osobą oraz fakt, że różne osoby nalegały na niego w różny sposób, i prosząc, i strasząc (w tym nawet władze miasta w randze ich najwyższych przedstawicieli), aby wycofał się z blokowania sprzedaży MPEC-u i na decydującą w tym zakresie radę w ogóle nie przyszedł – miałam zupełnie inne niż on zdanie.

Niestety mąż mój nie podzielał mojego zdania i pomimo moich próśb, jak i próśb wspomnianych wyżej włodarzy miasta, poszedł na sesję Rady Miasta, gdzie jednym – jak mu potem wypominano: jego – głosem zablokowano sprzedaż MPEC-u. Było to tak zwanym »następnym gwoździem do jego trumny«, o czym potem mu powiedziano, ale z czego wówczas jeszcze nie zdawał sobie sprawy.

Tak więc walka trwała nadal. W mediach głośno już było o rzekomych nieprawidłowościach w SM Pojezierze. Przychodziło to tym łatwiej, iż już od pewnego czasu rozpoczęła się ogólnopolska »akcja« nagonki na spółdzielczość, a szczególnie prezesów zarządów, których przedstawiano jako nieomal krwiopijców dorabiających się majątków na biednych spółdzielcach, która zresztą w brukowcach trwa do dziś. Pani Staroń błyszczała, »wbijając się« niejako w ten nurt, a prawdziwi mocodawcy chowali się za jej plecami i nikt z nich oficjalnie nie występował. Po cichu natomiast ją wspierali, na przykład użyczali sali MPEC-u na spotkania pracowników MPEC-u będących jednocześnie mieszkańcami spółdzielni Pojezierze, pomagali przy kolportowaniu szkalujących zarząd spółdzielni ulotek w jej budynkach, które potem miały służyć jako dowód w prowadzonym przeciwko zarządowi właśnie tym śledztwie.

Jednocześnie cały czas trwały naciski na mojego męża, by zrezygnował z funkcji prezesa spółdzielni. Doszło do tego, że w czerwcu 2003 roku do spółdzielni przyszedł faks wysłany z Urzędu Wojewódzkiego, a jego treść brzmiała: »Zenek, zrezygnuj, mają kwity na ciebie, wiesz jakie«. Ponieważ mój mąż nie wiedział, jakie kwity mogą mieć na niego, i nie miał czego się bać, zgłosił ten fakt do prokuratury. Wydawałoby się, że nic prostszego jak ustalenie osoby, która go wysłała, bo w końcu do gabinetu dyrektora wojewody w godzinach jego urzędowania nie może wchodzić każdy, a przynajmniej wiadomym być powinno, kto o danej godzinie i danego dnia w tym gabinecie był. Niestety, ku naszemu zaskoczeniu dla prokuratury okazało się to niemożliwe.

Nadal trwały ataki. Już nie tylko na mojego męża i dom, ale także na dzieci. Najpierw do córki, mieszkającej i studiującej w Krakowie, wysłano na »gadu-gadu« tekst znieważający jej ojca. Potem nastąpił szantaż mojego męża, do którego użyto naszej córki. Podczas jej pobytu na wakacjach w domu przyszła dziewczyna, która – jako pracownica dokonująca promocji – podarowała jej firmowy kubek i paczkę kawy z prośbą o pokwitowanie odbioru tych prezentów, co córka uczyniła. Jak się potem okazało, po prostu potrzebny był jej własnoręczny podpis naszej córki.

Następnego dnia do spółdzielni zgłosił się człowiek, który zażądał od mojego męża 40 tys. złotych i obiecał w zamian dostarczenie dokumentów i nagrań, które udowodnią spisek pani Staroń z władzami miasta mający na celu zniszczenie zarządu spółdzielni. Człowiek ten twierdził, że jest wiarygodny, mówił, że niczego się nie obawia, bo jest tylko wysłanym na rozmowy pionkiem i nic mu nie mogą zrobić. Na dowód napił się soku ze szklanki, zostawiając na niej odciski palców i twierdząc, że nawet jak go po tych odciskach znajdą, to i tak nikogo »nie sypnie«, ale wie dużo na temat całej ekipy zamieszanej w niszczenie mojego męża i wie, że ekipa ta nie spocznie, dopóki mąż mój nie zostanie zdjęty z funkcji prezesa. Wie, kto za tym stoi, i twierdził, że podana przez niego cena za te informacje jest stosunkowo niewielka.

Na rozmowę z tym człowiekiem mąż poprosił cały zarząd. Człowiek ten twierdził, że dużo wie o każdym z członków zarządu i na każdego z nich ma »haka«. Na dowód, że jest wiarygodny, okazał mojemu mężowi kartkę z pokwitowaniem odbioru kawy i własnoręcznym podpisem córki, twierdząc, że mogą mieć do niej w każdej chwili bezpośredni dostęp i mogą jej zrobić, co zechcą. Prezesowi Welencowi powiedział, że powinien się martwić, bo jego mała córka wraca do położonego na obrzeżach miasta domu i jest tam sama, a księgowej powiedział, że powinna wyciągnąć wnioski z tego, że miała już kilkakrotnie uszkadzany samochód i kradzioną torebkę z gabinetu.

Ponieważ już wówczas wiadomo było, że to nie żarty, zgłoszono tę sprawę najpierw do ABW, a potem do prokuratury. Proszę sobie wyobrazić, że pierwotnie prokuratura sprawę tę umorzyła. Dopiero po odwołaniu, w którym napisano, że prokuratura nawet nie przejęła zabezpieczonego w spółdzielni dowodu w postaci szklanki, z której szantażysta pił sok, sprawą zajęto się ponownie. W efekcie szantażystę na podstawie odcisków z tej szklanki ustalono i skierowano sprawę do sądu. W trakcie rozpraw szantażysta próbował się wszystkiego wypierać, ale odciski na szklance nie budziły wątpliwości, a ponadto rozpoznało go zbyt wiele osób, i w efekcie został skazany. Jednak swych mocodawców nie wydał.

Nadmieniam, że wyrok zapadł, gdy mój mąż był już w areszcie, dlatego tym bardziej bolesne dla mnie było, że po zakończeniu ostatniej rozprawy, wychodząc już z sądu, ten skazany podszedł do mnie i powiedział: »Widzi pani, że mówiłem prawdę? Zniszczyli męża. Nie lepiej było zapłacić i mieć na nich kwity?«. Teraz dochodzę do wniosku, że może i rzeczywiście lepiej byłoby mu zapłacić.

Przechodziliśmy dosłownie horror. Proszę, aby Wysoki Sąd spróbował się chociaż na moment postawić w naszej sytuacji, spróbował wyobrazić sobie zagrożenie życia własnych dzieci stwarzanego celowo, zupełnie bez powodu, po to tylko, aby ktoś mógł osiągnąć swój zamierzony cel.

W roku 2005 wypadki zaczęły się toczyć błyskawicznie. Najpierw na początku roku ukazał się program w TVN z serii *Uwaga* jednoznacznie oczerniający mojego męża. W programie tym prokurator krajowy Kazimierz Olejnik powiedział dosłownie, że »nakazał prokuraturze iść na całość«. Niedługo potem ukazał się w mediach apel tego prokuratora, w którym kazał zgłaszać się do prokuratury z dowodami przeciwko mojemu mężowi, co było dość kuriozalnym wystąpieniem i co nie przyniosło oczekiwanych rezultatów. Wtedy jednak już wiedzieliśmy, że prokuratura w Elblągu działa pod naciskiem.

Cała ta sytuacja, w tym przede wszystkim późniejsze aresztowanie męża, tak mocno odbiła się na całej naszej rodzinie, że potem wszyscy korzystaliśmy z pomocy lekarskiej. Syn i mąż są nadal pod stałą opieką lekarską. U mnie rozwinęła się tak bardzo cukrzyca, że muszę już cztery razy dziennie robić sobie zastrzyki z insuliny, oraz nastąpiły inne zmiany chorobowe, które, jak stwierdzili lekarze, są w dużej mierze wynikiem przebytego stresu. Musiałam poddać się operacji i czeka mnie jeszcze jeden zabieg. W ubiegłym roku komisja lekarska orzekła u mnie niepełnosprawność umiarkowaną spowodowaną trwającymi chorobami.

Wszystko to było jeszcze do przeżycia, najgorsze jednak okazało się aresztowanie mojego męża. Do dziś nie mogę się pogodzić z tym, że aresztowania dokonano na podstawie celowo, pod zamówienie napisanej opinii. Mówię to z odpowiedzialnością za słowa, bo jestem tego pewna, a mam nadzieję, że Wysoki Sąd miał już okazję się o tym przekonać. Aresztowanie zostało celowo nagłośnione medialnie, co potwierdza usłyszana przez mojego męża rozmowa jednego z funkcjonariuszy CBŚ, który dzwonił do dziennikarza, informując go, że »zaraz będziemy go wyprowadzać«. Po prostu prokuratura, nie dając sobie rady z wyszukiwaniem i stwarzaniem na siłę zarzutów, wykorzystywała do tego celu media, co zresztą potem potwierdzili w rozmowie ze mną niektórzy dziennikarze. Widoczne to było ewidentnie, gdyż podobnie jak w słynnej sprawie »doktora G.«, następnego dnia na pierwszych stronach gazet ukazało się zdjęcie mojego męża w kajdankach i z tytułami typu »Spółdzielczy baron zatrzymany« – to już w odniesieniu do głośnej wówczas sprawy baronów paliwowych.

Czy ktoś może sobie wyobrazić, jak się czuliśmy po zatrzymaniu męża? Myślę, że nikt, kto tego nie przeżył, nie jest w stanie sobie tego wyobrazić. Bo jak można pogodzić się z sytuacją, gdy mąż i ojciec rodziny, jeden z najbardziej szanowanych obywateli miasta, staje się jednym z największych przestępców? A czy można wyobrazić sobie, co czuli rodzice mojego męża? Ponadosiemdziesięcioletni staruszkowie, którzy do tej pory byli dumni z trójki swoich dzieci, które jako nieliczne ze wsi skończyły studia i doszły do czegoś w życiu?

Trzeba jednak obiektywnie przyznać, że media powoli nas do tego szoku przyzwyczajały, nagłaśniając poszczególne zarzuty stawiane już przez prokuraturę i robiąc wokół tego coraz większy szum medialny.

Tak więc nastąpił dla nas następny okres naszej gehenny. Początkowo byliśmy w szoku i wszyscy myśleliśmy, że to jakieś nieporozumienie. Gdybym miała powiedzieć, co robiłam przez te pierwsze trzy miesiące, to do tej pory tego nie potrafię. Wiem tylko, że jeszcze nie wierzyłam, że to naprawdę areszt. Myślałam, że to jakieś nieporozumienie. Jeszcze tej samej pierwszej po zatrzymaniu, bezsennej nocy napisałam swój list otwarty, który niezwłocznie opublikowałam w mediach. Na marginesie dodam, że prawie wszystkie zawarte w tym liście tezy w późniejszym czasie zostały potwierdzone. Zaraz potem uzyskałam poręczenia, które zaledwie w przeciągu kilku dni wystawili posłowie, senator, arcybiskup, biskupi, przewodniczący Rady Miasta i inne szanowane osoby. W swej naiwności wierzyłam, że to umożliwi podjęcie sądowi decyzji o wypuszczeniu mojego męża z aresztu. Niestety, wówczas jeszcze sądy były bardzo zastraszone całą otoczką sprawy Pojezierza, tym wielkim szumem medialnym, a przede wszystkim tym, że na początkowym etapie tej sprawy wraz z moim mężem próbowano oskarżyć sędziów sądu olsztyńskiego.

Nie mogę się z tym pogodzić, bo wiem, jak zaangażowany w sprawy spółdzielni był mój mąż i jak wielką krzywdę zrobiono mu tym niesłusznym aresztowaniem. Znów jako ciekawostkę powiem tylko, że na jednym z pierwszych widzeń z moim mężem on dopytywał się mnie i kazał mi sprawdzić, czy został już ocieplony jeden z bloków w spółdzielni, bo on, nawet siedząc w areszcie, martwił się, czy zdążą to zrobić przed zimą. Zresztą także następnego dnia, zaraz po opuszczeniu aresztu kazał mi się obwieźć po spółdzielni, bo musiał sprawdzić, jak podczas jego nieobecności zostały wykonane roboty dociepleniowe. Wtedy już nawet sama doszłam do wniosku, że jego zaangażowanie w sprawy spółdzielni wykracza poza ogólnie przyjęte normy. Ale on jako prezes dosłownie żył tą spółdzielnią i śmiem twierdzić, że tak zaangażowanego prezesa ta spółdzielnia nigdy nie miała, i wątpię, czy kiedykolwiek mieć będzie. Teraz coraz częściej stwierdzają to sami mieszkańcy, gdyż niejednokrotnie miałam już tego dowody. Obcy ludzie sami mi mówią, że wiedzą, że mojemu mężowi zrobiono wielką krzywdę i że takiego porządku jak za jego prezesury nie było nigdy przedtem i nie ma teraz.

Niedługo po aresztowaniu mojego męża, gdy byłam mocno zaangażowana w uwolnienie go z aresztu, nastąpiły trzykrotne ataki na naszego syna. Podejrzewam, że mogło to być robione celowo, aby dodatkowo oczernić naszą rodzinę i dać pożywkę mediom do pisania także o synu jako przestępcy, a tym samym osłabić moje działania mające na celu uwolnienie męża. Były to typowe zaczepki podpitych młodzieńców w pubach, w których bywał nasz syn. Popychano go, wyzywano jego ojca i oczekiwano jego reakcji. Piotr nie wdawał się w te zatargi i wycofywał się. Ponieważ on nigdy nie wdawał się w bójki i nigdy przedtem nie miał tego typu scysji, wydało się to nam co najmniej dziwne. Po trzecim takim przypadku, gdy celowo zepchnięto go ze stołka barowego i chłopak, który to zrobił, czekał z wyciągniętymi pięściami na reakcję naszego syna, Piotr wykazał się znów rozwagą i po prostu wyszedł z baru pomimo rzucanych pod jego adresem wyzwisk i prób skłonienia go do walki. Po tym trzecim wydarzeniu na długie miesiące zaprzestał uczestnictwa w tego typu imprezach, a kolegów zapraszał po prostu do domu. Zrozumiał, że te zaczepki nie były przypadkowe, tym bardziej że zorientował się, że nawet po opuszczeniu lokalu, w którym go zaczepiano, nadal śledzono go i wchodzono za nim do następnego lokalu. Syn jest chyba najmniej odporny psychicznie z całej naszej rodziny i wszystkie te wydarzenia związane zarówno z jego ojcem, jak i z nim samym dosłownie odchorował i do chwili obecnej przyjmuje leki.

Przy przywiezieniu męża na pierwszą rozprawę akurat w dniu 23 czerwca, w dniu jego imienin, nieświadoma niczego rzuciłam mu się na szyję, składając życzenia, za co jeszcze tego samego dnia zostałam telefonicznie upomniana przez panią prokurator, a niedługo potem dostałam jeszcze za to samo ja i funkcjonariusze konwojujący reprymendę na piśmie. A pani Staroń triumfowała. Podczas przerw w takich rozprawach, gdzie mój mąż był dowożony w kajdankach i w asyście funkcjonariuszy, ona brylowała wśród dziennikarzy, udzielając wywiadów i napawając się swoim zwycięstwem. Nadmieniam, że był to już czas, gdy wiadomo było, że będzie startować w nadchodzących wyborach do parlamentu, i mogła kosztem mojego męża robić sobie kampanię wyborczą.

Chcę jeszcze powiedzieć, że cała ta sprawa zabrała nam już prawie siedem lat z normalnego życia. Liczę tylko na to, że po tych siedmiu latach »chudych« nadchodzi czas na drugie siedem lat »tłustych«. Najpierw było to dosłownie powolne zaszczuwanie nas przy wykorzystaniu mediów, a teraz stres związany ze sprawą. Dodatkowo przez dwa ostatnie lata nasze dzieci były szczegółowo kontrolowane przez UKS... to wszystko w związku z mieszkaniami, które im kupiliśmy w tym nieszczęsnym bloku przy ul. Dworcowej 48A, i w praktyce była to kontrola nas, ale robiona pod przykrywką dochodów dzieci.

Cała ta sprawa miała wiele ujemnych aspektów, chociażby ten, że uniemożliwiła mi awans, gdyż pracuję w jednostce kontrolnej i jak mi nieoficjalnie powiedziano, nie wypadało mnie awansować w czasie, gdy media rozpisywały się o moim mężu jako potencjalnym przestępcy.

Niestety, nie bez znaczenia jest też fakt, że mój mąż pozostaje już trzeci rok bez pracy, bo chociaż początkowo na podjęcie pracy nie pozwalał mu stan zdrowia, nadszarpniętego znacznie pobytem w areszcie, to w chwili obecnej musi po prostu czekać na zakończenie tej sprawy. Dla mnie jest to tym bardziej bolesne, bo wiem, ile sobą reprezentuje mój mąż, i jeszcze nie mogę się nadziwić, że nie wykorzystuje się możliwości twórczych takiego człowieka. Uważam, że mój mąż po prostu przerósł w swych nowatorskich pomysłach zarządzania spółdzielnią powszechne standardy.

Teraz nasze życie polega na tym, że żyjemy od środy do piątku i od piątku do środy. Ponieważ naprawdę dosłownie żyjemy tą sprawą, jestem zorientowana na tyle, że mogłam sobie pozwolić na takie kategoryczne stwierdzenia zawarte w tym moim wystąpieniu.

Powiem szczerze, że nie tak przerażają mnie postawione mojemu mężowi zarzuty, bo twierdzę, że są bezpodstawne, jak przeraża mnie fakt napawania się tymi zarzutami przez media – pierwsze strony gazet z tytułami typu »Zenon P. dostaje kolejne zarzuty« lub, na przykład, co pół godziny przez półtora dnia powtarzane to samo w lokalnym radio.

Przy okazji tych naszych przeżyć przekonałam się już, jak bardzo media potrafią ubarwiać rzeczywistość.

Tak jak powiedział William Hazlitt: »Sztuka życia polega na tym, by cieszyć się małym, a wytrzymywać najgorsze«. Mam nadzieję, że to nasze najgorsze już się kończy. Jestem przekonana, że proces ten pokaże, jak było naprawdę – że mój mąż jest niewinny. Mówię to z całym przekonaniem, bo przecież znam go prawie trzydzieści lat.

W podsumowaniu chciałabym jeszcze powiedzieć, że nowatorski i karkołomny pomysł budowy spółdzielczej sieci cieplnej przeforsowany przez mojego męża okazał się »strzałem w dziesiątkę«. Od stycznia 2008 roku, po zakończeniu spłaty pożyczki na jej budowę, mieszkańcy tej spółdzielni mają zmniejszoną kwotę do zapłaty za ogrzewanie. Daje to kwoty średnio kilkudziesięciu złotych miesięcznie. Myślę, że nie ma w Polsce innej spółdzielni mieszkaniowej, która obniżałaby jakiekolwiek opłaty, a tym bardziej opłaty za ciepło.

Dodam też, że ten nowatorski pomysł był podany na wykładzie na Uniwersytecie Jagiellońskim w Krakowie jako jeden z nielicznych przykładów działania zgodnie z ustawą antymonopolową. O spółdzielni Pojezierze w Olsztynie, jako pomysłodawcy, prowadzący wykład profesor wyrażał się z uznaniem. Powiedział też, że spółdzielnia ta była prekursorem nowego prawa energetycznego. Nie wiedział niestety, ile ten nowatorski pomysł mojego męża kosztował.

Nadmienię też, że do tej pory mąż otrzymuje zaproszenia od autorytetów z kraju, które zajmują się ciepłownictwem, i jest wśród tych osób powszechnie szanowany.

Już na koniec, wracając jeszcze do trudnego czasu aresztu męża, powiem tylko, że właśnie wówczas mieliśmy okazję przekonać się, jak bardzo prawdziwe jest przysłowie »Prawdziwych przyjaciół poznaje się w biedzie«. Nie zawiodła nas pewna grupa ludzi, na której mogliśmy i nadal możemy polegać. Wbrew temu, co pisano i mówiono o moim mężu, mamy przy sobie grupę wiernych przyjaciół, tym wierniejszych, bo sprawdzonych w najtrudniejszych momentach naszego życia.

Przede wszystkim sprawdziła się nasza najbliższa rodzina, a szczególnie bardzo dużą podporą był dla mnie mój szwagier. Nie zawiodłam się też na mojej najbliższej przyjaciółce. Dużym i bardzo pozytywnym zaskoczeniem była dla mnie postawa bardzo wielu osób, często zupełnie nieznanych, zwykłych mieszkańców spółdzielni, którzy rozpoznając mnie w mieście, prosili o podanie adresu aresztu, gdyż chcieli napisać do mojego męża, by »podtrzymać go na duchu«. Dawali nawet na mszę w jego intencji. W efekcie dostał do aresztu chyba kilkaset kartek od różnych osób.

Jedną z największych traum związanych z całą tą sprawą była śmierć Andrzeja Łozińskiego, wiceprezesa spółdzielni Pojezierze, jednego z przyjaciół męża. To, że popełnił samobójstwo, moim zdaniem wynikło zarówno z choroby, na którą zapadł, jak i z powodu postawienia tych bezpodstawnych zarzutów. Miały na to wpływ także naciski, które na niego czyniono, by obciążył swymi zeznaniami mojego męża. Co jeszcze raz potwierdza tezę, że w całej sprawie chodziło tylko i wyłącznie o niego. Mam prawo to mówić, bo na kilka dni przed śmiercią Andrzeja byliśmy z mężem u niego z wizytą. W rozmowie powiedział nam, że nie może spokojnie sam wyjść na spacer, bo zdarzało się, że niby przypadkiem spotykali go funkcjonariusze CBŚ, którzy w rozmowach sugerowali mu, aby obciążał mojego męża. Mieliśmy nadzieję, że Andrzej powie o tym wszystkim przed sądem, niestety okazało się to niemożliwe. Twierdzę więc, że było to szukanie paragrafu na człowieka.

Powiedziałam tak wiele przykrych rzeczy, że na koniec chciałabym powiedzieć, że nawet te przykre doświadczenia, których doznaliśmy, miały też pozytywne strony. Najważniejszą z nich jest fakt, że poznaliśmy prawdziwe oblicze wielu ludzi i ta wiedza przyda nam się w przyszłości.

Generalnie jako rodzina byliśmy bardzo otwarci i szczerzy do ludzi i tak też wychowaliśmy nasze dzieci. Teraz, po tym, co przeszliśmy, przynajmniej mamy nadzieję, że nasze dzieci być może nie popełnią już naszych błędów.

Teraz już inaczej patrzę na wiele spraw, przestałam robić problem z drobnostek, inaczej wartościuję życie i to, co się dzieje, zachowuję dystans do spraw i do ludzi. Najważniejsze jednak, że pomimo wszystko nie pałam chęcią zemsty, rozumiem nawet tych, którzy nas krzywdzili, bo myślę, że tego robić nie chcieli, a poza małymi wyjątkami po prostu musieli. Nie mam w sobie nienawiści do świata i ludzi, nadal patrzę na ludzi z optymizmem, a może nawet z większą wyrozumiałością na ich słabości.

Plusem tego wszystkiego było wzmocnienie naszego małżeństwa. Po dwudziestu siedmiu latach wspólnego życia mój mąż teraz mówi do mnie: »Jesteś najlepszym, co mogło mnie w życiu spotkać«. Czy wiele kobiet to samo słyszy? Zyskałam też wiele w oczach teściów, którzy po tym, jak zobaczyli moją walkę o ich syna, nabrali do mnie jeszcze większego szacunku. A ja sama przestałam być już żoną przy mężu, nabrałam mimo wszystko odwagi i wiary w siebie, poznałam też wielu ciekawych i zacnych ludzi, którzy byli mi bardzo pomocni w najtrudniejszych chwilach mojego życia, po aresztowaniu męża. Zrobiłam się chyba bardziej przebojowa, a to, mam nadzieję, ułatwi mi dalszą drogę przez życie.

Wierzę, że ten siódmy już rok naszej gehenny będzie ostatnim i teraz nastąpią dobre dni. Stara żydowska maksyma mówi: »Ten, kto potrafi przetrwać zło, doczeka dobra«".

Skończyła mówić, a na sali wciąż trwała cisza. Pani prokurator, chociaż to na jej żądanie wezwano Krystynę w charakterze świadka, nie zadała żadnego pytania.

Po burzy

Na koniec procesu z dwudziestu zarzutów stawianych Zenonowi Procykowi ostały się dwa, drobnej natury. W mowie końcowej pani prokurator sama wycofała się z dziewięciu zarzutów. Sąd uniewinnił byłego prezesa z innych dziewięciu zarzutów. Z dwóch, które pozostały, uniewinnił go sąd wyższej instancji.

– Nigdy się nie spodziewałam, że mogę tak walczyć, że mogę mieć w sobie tyle siły i że jestem twarda – mówi Krystyna. – Postrzegałam siebie jako ciepłą, słodziutką Krysię, dobrze gotującą, bawiącą gości. Kobietę przy mężu. Mąż wpadał, jadł, kąpał się, brał świeżą koszulę i leciał na kolejne zebranie, z którego wracał w środku nocy, a o siódmej rano znowu go nie było. Miałam na głowie dom, pilnowanie opłat, wywiadówki dzieci. Wszystko.

To się skończyło. Krystyna wyszła z kuchni, chociaż nadal lubi gotować. Mąż pyta ją o sprawy życiowe, a ona doradza, jak ma postąpić.

– To był bardzo bolesny upadek. Kiedyś na imieninach bywało u nas kilkadziesiąt osób, a teraz imieniny są kameralne. Sami wybieramy gości. Nasza sytuacja materialna pogorszyła się, bo mąż osiem lat nie pracował. Mieliśmy pieniądze odłożone na samochód, ale do tej pory go nie kupiliśmy, bo wyszły inne potrzeby.

Teraz odbijają się od dna. Zenon znalazł ciekawą pracę, w grupie Azoty. Jest z wykształcenia chemikiem, doceniono jego wiedzę.

– Jego szef powiedział mi, że zatrudnienie Zenka było jego najlepszą decyzją – zdradza Krystyna. – Zenek zaraził innych pracowników swoją energią i natchnął ich optymizmem.

Optymizm, o czym Krystyna już nie wspomina, czerpie od niej.

Rozdział 8

Natalii ucieczka ze złotej klatki

Jest wyjątkowa, bo jej gniew ma siłę tsunami. Podeptała wszystkie reguły rządzące półświatkiem i rzuciła rękawicę człowiekowi dotąd nietykalnemu. Wychowywała się wśród przemytników, cinkciarzy i szemranych biznesmenów. Ma na imię Natalia, dobiega trzydziestki, jest mamą dwóch dziewczynek. Miała burzliwe dorastanie i niełatwy związek z dużo starszym mężczyzną uwikłanym w ciemne interesy. Kiedy ona chodziła do szkoły, on był już na „ty" z ludźmi, o których w gazetach pisze się „ruska mafia". U jego boku żyła jak księżniczka: mieszkała w prawdziwym pałacu, nosiła szpilki Louboutina, jeździła najnowszym modelem porsche za ćwierć miliona.

Poznaliśmy ją wiosną 2012 roku. Miała wtedy 25 lat. Opowiedziała nam, dlaczego ujawniła prokuraturze kulisy interesów swojego partnera. Mówiono o niej, że zdradziła. Ale to ona miała prawo czuć się zdradzona. Okłamana i upokorzona, spektakularnie zerwała więzy ze środowiskiem, którego przez lata była częścią.

Zniknęła nam z oczu na dwa lata. Wyjechała z Polski, zamieszkała w Berlinie. Ponownie spotkaliśmy się pod koniec 2014 roku na korytarzu sądowym. Właśnie rozpoczął się proces karny jej byłego partnera, a ona miała zeznawać jako świadek oskarżenia. Bała się. Nigdy wcześniej nie widzieliśmy w jej oczach takiej niepewności. Chociaż wciąż miała skomplikowane życie, nie żałowała swoich wyborów. Jakkolwiek myślą i mówią o niej inni, my cenimy ją za odwagę.

Dzieciństwo w półświatku

Jako dziecko była ulubienicą mafii. W domu, w którym się wychowała, krzyżowały się interesy pierwszego w wolnej Polsce biznesu i rodzącej się mafii. Jej ojczym Andrzej L. był podobno pierwowzorem postaci Czarnego – szefa gangu przemytników z *Młodych wilków* Jarosława Żamojdy. W czasach gospodarki wolnorynkowej stał się rekinem biznesu, m.in. założył i prowadził pierwsze w kraju fast foody.

– Traktował Natalkę lepiej niż jej matka, która bez powodu biła ją kablem od przedłużacza – opowiada nam były wspólnik ojczyma bohaterki naszej opowieści. – Jako dziecko nie zaznała w domu serdeczności i ciepła, w przeciwieństwie do młodszej siostry, która urodziła się już z tego związku. Młodsza jechała z rodzicami do Afryki, a Natalka pałętała się po ludziach jak jakaś znajda.

W czasach komuny Andrzej L. zasłynął z brawurowej ucieczki z pilnie strzeżonego więzienia. Natalia twierdzi, że uwolnił kilkunastu skazanych i od tamtej pory był w półświatku postacią powszechnie szanowaną. W zakładach karnych opowiadano też, jak uciekał przed milicją pierwszym w Polsce porsche – ścigano go od gór aż do morza. Natalia od dziecka słuchała opowieści o Ricardo Fanchinim – najsłynniejszym gangsterze polskiego pochodzenia, przed którym drżały mafijna Europa i Ameryka. Rozpieszczał ją Roman Rosłan pseudonim Arizona, szara eminencja rodzimego półświatka, i pochodzący z Odessy Nikołaj Dozorcew pseudonim Kola powiązany ze śmiertelnie niebezpiecznym Sołncewem.

Kiedy po raz pierwszy rozmawialiśmy z Natalią, opowiedziała nam o swoim dzieciństwie i dorastaniu.

– Moja matka jest młodsza od ojczyma o 25 lat – mówiła. – Uzależniła się od niego emocjonalnie i finansowo. Była w nim obłędnie zakochana. Jej zdanie nigdy się nie liczyło. Wybaczała ojczymowi nocne hulanki, za to mnie obwiniała o wszystkie swoje porażki. Miała mi za złe, że urodziłam się z poprzedniego związku, że nie byłam jego córką. Zafarbowała mi na czarno jasne włosy, żebym była do niego podobna. Nie uczestniczyłam w ślubie z ojczymem, ale moja siostra Andrea była zaproszona. Na ten czas matka oddała mnie do ciotki. Całe moje dzieciństwo znęcała się nade mną psychicznie i fizycznie. W ostateczności sąd odebrał jej władzę rodzicielską, a ja trafiłam do pogotowia opiekuńczego, a potem do rodziny zastępczej.

W domu moich rodziców spotykali się ludzie, którzy coś znaczyli: prokuratorzy, lekarze, policjanci i biznesmeni. Ci ostatni zbili majątki na szwindlach walutą i fajkami. Tak jak ojczym, który mnie wychowywał. Wiedział o wszystkim, co się działo w mieście, na przykład komu skradziono samochód. Pomagał ludziom odzyskiwać te auta. Podsłuchiwałam rozmowy dorosłych, ale nie za wiele rozumiałam. Za to od razu wiedziałam, czy do rodziców przychodził ktoś ważny czy mniej ważny. Ci pierwsi wchodzili jak do siebie, byli witani entuzjastycznie. Rozsiadali się w fotelu albo szli od razu na taras. Serwowano im napoje i posiłek. Osoby mniej ważne zachowywały się jak petenci. O coś prosiły ojczyma, a on zwykle odmawiał: „Nie mogę ci pomóc, bo już się tym nie zajmuję. Wiesz, mam żonę i dwoje dzieci" – tłumaczył. Śmieszyło mnie to, bo z tymi ważnymi gośćmi rozmawiał właśnie o tym, czym już rzekomo się nie zajmował.

Kolegów ojczyma nazywałam wujkami. Najbardziej lubiłam wujka Arizonę (Roman Rosłan – robił interesy z ruską mafią, grywał w golfa z prokuratorami, w latach 90. zaginął bez śladu – przyp. aut.). Wujek Arizona często pożyczał od ojca samochód. Jako jedyny oddawał auto z pełnym bakiem. Zostawiał coś jeszcze, specjalnie dla mnie i dla mojej siostry, w tajemnicy przed rodzicami – słodycze, których nie wolno nam było jeść. Wujek Arizona chował je za siedzeniem.

Bardzo przeżywałam jego zaginięcie, tym bardziej że poprzedniego dnia uratował mi i mamie skórę. Jechałyśmy bmw i jacyś mężczyźni próbowali staranować nasze auto. Uderzali z tyłu w zderzak. Mama zachowała zimną krew. Robiła dokładnie to, czego uczył ją ojczym: nie zatrzymywała się, nie wysiadała, tylko naciskała pedał gazu. Uciekała. Ale ja się bałam. Arizona przybył nam na ratunek. Stanął na murku, a oni odjechali. Następnego dnia okazało się, że wujek wyszedł z domu i przepadł bez śladu. Ciocia Iwona – jego żona – przyszła do nas i strasznie płakała...

Jednego z przyjaciół rodziców zastrzelono za hotelem Radisson w Szczecinie (prawdopodobnie chodzi o Białorusina Wiktora Fiszmana, byłego podoficera KGB, zastrzelonego w 1997 roku przy ul. Malczewskiego – przyp. aut.). Lubiłam go. Pamiętam, że nosił taką śmieszną czapkę w kratkę.

Mieczysław Kluk ze swoim obrońcą mecenasem Włodzimierzem Łyczywkiem (pierwszy z lewej) podczas procesu tzw. mafii paliwowej w Sądzie Okręgowym w Szczecinie.

Fot. z archiwum Teresy

„Z matką Sproket jest związany w sposób szczególny. Kiedyś, żeby sprawić jej radość, napisał do niej z więzienia list składający się z jednego, ale przepisanego 327 razy zdania: »Kocham moją mamusię«”.

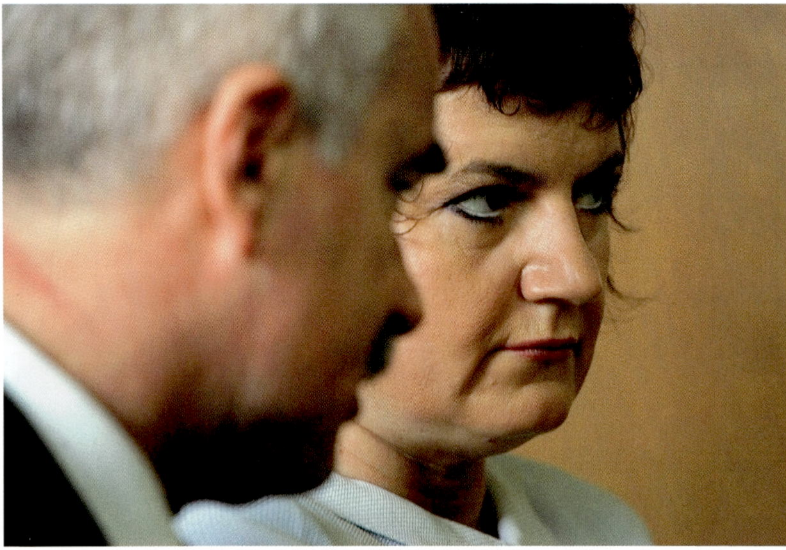

Krystyna Procyk towarzyszy mężowi w trakcie procesu mężczyzny oskarżonego o kierowanie gróźb karalnych pod adresem prezesa spółdzielni Pojezierze. Olsztyn, 19 lipca 2005 roku.

„Po dwudziestu siedmiu latach wspólnego życia mój mąż teraz mówi do mnie: »Jesteś najlepszym, co mogło mnie w życiu spotkać«. Czy wiele kobiet to samo słyszy?

Miłość do Artura i macierzyństwo sprawiły, że Natalia czuła się najszczęśliwszą kobietą na świecie.

Fot. z archiwum Natalii

Artur R. otaczał Natalię luksusami. Podróżowali po świecie prywatnym samolotem.

Pałac w Maciejewie.

Fot. z archiwum Natalii

Róże od Artura dla Natalii.

Artur R. ps. Rozi przed Sądem Okręgowym w Szczecinie. Odpowiada za zlecenie uprowadzenia partnera Natalii, wymuszenie rozbójnicze i szereg oszustw.

Może ludzie, którzy walczą w pojedynkę z instytucjami, nabiorą otuchy, że nie zawsze się przegrywa, że czasami ta sprawiedliwość jest też dostępna dla zwykłych ludzi”. W 2014 roku Irena Gietka po blisko pięcioletniej walce sądowej odzyskuje dobre imię i pracę.

Irina woli nie pokazywać twarzy. Z powodu brata nieraz spotykały ją przykrości. „Gdybym wiedziała, że jest pani siostrą mordercy, nigdy nie wpuściłabym pani do domu" – powiedziała jej pewna klientka, odmawiając zapłaty za wykonaną pracę.

„Bardzo chciałam, aby ten ślub jak najbardziej przypominał taki, jaki jest na wolności". Po długich staraniach i przygotowaniach Adam i Patrycja biorą ślub w świetlicy aresztu śledczego, 16 czerwca 2003 roku.

Skazany na 25 lat więzienia Adam Dudała z żoną Patrycją.

ścigany listem gończym za przestępstwa w gangu Piotr R. wyjechał z Polski z fałszywym paszportem. Monika dała mu schronienie, zamieszkali na osiedlu Holma w Malmö.

Fot. z archiwum Ewy Ornackiej

Jedno z nielicznych zdjęć Jacka N. ps. Kato, jakimi dysponuje polska policja. Zostało zrobione prawdopodobnie podczas Sylwestra 1997 roku w Szczecinie.

Grób Moniki Hansson w Malmö.

Czasami wujkowie byli pobici, cali zakrwawieni. Nigdy z siostrą nie pytałyśmy, co się stało i dlaczego nikt z dorosłych nie wołał lekarza albo nie zawoził ich do szpitala. Brałyśmy kostki lodu i przykładałyśmy, żeby nie puchło.

Mama nie chciała mnie w swoim domu, nie pasowałam do jej modelu rodziny. Sąd umieścił mnie w rodzinie zastępczej, kiedy miałam 14 lat. Wkrótce trafiłam pod opiekę biologicznego ojca. Przez jakiś czas mieszkałam u niego. Nie był to najlepszy okres w moim życiu. Tułałam się z miejsca do miejsca, pomieszkiwałam, gdzie popadło. Tak naprawdę nie miałam domu. Opiekowali się mną wujkowie.

Dorosły świat

Natalia wspominała, że już jako szesnastolatka bywała w domach publicznych:

– Wujkowie wmawiali żonom, że zawożą mnie na korepetycje z matematyki, a w rzeczywistości jechaliśmy do burdelu na peryferiach miasta. Oni się zabawiali, a ja w tym czasie jadłam obiad albo czekałam z kierowcą. Pierwsze pieniądze zarabiałam w kwiaciarni. Rano chodziłam do szkoły, po południu robiłam wiązanki. Dostawałam 300 złotych miesięcznie. Zdecydowanie więcej dawali mi wujkowie. „Natalka, masz tu stówkę albo dwie... idź się pobawić". Wciskali mi kasę, gdy spotykałam ich w knajpie w towarzystwie kochanek. Nie chcieli, aby żony się o tym dowiedziały, więc kupowali moje milczenie. One musiały wiedzieć o zdradach, ale udawały, że nie wiedzą. Nie wychodziły z domów, żeby przypadkiem nie natknąć się w mieście na mężów z kochankami. Wujkowie płacili mi także za to, abym kochankom nie wspominała o żonach. Udawałam, że mogę się wygadać.

Dostawałam coś ekstra do kieszeni, kiedy któraś z moich koleżanek dotrzymywała im towarzystwa. One dostawały za to telefony komórkowe, podrabiane perfumy albo jakieś ciuchy. Czasami, jak się któraś przyczepiła i nie chciała odczepić, to – w porozumieniu z wujkami – przywoływałam je do porządku. Jak już wypatrzyłam je w klubie, to mówiłam im na ucho: „Było minęło. Lepiej spadaj, bo wujek ma żonę i dzieci".

Robiłam, co chciałam – opowiadała. – Włóczyłam się po nocnych klubach, balowałam na całego, piłam. Ale nigdy nie brałam narkotyków, strasznie się ich bałam.

Właśnie wtedy spotkałam Artura. Był znajomym rodziców, przez kilka lat nie mieliśmy ze sobą kontaktu. Kiedy ja dorastałam, on odsiadywał w Niemczech wyrok za przemyt marihuany.

Zrobiłam na nim wrażenie. W pierwszej chwili mnie nie poznał, zaraz potem zobaczył we mnie kobietę... Opowiedziałam mu całe swoje życie, wytłumaczyłam, dlaczego nie mam gdzie mieszkać. Artur chciał mi pomóc – przez szacunek do moich rodziców, z którymi przyjaźnił się od trzydziestu lat. Widział mnie w wózku, tuż po narodzinach. Pewnie dlatego chciał się mną zaopiekować. Zaproponował, że wynajmie i opłaci mieszkanie, w którym będę mogła pozostać do ukończenia gimnazjum, a potem liceum. Niczego w zamian nie oczekiwał. Był wtedy z piękną kobietą.

– Artur R. zastąpił jej ojca, którego tak naprawdę nigdy nie miała – ocenia były wspólnik ojczyma Natalii. – Dał jej pierwszy w życiu dom, namiastkę ciepła rodzinnego. Stał się jej opiekunem, mentorem, potem kochankiem. Jest moim osobistym wrogiem, ale uczciwie muszę mu to oddać: gdyby nie podał jej wtedy pomocnej ręki, ta dziewczyna stoczyłaby się na manowce.

Artur R. pseudonim Rozi to barwna postać. Nie bez kozery uchodzi za rekina w (mętnym) biznesie. Niedawno wymiar sprawiedliwości zdemaskował jeden z jego przekrętów – w połowie 2011 roku Rozi sfałszował weksel opiewający na ponad 15 mln złotych. Jego ofiarą padł przedsiębiorca Andrzej Łuszczewski, były wspólnik amerykańskiej firmy Amrest, światowego potentata w branży fast food (do firmy tej należą m.in. sieci KFC, Pizza Hut i Starbucks). Sąd zabezpieczył majątek rzekomego dłużnika poprzez ustanowienie zarządu przymusowego w jego firmie deweloperskiej. Ubezwłasnowolniony biznesmen od początku twierdził, że jedynym prawdziwym wpisem na wekslu jest jego podpis. Nie wiedział jednak, jak jego prywatny weksel in blanco trafił do zamieszanego w przemyty Roziego.

– Podejrzewałem, że jakimś sposobem został wyniesiony z mojej firmy! Obaj z moim amerykańskim wspólnikiem dużo podróżowaliśmy, zatem mieliśmy zwyczaj pozostawiania w biurkach kartek podpisanych in blanco, na różne okoliczności. Taką kartkę bez trudu można przerobić na weksel. Nigdy żaden z nas nie wykorzystywał zaistniałej sytuacji do działań sprzecznych z prawem – podkreśla biznesmen.

Postanowił dochodzić sprawiedliwości. Weksel jest papierem wartościowym, a jego fałszowanie przestępstwem zagrożonym karą do piętnastu lat więzienia, tak samo jak wprowadzanie w obieg fałszywych pieniędzy.

– Właśnie dlatego pierwsze kroki skierowałem do prokuratury – mówi. – Jednak prokurator odmówił wszczęcia śledztwa, tłumacząc, że to „słowo przeciwko słowu".

Sprawą zajął się sąd. Zanim zapadł prawomocny wyrok, minęły ponad dwa lata. Zajęcie majątku przez komornika to najmniejsze zło, jakie w tym czasie spotkało wrobionego w weksel biznesmena. Andrzej Łuszczewski przypuszcza, że Artur R. usiłował sprzedać sfałszowany papier wartościowy osobom trzecim.

– Zgłaszali się do mnie różni ludzie, sondując, czy jestem wypłacalny. Także osoby z półświatka – mówi.– Obserwowano mój dom, zwyczaje rodziny, jeżdżono za samochodem żony, stwarzając sytuacje zagrażające jej bezpieczeństwu. „Nieznani sprawcy" przestrzelili szyby samochodu należącego do kobiety, która kupiła udziały w mojej firmie.

Przez całe dwie dekady mentor Natalii właściwie robił, co chciał, i nikt nie mówił o nim „przestępca". Uchodził za człowieka sukcesu i mecenasa kultury. Wspierał Fundację Teatru Polskiego, Książnicę Pomorską, założył prywatną scenę teatralną. Karierę w biznesie rozpoczął w latach 90. jako jeden z dyrektorów Olech International Poland – wówczas największej w kraju firmy spedycyjnej. Sprowadzał z Niemiec m.in. sprzęt RTV. Z czasem założył własną firmę transportową, która w rzeczywistości była przykrywką dla szemranych interesów.

Dwie i pół tony marihuany o wartości około 37 milionów marek znaleziono w maju 2000 roku w porcie w Hamburgu na statku przewożącym kartony z sokami owocowymi. Ładunek nadano w Kingston na Jamajce, z Hamburga miał dotrzeć drogą lądową do Rosji. Artur R., do którego należały narkotyki, odsiedział jedynie połowę z pięciu lat, które zasądził niemiecki sąd.

Życie jak w bajce

– Dla mnie Artur był biznesmenem, nie żadnym mafiosem – stanowczo podkreślała w rozmowie z nami Natalia. – Miał w Szczecinie ekskluzywny klub „Patio". Często tam bywałam z koleżankami, dał mi wolną rękę na bar. Byłyśmy niepełnoletnie i piłyśmy za darmo. Rzeczywiście wynajął mi mieszkanie: komfortowe, dwupoziomowe, na Panieńskiej, przy Baszcie Siedmiu Płaszczy. Pojechaliśmy do Poznania po meble, do Ikei. Wtedy zadzwoniła kobieta, z którą był w związku. Powiedział jej, że między nimi wszystko skończone. Zapytałam, dlaczego tak się zachował. Odpowiedział, że oboje tkwią w tym związku od dziesięciu lat i są już sobą zmęczeni. Poza tym nie może w tym samym czasie spotykać się z dwiema kobietami. Wiedziałam, że mówi o mnie. Ujął mnie tym. Na każdym kroku okazywał mi zainteresowanie, opiekował się mną. Zaczynałam myśleć o nim, czekać na niego, tęsknić, gdy go nie było. Skończyłam z imprezowaniem. Do klubu chodziłam tylko z nim.

Od dziecka bałam się ciemności, więc Artur czasami zostawał na noc – wspominała początek ich związku. – Spał na dole, na kanapie. Podobał mi się, mimo dzielącej nas różnicy wieku: miałam wtedy siedemnaście, a on prawie pięćdziesiąt lat. Był naprawdę przystojny: dość wysoki, ciemna oprawa oczu, strzeliste brwi, do tego świetny garnitur i zapach ekskluzywnej wody po goleniu. Wieczorami wpatrywałam się w okno, czekając na światła jego mercedesa. Poznawałam je z daleka. Szalałam z radości. Artur przynosił mi zakupy, a ja po raz pierwszy w życiu gotowałam. Zakochałam się.

Po miesiącu zaprosił mnie do siebie. Następnego dnia rano miał samolot, musiał wstać wcześnie. Tamtej nocy był nasz pierwszy raz. Już nie wróciłam na Panieńską. Mieszkanie stało puste.

Nosiłam wtedy ciuchy pożyczone od siostry chłopaka, z którym się wcześniej spotykałam. Artur kazał mi je spakować i odesłał taksówką do właścicielki. Wkrótce pojechaliśmy na zakupy. Ubrał mnie od stóp do głów, nie pytając o mój gust. Każdą rzecz wybierał osobiście. Musiała być w najlepszym gatunku. Wydał na mnie trzydzieści tysięcy.

Zwiedzaliśmy świat, mieszkaliśmy w drogich hotelach, bywaliśmy w najlepszych restauracjach. Artur dopilnował, żebym skończyła szkołę średnią, a następnie wysłał mnie na kursy językowe do New Berry pod Londynem. Kiedy zakuwałam słówka, on spotykał się w „Ritzu" z Ryśkiem Fanchinim (Ryszard Marian Kozina, znany jako Ricardo Fanchini – gangster o międzynarodowej sławie, powiązany z włoską, rosyjską i amerykańską mafią – przyp. aut.). Ojczym zawsze dobrze mówił o Ryśku, znał go z młodzieńczych lat. Rysiek był kiedyś strasznie gruby. Miał kilka żon i dużo dzieci. Dzisiaj wszyscy są ustawieni i żyją w dostatku, ponieważ on robił wielkie interesy. Zawsze fascynował się włoską mafią. Podobno sam działał w mafii, był tam kimś bardzo ważnym i niebezpiecznym. Ale ja nigdy się go nie bałam, znał mnie przecież od dziecka.

Jeździliśmy również do Odessy, gdzie interesy prowadził Nicola, „prawa ręka" Fanchiniego.

Artur traktował mnie jak księżniczkę. Spełniał wszystkie moje marzenia. Jednym z nich był pałac w Maciejewie. Żyłam jak w bajce.

Przekręt doskonały

Jak to się stało, że dziewiętnastowieczny zabytek należący do Skarbu Państwa przeszedł w ręce – ogólnie mówiąc – znajomego rosyjskiej mafii? Wyjaśnijmy pokrótce. Pałac wybudowali hrabiowie ze starego rodu von Flemmingów. Porzucili swe włości, uciekając w popłochu przed ofensywą wojsk radzieckich. Po wojnie pałac w Maciejewie przeszedł na własność Skarbu Państwa. W PRL-u pałacowe wnętrza służyły za szkołę rolniczą z internatem i podupadały w piorunującym tempie – tynk się sypał, dach przeciekał, schody się zapadały. W latach 80. gospodarzem pałacu zostało Państwowe Przedsiębiorstwo Turystyczne Pomerania. Przez kilka lat obiekt stał pusty, nikt go nie pilnował. „Jak państwowe, to niczyje" – mówili o pałacu okoliczni mieszkańcy. Wybili okna, zdewastowali podłogi, wymontowali krany, a w dawnym ogrodzie posadzili ziemniaki.

Przełom nastąpił, gdy do Maciejewa przyjechała Grażyna Winowicz, etatowy pracownik Pomeranii.

– Czułam się tam jak na obozie harcerskim, bo w całym pałacu był tylko jeden kran z wodą i jedno pomieszczenie z prowizoryczną elektryką – wspomina była dyrektor pałacu. – Remont trwał dwa lata. Ogrodziłam teren i przebiłam się przez chaszcze, robiąc dojście do jeziora. Sprowadziłam marmury, dywany i stylowe żyrandole, wszystko pod czujnym okiem konserwatora zabytków.

Pałac odzyskał dawny blask. Uroczysta inauguracja ekskluzywnego hotelu odbyła się w sylwestra 1989 roku. Zjechali się goście z kraju i zagranicy. Rozsławiali potem wykwintną kuchnię i niepowtarzalną atmosferę pałacu. Z czasem Maciejewo stało się ulubionym miejscem wypoczynku pisarzy, aktorów i malarzy. Miejsca na słynne w całej Polsce bale przebierańców i sylwestra rezerwowano na rok z góry. Na imprezy nie miała wstępu mafia i prostytutki, chociaż półświatek dwoił się i troił, aby wkroczyć na salony.

Rosnące zyski z państwowego obiektu dały wojewodzie pretekst, by po dziesięciu latach go sprywatyzować. Pałac wraz z 81 tysiącami metrów kwadratowych gruntu nad jeziorem przeszedł w ręce płatnika najwyższych podatków w Zachodniopomorskiem. Mowa o Arkadiuszu G., który pracę na morzu porzucił dla branży paliwowej. Ubijając interes z wojewodą, Arkadiusz G. zrobił interes życia – za cały pakiet obiektów państwowych Pomeranii (hotele, zajazdy turystyczne, kempingi i pałac) miał zapłacić 11,6 mln zł, choć były warte kilkadziesiąt milionów. Były marynarz wyłożył tylko jedną trzecią tej kwoty. Pozostałe 8,5 mln zł obciążyło hipotekę zabytku.

Nowy właściciel wybudował korty tenisowe i basen, wstawił „złote" okna. Bawili u niego m.in. ministrowie, zagraniczni dyplomaci, piosenkarze, dziennikarze i aktorzy. Jednak nie nacieszył się swoim pałacem, gdyż organy ścigania okrzyknęły go jednym z szefów mafii paliwowej w Polsce, a firmę BGM Petrotrade Poland, której był współudziałowcem, ulokowano na szczycie przestępczej piramidy. Gospodarz pałacu schował się na dwa lata za granicą, a po powrocie do kraju usłyszał prokuratorskie zarzuty: kierowanie zorganizowaną grupą przestępczą dokonującą gigantycznych oszustw paliwowych, zagarnięcie 280 mln zł z należnych podatków i wypranie 155 mln zł.

Na poczet przyszłych kar komornik zajmował i wyprzedawał jego majątek. Los pałacu w Maciejewie wydawał się przesądzony – Skarb Państwa domagał się zaległych rat za pałac. Powołano biegłego do wyceny nieruchomości. W październiku 2007 roku rzeczoznawca orzekł, że „nieruchomość zabudowana w Maciejewie" jest warta 26 mln zł, czyli ponaddwukrotnie więcej, niż wyniosła stawka za wszystkie obiekty Pomeranii przejęte od Skarbu Państwa przez barona paliwowego. Obiekt wystawiono na licytację, ale nikt się nie zgłosił, bo cena była zaporowa. Po opuszczeniu aresztu baron zyskał czas, aby znaleźć chętnego na pałac. Oficjalna transakcja nie wchodziła w grę: komornik już dawno zajął mu konto, a PKN Orlen domagał się zwrotu grubych milionów za stare transakcje paliwowe.

W tej paskudnej – bądźmy szczerzy – sytuacji zakochany w Natalii Artur R. spadł mu jak z nieba.

– Rozi mówił mi, że Arkadiusz G. miał na głowie komornika, więc zapłacił mu za pałac pod stołem – opowiadała nam Natalia. – Pytałam, czy w związku z tym nic nam nie grozi, a on uspokajał, że jak wejdziemy w ten interes, to będziemy nie do ruszenia. Twierdził, że baron miał swojego rzeczoznawcę, który tak wycenił pałac, że nikt go nie kupi. Ukłonem wobec poprzedniego właściciela miało być ustanowienie na niego służebności, czyli dożywotniego prawa do najpiękniejszego apartamentu w pałacu, ale Rozi właśnie tam uwił sobie gniazdko.

Pomysł na przejęcie pałacu przez Artura R. był następujący: nowo powstała spółka Real Estate Investments, której został prokurentem, wydzierżawiła pałac od Pomeranii. Miała jej płacić 40 tys. zł miesięcznie. Zaraz jednak zawarto drugą umowę, z której wynikało, że Real Estate Investments płacić Pomeranii nie musi. W październiku 2009 roku, czyli tuż po „transakcji pod stołem", w sądzie miała się odbyć kolejna licytacja. Cena wywoławcza – 17,3 mln zł. Nikt się nie zgłosił, nikt nie wpłacił wadium. Po drugiej nieskutecznej licytacji Skarb Państwa mógł bez problemów przejąć nieruchomość na własność. Stosownego wniosku nie złożono, więc postępowanie egzekucyjne zostało umorzone.

– Rozi chciał zrobić z pałacu cacko dla Natalii – wspomina Marek Moeller, prezes Real Estate Investments. – Budynek wymagał remontu, więc pierwszy rok był ciężki, ale już w 2011 roku zysk spółki wyniósł około pół miliona złotych. Potem nastały dobre czasy. Przychody stale rosły. Zarabialiśmy głównie na imprezach organizowanych dla firm i ekskluzywnych weselach. Ale Rozi zaczął wydawać firmowe pieniądze na prywatne cele, na co jako prezes nie mogłem się zgodzić. Nasze drogi definitywnie się rozeszły.

Skarb Państwa raz na jakiś czas przypominał Arturowi R. o nieuregulowanym długu (raty za nieruchomość, jeszcze z czasów umowy, jaką zawarł z nim Arkadiusz G.), ale działania komornika nie były na tyle dotkliwe, by przekładały się na życie w pałacu.

W grudniu 2011 roku nowy rzeczoznawca wycenił obiekt na… 13 mln 280 tys. zł. To połowa ceny, która sparaliżowała dwie poprzednie licytacje. Przekręt doskonały? Na to wygląda, bo Prokuratura Okręgowa w Koszalinie uznała właśnie, że wszystko w tej sprawie przebiegało zgodnie z prawem. Śledztwo prowadzono w związku z podejrzeniem „zaistniałego w okresie od 2006 do 2012 roku, w celu osiągnięcia korzyści majątkowej, niedopełnienia obowiązków przez funkcjonariuszy publicznych z ówczesnej Delegatury Ministra Skarbu Państwa w Szczecinie i komornika sądowego przy Sądzie Rejonowym w Goleniowie poprzez niepodejmowanie czynności zmierzających do wyegzekwowania należności Skarbu Państwa wobec Pomeranii w wysokości co najmniej 17 mln zł".

Przedstawiciele Skarbu Państwa mogli złożyć zażalenie na postanowienie koszalińskiej prokuratury, ale tego nie zrobili. Wierzytelność państwa dawno przekroczyła już wartość pałacu i wciąż jest nie do odzyskania.

Ryzykowny biznes

Artur R. uchodzi za osobę majętną, ale będącą na bakier z fiskusem. Natalia domyślała się, że jego interesy są – mówiąc kolokwialnie – ryzykowne, a dochody nie zawsze legalne. Powiedziała i nam, i w prokuraturze, że jej były partner nadzorował nielegalną produkcję papierosów.

– Słowo „paleta", którego Rozi używał dość często, wyłapywałam z rozmów błyskawicznie, o tym mówiono przecież w moim rodzinnym domu – mówiła. – Miał kilka fabryk na obrzeżach miast, nie tylko w Polsce, ale też w Anglii i Holandii. Produkcja szła od podstaw, czyli liści tytoniu, aż do załadunku całych palet do tira ukrytego w środku. Potężna inwestycja. Sama tylko maszyna do cięcia fajek kosztowała osiemset tysięcy. Robotnicy nie opuszczali hal produkcyjnych przez trzy, cztery miesiące – chodziło o wyeliminowanie ryzyka przecieku i policyjnej wpadki. Wracali do domów dopiero tydzień po wyjeździe załadowanego tira. Papierosy kursowały głównie do Anglii, bo tam jest najlepsza przebitka. W legalnych transportach Artur miał firmę spedycyjną, a także opłaconych celników i pracowników firm tytoniowych, którzy podbijali mu faktury. Papiery były „czyste", tyle że fajki „lewe". Interes nie do wykrycia.

Nigdy nie bywał w fabrykach osobiście, ale finansował produkcję i utrzymywał rodziny pracowników. Obserwowałam z dystansu jego interesy i tabelki, w które wpisywał wartość inwestycji i tygodniowe zyski. Sporo tego było.

Wkrótce poznałam Jolkę i Darka z Gdańska, z którymi Artur przemycał papierosy. „To córka przyjaciół" – tak mnie wtedy przedstawiał. Dokładnie wiem, co sobie wtedy o mnie myśleli. Zapewne to samo, co ja teraz myślę na widok nastolatki u boku starszego faceta.

W 2006 roku pojechaliśmy do Berlina na pięćdziesiąte urodziny Ryśka Fanchiniego. Obchodził je hucznie w hotelu „Grand Hyatt". Odchudził się i wyglądał dobrze. Bawiłam się na tym przyjęciu wśród pięciuset gości. Przyjechały cztery żony Ryśka, Rosjanie z Gazpromu i rosyjska mafia, czyli faceci, których znałam z wyjazdów do Odessy. Wszyscy strasznie brzydcy, ale towarzyszyły im piękne kobiety. Jedna z nich miała na sobie sukienkę z tak głębokim wycięciem na plecach, że widać było jej stringi wysadzane diamentami. Przyjechała z miliarderem Wiktorem Wekselbergiem, który podarował rosyjskiemu muzeum bezcenne klejnoty – jaja Fabergé (dorobił się na handlu ropą, aluminium i tytanem; jego majątek szacowany jest na 6,4 miliarda dolarów – przyp. aut.). Ja miałam na sobie skromny garnitur.

Podczas przyjęcia puszczano filmy o Ryśku, wypowiadał się Bono z U2. Nigdy wcześniej ani później nie widziałam równie suto zastawionych stołów. Pamiętam rzekę czekolady! Jedzenie serwowano w kilku salach, to robiło wrażenie. Kilka miesięcy później FBI aresztowało Ryśka. Smutno mi się zrobiło, gdy się o tym dowiedziałam.

Wszyscy mają kochanki

U boku Artura Natalia czuła się najszczęśliwszą kobietą na świecie. Powiedziała nam, że oboje pragnęli dziecka.

– Kiedy zaszłam w ciążę, Artur przyrzekał, że będzie nosił mnie na rękach – kontynuuje opowieść o swoim życiu. – Wierzyłam, bo kochałam go bez pamięci. Niestety, z miesiąca na miesiąc czułam się i wyglądałam coraz gorzej. Przeszłam zatrucie ciążowe, przytyłam czterdzieści kilogramów. Jak nigdy dotąd potrzebowałam akceptacji i czułych gestów. Ale on nie miał na to czasu. Coraz częściej znikał z domu, nie odbierał komórki. Nawet jeśli był obok, to myślami błądził gdzieś daleko. Tak jak podczas USG, gdy zamiast w ekran monitora, na którym widać było nasze dziecko, wpatrywał się w swoją komórkę.

Czułam, że oddalamy się od siebie. Płakałam w poduszkę. Opiekowała się mną chora na raka kuzynka. Obie wiedziałyśmy, że ona za chwilę umrze… Artur wciąż wyjeżdżał w interesach. Tłumaczył, że teraz musi dużo pracować, a ja mu wierzyłam. Spóźnił się nawet na poród naszej córeczki. Z czasem nie mogłam oprzeć się wrażeniu, że zupełnie stracił zainteresowanie i mną, i dzieckiem, chociaż zapewniał, że bardzo nas kocha.

Tymczasem on już mnie zdradzał. Wszyscy o tym wiedzieli, tylko nie ja. Chodził do prostytutek. Umilały mu noce, gdy karmiłam piersią nasze dziecko. Wypisywały do niego SMS-y: „Giorgio – to od Armaniego, bo taką bieliznę nosił – kochanie, kup mi samochód, bo nie mam czym do szkoły jeździć". W końcu o wszystkim powiedzieli mi jego ochroniarze i sekretarka, która dała mi jego billingi. Następnego dnia wyrzucił ją z pracy.

Na wieść o jego zdradach celowo się oszpeciłam – obcięłam włosy na krótko i ufarbowałam na czarno. Człowiek, który był całym moim światem, oszukiwał mnie i upokarzał. Boże, co ja wtedy czułam… Pobiegłam do mamy, bardzo jej wtedy potrzebowałam. Nigdy wcześniej nie byłam w podobnej sytuacji, nie wiedziałam, co robić, jak się zachować. „Mamo, on mnie zdradza", szlochałam. Ale ona była po jego stronie. „A czego się spodziewałaś? ", odparła. „Oni wszyscy tacy są: mają wiele kochanek, ale do domu i żony zawsze wracają", pocieszała mnie.

To było moje ostatnie spotkanie z matką. Już nigdy więcej nie potrzebowałam jej „rady".

Natalia czuła, że jej świat się wali.

– Nawet nie wiem, jak długo płakałam. W końcu postawiłam wszystko na jedną kartę: nie mogłam okazywać słabości, musiałam być chuda i zajebista. Prawie nic nie jadłam, za to intensywnie ćwiczyłam. Każdego dnia wkładałam córeczkę do bujaczka i biegłam na siłownię. Katowałam swój organizm, żeby wyglądać jak kiedyś. W ciągu trzech miesięcy zrzuciłam całą nadwagę. Z dziewięćdziesięciu ośmiu kilogramów spadłam do czterdziestu siedmiu. Wpędziłam się w bulimię. Dokleiłam rzęsy, znów zrobiłam się na blond, włożyłam szpilki Louboutina. Narodziłam się po raz drugi.

Znałam takie dziewczyny jak te, z którymi zabawiał się Artur. Nieraz uwalniałam od nich swoich wujków, ale teraz nie wiedziałam, co mam robić. Górę wzięły emocje: każdej z nich zrobiłam karczemną awanturę, chciałam je zniszczyć, wydrapać im oczy. Trochę czasu minęło, zanim zrozumiałam, że to nie one są powodem rozpadu naszej miłości, ale on. Dałam mu nauczkę. Któregoś dnia wsiadłam do swojego bmw i staranowałam to, co kochał najbardziej – białego mercedesa CL, za którego właśnie zapłacił osiemset tysięcy. Rozi stał na parkingu w tym swoim pięknym garniturze i ręce mu opadły. „Przyrzekam, że się zmienię!", krzyczał, błagając, żebym przestała. „Chuj się zmienisz!", wrzasnęłam i odjechałam z piskiem opon.

Robiłam mu na złość, odrzuciłam jego oświadczyny, chodziłam do nocnych klubów. Szukałam ucieczki od rzeczywistości. Czułam do niego obrzydzenie, jednak wciąż z nim mieszkałam. Oboje popadliśmy w jakieś toksyczne uzależnienie od siebie. Zwodził mnie, przekonywał, że będzie wierny i że dla dobra dziecka nie powinnam odchodzić. Chciałam w to wierzyć, widać wciąż go kochałam. Tymczasem on znów kłamał. Spotykał się z coraz młodszymi dziewczynami, częstował je psychotropami i narkotykami. Sam też zaczął je brać.

Latem pojechałam nad morze, do Mielna. Tam poznałam Eliasza, przystojnego i bogatego mężczyznę, który jeździł porsche turbo. Zaczęliśmy się spotykać. Coraz częściej nie odbierałam telefonów od Artura. Skazywałam go na niepewność. Role się odwróciły. Artur chciał zacząć wszystko od nowa, ale ja już nie chciałam. Wyobrażałam go sobie z tymi wszystkimi panienkami i wtedy wydawałam mnóstwo jego kasy na ciuchy, torby i buty. Pomagałam mu jednak w interesach, prowadziłam pałac w Maciejewie, aby przez te jego narkotyki nie zaprzepaścić rodzinnego majątku. Musiałam myśleć nie tylko o sobie, ale przede wszystkim o dziecku. Postanowiłam stworzyć w pałacu kulinarne imperium, które przyciągałoby przyzwyczajonych do luksusu gości. Sama układałam menu, obrabiałam mięso, robiłam pasztet. Organizowałam huczne bankiety i wesela, na których nieźle zarabialiśmy.

Pozornie tworzyliśmy szczęśliwy związek.

„Jesteś jej zabawką"

– Czasami ze względu na dziecko musieliśmy zawiesić broń – wspominała Natalia. – Tak jak wtedy, gdy zdecydowałam się na wspólny wyjazd na Teneryfę. Pomyślałam sobie, że tam, z dala od codziennych problemów, opowiem mu o Eliaszu: że odnalazłam przy nim spokój i poczucie bezpieczeństwa, za którym zawsze tęskniłam. Ale to Artur rozpoczął rozmowę na ten temat. „Kim jest dla ciebie Eliasz?", spytał od niechcenia. „Kocham go i chcę z nim zamieszkać". „Właśnie przed chwilą miałem z nim rozmowę telefoniczną", oznajmił. „Powiedziałem mu, żeby się do ciebie nie zbliżał, bo coś złego go spotka". Okazało się, że zlecił gangsterom uprowadzenie Eliasza. Zgarnęli go z ulicy, zarzucili na głowę ciemny worek i gdzieś wywieźli. Wtedy zadzwonił Artur. „Będzie lepiej, jeśli zrobisz tak, jak ten pan każe. W przeciwnym razie nie będzie już tak miło", ostrzegł go po tej rozmowie jeden ze zbirów.

Nic dziwnego, że Eliasz wyjechał do Berlina. Wycofywał się z naszego związku.

Do końca pobytu na Teneryfie nie tknęłam jedzenia – opowiadała Natalia. – Znienawidziłam Artura całym sercem. Miał władzę, bo miał pieniądze. Do tego był coraz bardziej cwany i coraz lepiej się maskował. Załamałam się na myśl o tym, że będę musiała spędzić u jego boku resztę życia, ze wszystkimi jego zdradami i uzależnieniami. Po powrocie do kraju pozwolił mi odejść, jednak nie mogłam zabrać córki. Walczyłam o małą, lecz to on rozdawał karty. Założył mi podsłuch w domu i w samochodzie. Kontrolował moje rozmowy.

O dwadzieścia lat młodszy od Artura R. Eliasz ma niemieckie obywatelstwo, mieszka w Berlinie. Jego rodzina zarabia w branży nieruchomości. Jest świetną partią. W tamtym czasie poza porsche turbo miał też kilka mieszkań.

O tym, co mu się przydarzyło w Polsce, gdy Natalia i Rozi byli na Teneryfie, opowiedział w październiku 2014 roku, składając zeznania w procesie Artura R. oraz dwóch ludzi z półświatka odpowiadających za jego porwanie. Byliśmy na tej rozprawie, obserwowaliśmy i słuchaliśmy go z uwagą. Nie widać było po nim cienia emocji, chociaż mówił o najbardziej traumatycznych chwilach w swoim życiu. Oto fragmenty jego zeznań:

„W 2008 roku poznałem Natalię, z którą obecnie jestem w związku. Spotkaliśmy się na dyskotece w Mielnie. Studiowałem wtedy medycynę w Berlinie. Natalia mówiła, że jest nieszczęśliwa, ponieważ Artur R. ją zdradza, i ona nie wie, co ma zrobić. Wciąż znajdowała prezerwatywy i tipsy jego kochanek. Zaczęliśmy się spotykać, wynająłem w Polsce mieszkanie. Przychodziła do mnie i gotowała mi, ale nigdy nie nocowała. Rozmawialiśmy o jej problemach. Nie ukrywała, że chce zapewnić przyszłość sobie i dziecku.

Któregoś dnia na deptak koło miejsca, gdzie wynajmowałem mieszkanie, podjechał biały mercedes. Był w nim

Artur R. Zaprosił mnie do środka. Mówił, że Natalia jest zagubiona, miała trudne dzieciństwo, że jestem jej zabawką i nie będę z nią szczęśliwy. Pytał, ile zarabiam i czy stać mnie na jej utrzymanie. Podkreślał, że Natalia ma wysokie wymagania finansowe, żyje na wysokim poziomie. Chciał mnie do niej zniechęcić. Pokazał mi prywatny film, na którym uprawiali ze sobą seks. Nie chciałem tego oglądać. Natalia wyjaśniła mi później, że nakręcili te sceny, gdy ona i Rozi byli jeszcze razem".

Milion euro za Eliasza

Jakiś czas później w tym samym miejscu zjawili się dwaj wysłani przez Roziego ludzie.

– Wychodziłem z mieszkania, kiedy mnie otoczyli. Jeden z lewej, drugi z prawej strony – relacjonował Eliasz przed sądem. – Powiedzieli, że mam z nimi pojechać, bo jak nie, to użyją swoich metod i będzie ze mną źle. Ten łysy, umięśniony wyglądał naprawdę groźnie. Wsiadłem z nimi do samochodu, nałożyli mi na głowę worek, nie wiedziałem, gdzie jechaliśmy. Byłem przerażony.

Zaprowadzili mnie do domu człowieka, którego znałem. Był wtedy w mieszkaniu. „Rób, jak ci każą, to nic ci się nie stanie", powiedział ten znajomy, gdy się spotkaliśmy. Tamci dwaj kazali mi usiąść na kanapie. Łysy, umięśniony budził przerażenie. Usłyszałem, że mogę skończyć jak syn piekarza (znanego cukiernika – przyp. aut.), który komuś dziewczynę wyruchał. Podobno znaleziono go w lesie ze szpadlem w dupie. Uprzedzono mnie, że zaraz będzie ze mną rozmawiał pan Artur R., który ma mi coś ważnego do przekazania. Jeśli zrobię tak, jak on tego ode mnie wymaga, to nic mi się nie stanie. W przeciwnym razie wyląduję w lesie z tymi dwoma panami. Zasugerowali, że mnie porąbią, pobiją. Podano mi telefon z połączeniem na linii. Usłyszałem znany mi z wcześniejszej rozmowy w białym mercedesie głos Artura R. Powiedział, że mam zerwać z Natalią, nie spotykać się z nią i nie pisać do niej.

W czasie tej rozmowy Artur R. wytworzył taką sytuację, że się go bałem. Nie groził mi wprost, ale zrozumiałem, że jeśli nie postąpię zgodnie z jego wolą, stanie mi się krzywda. Pod wpływem chwili powiedziałem: „Tak, zerwę całkowicie, obiecuję".

Po tej rozmowie pozwolono mi odejść. Nie zrobiono mi krzywdy tylko dlatego, że właściciel mieszkania był moim znajomym.

Kiedy oddajemy naszą książkę do druku, obrońcy oskarżonych próbują udowodnić, że to wcale nie było porwanie, bo nikt Eliasza nie szarpał, nie bił, ba, nawet nie krzyczał, a pokrzywdzony pojechał z mężczyznami z własnej woli. Jeden z adwokatów był parę lat temu prokuratorem ścigającym mafię paliwową, m.in. barona, od którego Artur R. przejął pałac, a teraz broni Roziego.

„Łysy, umięśniony", który samym swoim wyglądem odegrał kluczową rolę w opisywanym zdarzeniu, to niejaki Dariusz S., były kick bokser, jeden z pionierów półświatka w północno-zachodniej Polsce. Czy zwykły człowiek, który nie nosi broni i nie ma postury Przemysława Salety, może się go wystraszyć do tego stopnia, że wykona wszystkie jego polecenia bez szarpania, bicia, ba, nawet krzyku? Spytaliśmy o to trzech mężczyzn, którzy dobrze znają Dariusza S.

– Miałem z nim dwa starcia w swoim życiu, raz jako małolat – mówi Czarny, słynny niegdyś w półświatku handlarz narkotykami. – Dariusz S. z ekipą chcieli mnie zmasakrować, więc wyciągnąłem nóż. Skończyło się to dla mnie wyrokiem za usiłowanie zabójstwa. On uciekł, kiedy raniłem jego kumpla. Parę lat później, gdy byłem już członkiem dużego gangu, jego szef przysłał go do nas na rozmowy. Frajer zaczął się stawiać i dostał ode mnie nożem. Na ulicy to najgorszy rodzaj przeciwnika: brutalny, agresywny, nastawiony na zmasakrowanie ofiary, ale jak mu się postawisz, zrobisz mu krzywdę, bez skrupułów zawiadomi policję, gdzie miał niegdyś bardzo mocne plecy.

Oficer CBŚ o Dariuszu S.:

– Niezły bokser i niebezpieczny bandyta. Niedawno odwiedził go inny bandyta: barczysty, dwa metry wzrostu. Awanturował się na klatce, walił pięścią w drzwi. „Ciszej, proszę, w domu jest dziecko", mówił Dariusz S. Perswazja nie zadziałała, więc na intruza spadł cios między oczy. To był nokaut.

Leszek K. pseudonim Kasza, były szef gangu, dla którego pracował Dariusz S.:

– Nie jesteśmy w dobrych stosunkach, dlatego uchylę się od odpowiedzi.

Dla Eliasza spotkanie z „łysym, umięśnionym" musiało być znaczącym wydarzeniem w życiu, przynajmniej tak wspominał to w sądzie:

– Po tamtej rozmowie chciałem definitywnie zerwać kontakty z Natalią, ale ona nalegała, abyśmy byli razem. Po jakimś czasie zamieszkała ze mną i z córką, którą ma z Arturem R. Pewnej nocy w pokoju dziecka rozległ się ogromny huk. Pobiegłem tam i zobaczyłem zamaskowanego, ubranego na czarno mężczyznę. Miał jakieś dwa metry wzrostu. Uciekałem z domu przez garaż. Wynająłem całodobową ochronę. Nie poszedłem na policję, ponieważ bałem się o Natalię i jej dziecko. Złożyłem zeznania dopiero wtedy, gdy jeden z funkcjonariuszy ostrzegł Natalię, że przestępcy planują uprowadzić mnie dla okupu.

– Mieliśmy takie informacje – potwierdza były oficer CBŚ. – Silna grupa miała już konkretne ustalenia na temat jego życia i możliwości finansowych. Porwanie dla okupu było kwestią dni. Gangsterzy mieli zażądać za uwolnienie Eliasza miliona euro.

Zerwane kajdany

Zanim Natalia definitywnie opuściła pałac i na stałe związała się z Eliaszem, miotała się pomiędzy miłością a nienawiścią do Artura.

– Oni są jak bluszcz, jedno wokół drugiego oplecione – opowiada Ineza, wówczas dyrektorka pałacu w Maciejewie. – Mogli walczyć ze sobą na noże, ale chyba żyć bez siebie nie umieli.

– Pamiętacie film *Wojna państwa Rose*? – pyta nas były znajomy Artura R. – To opowieść o małżeństwie, które kochało się i nienawidziło. Całe swoje życie sprowadzili do walki. Natalia i Rozi są do nich podobni. Tamten film nie miał dobrego zakończenia…

Natalia czuła się upokorzona i odarta z godności.

– Nie mogłam znieść rozłąki z dzieckiem – tłumaczyła nam powody powrotów do Roziego. – Aby ją odzyskać, zgodziłam się znów z nim zamieszkać. Popadłam w depresję, nieraz pakowałam swoje rzeczy, miotałam się. A on faszerował mnie psychotropami i narkotykami. To był najgorszy czas w moim życiu. Myślę, że chciał doprowadzić mnie do takiego stanu, żebym nie miała siły odejść od niego. Opowiadał ludziom, że popadam w chorobę psychiczną. Chciał mnie ubezwłasnowolnić, przejąć kontrolę nad całym moim życiem. Nauczyłam się żyć według jego zasad. Ufał mi całkowicie, zdradzał szczegóły swoich interesów. Stracił instynkt samozachowawczy, popisując się, jakim jest ważnym gangsterem. Sądził, widać, że mi tym imponuje. A ja zapamiętywałam wszystkie daty, wydarzenia, kontakty. Wiedziałam o nim wszystko.

Artur nie mógł firmować nazwiskiem wielu inwestycji, na przykład zakupu ziemi, więc kupował ją na mnie. Powierzył mi także część legalnych interesów, dając przy okazji wiele swobody. Kiedy uwierzył, że odpuściłam myśl o ucieczce, zaproponował mi wspólny wyjazd do Rzymu. Wyczarterował prywatny samolot, wynajął apartament, limuzynę, otworzył szampana i oświadczył mi się. Odmówiłam.

Nigdy nie przypuszczał, że naprawdę od niego odejdę. Ale ja to wreszcie zrobiłam. Musiałam się od niego uwolnić. Inaczej zaprzepaściłabym i swoje życie, i życie naszego dziecka. Pocięłam i wyrzuciłam za płot wszystkie markowe ciuchy, które od niego dostałam, połamałam obcasy w butach i je też wywaliłam. Spakowałam niezbędne rzeczy, zabrałam córkę i zamknęłam ten rozdział życia. Zamieszkałyśmy u Eliasza. Dziś jesteśmy rodziną, spodziewamy się dziecka (podczas naszej rozmowy była w ósmym miesiącu ciąży – przyp. aut.). Ciąża jest moim definitywnym zerwaniem z przeszłością i Arturem. A on? Po naszym odejściu pogrążył się w długach i narkotykach – pali crack. Do pałacu, w którym byliśmy szczęśliwi, zwozi coraz to nowe dziewczyny. Przepuścił majątek. Komornik zajmuje jego nieruchomości. Także klub „Patio", w którym się spotkaliśmy, poszedł pod młotek.

Artur niszczył wszystko, co kochał, i ludzi, którzy go kochali. Dlatego z własnej woli poszłam do prokuratury. Skopiowałam całą zawartość jego komputera. Były tam kwoty, transakcje, nazwiska... Opowiedziałam, kim tak naprawdę jest biznesmen z pałacu w Maciejewie i jak wyglądają jego interesy. Nawet mi powieka nie drgnęła. Nie mam żadnego interesu, by go chronić. Życzę mu wielu lat w bezdomności, strachu i poczuciu osamotnienia.

Tak zakończyła swoją opowieść kilka tygodni przed urodzeniem drugiego dziecka.

Trzymaj się, Natalia!

Zeznania Natalii oraz Eliasza złożone w prokuraturze doprowadziły do zatrzymania i aresztowania Artura R. Rozi opuścił celę po dwóch tygodniach i wpłaceniu 100 tys. zł kaucji. Przez kilka miesięcy Natalia pozostawała dzień i noc pod ochroną zawodowców.

– Jej nowy partner musiał wydać na prywatną ochronę dwieście, a może trzysta tysięcy złotych – podlicza oficer CBŚ, który rozpracowywał interesy Roziego.

Po urodzeniu drugiego dziecka Natalia miała już dosyć życia w poczuciu ciągłego zagrożenia, z ochroniarzem przy boku. Oboje z Eliaszem podjęli decyzję o przeprowadzce do Berlina. Ich życie nie jest sielanką. Przeszłość kładzie się na nim cieniem. Ale Natalia ma plany: chce otworzyć własną restaurację i stworzyć córkom ciepły, rodzinny dom, jakiego sama nigdy nie miała. Jest na dobrej drodze, chociaż nie wyklucza, że będzie musiała budować przyszłość bez Eliasza.

Pytamy:

– Dasz sobie radę?

– Czeka mnie jeszcze złożenie zeznań na rozprawie, a to nie będzie łatwe. Rozi dał mi do zrozumienia, że podpisze zgodę na stały pobyt naszej córki w Niemczech, ale będzie to zależało od mojej postawy w sądzie. Trzyma mnie w szachu.

– Albo chce cię zmiękczyć.

– Tu o żadnym zmiękczaniu nie może być mowy. Prokurator ma wyciągi z kont jego spółek, między innymi z pałacu, i nawet gdyby Artur złotem mnie obsypywał, to nie cofnie tego, bo to dowód czarno na białym.

– Trzymamy za ciebie kciuki, Natalia. Za to, żebyś wreszcie znalazła w życiu bezpieczną przystań.

Rozdział 9

Godność Ireny

Irenę Gietkę dyscyplinarnie zwolniono z pracy. Miała wtedy 58 lat. Była urzędniczką działu kadr Instytutu Pamięci Narodowej. Złożyła rzekomo nieprawdziwe oświadczenie lustracyjne. Napisała, że nie współpracowała ze Służbą Bezpieczeństwa PRL, tymczasem z jej teczki odnalezionej w archiwum wynikało, że była zarejestrowanym kontaktem operacyjnym SB. Miała pseudonim „Iwona".

Przyprowadził ją do nas jej przyjaciel – prawnik i działacz sportowy Wiesław Stempień.

Irena pracowała w IPN od samego początku, prawie dziesięć lat. Robiła swoje, nie rzucając się specjalnie w oczy. Dostawała nagrody za dobrą pracę (ostatnią od prezesa Janusza Kurtyki) i nawet odznaczenie państwowe z rąk prezydenta Lecha Kaczyńskiego. Aż wystrzeliła jej teczka.

Z dnia na dzień kobieta spadła w otchłań. Dyscyplinarne wypowiedzenie, niesława. Jedna z gazet napisała: „Informatorka SB pracowała w IPN". I że według naczelnika Biura Lustracyjnego IPN prokuratora Jarosława Skroka „urzędniczka dopuściła się kłamstwa lustracyjnego, a biegły grafolog potwierdził, że notatki znalezione w teczce były pisane jej ręką".

* * *

Irena upierała się, że w oświadczeniu napisała prawdę – nie współpracowała, na nikogo nie donosiła. Prawnik Wiesław Stempień doradzał jej, aby oddała sprawę do sądu pracy. Podkreślał, że instytucja zwolniła ją dyscyplinarnie wyłącznie na podstawie twierdzenia prokuratora, a przecież należało poczekać na wyrok sądu lustracyjnego. Gdyby potwierdził kłamstwo lustracyjne, zwolnienie byłoby oczywistą konsekwencją, jednak gdyby orzeczono, że Irena nie była współpracownikiem SB, IPN nie miałby żadnej podstawy prawnej do takiej formy pozbycia się pracowniczki.

Irena złożyła w sądzie pracy pozew o przywrócenie na stanowisko w Instytucie Pamięci Narodowej, lecz sprawa została zawieszona aż do rozstrzygnięcia sądu lustracyjnego. Przez cztery lata obie sprawy toczyły się swoim rytmem. Dla Ireny ten czas był koszmarem.

Kwiaty dla „Iwony"

W grudniu 1986 roku chorąży SB Tadeusz M. złożył wniosek o zgodę na opracowanie kandydata na kontakt operacyjny (k.o.) – Ireny Gietki, zastępcy kierownika wydziału społeczno-administracyjnego Urzędu Dzielnicowego Warszawa Praga-Północ, prawniczki, niezamężnej, niewyjeżdżającej za granicę, interesującej się kinem, książkami i lubiącej gotować. Uzasadniał, że kandydatka „posiada dobrą prezencję, ma łatwość nawiązywania kontaktów, jest sumienna i zdyscyplinowana, cicha i spokojna, kulturalna, posiada poczucie humoru". Cel pozyskania: ułatwianie możliwości operacyjnego dotarcia do ewidencji ludności, spraw meldunkowych oraz informacji z terenu wydziału społeczno--administracyjnego, czyli opiniowania pracowników.

Po rozmowie z wytypowaną chorąży napisał w notatce: „G.I. stwierdziła, że ma duży szacunek dla pracy resortu spraw wewnętrznych". Opowiedziała mu o swojej rodzinie i o tym, że ma dużo pracy w związku z komputeryzacją urzędu. Poprosił ją, by na następne spotkanie przygotowała wykazy zameldowań cudzoziemców. Na zakończenie polecił jej podpisać zobowiązanie o zachowaniu treści rozmowy w tajemnicy.

Chorąży przedstawił przełożonym scenariusz rozmowy pozyskaniowej, jaką zamierzał przeprowadzić: najpierw tematy ogólne, potem nawiązanie do faktu, że wszystko, co kandydatka w życiu osiągnęła (studia, mieszkanie spółdzielcze), zawdzięcza „socjalistycznym zasadom ustrojowym naszego państwa". Zakładał, że kiedy wyczuje, że kandydatka jest przychylna, zaproponuje jej współpracę i pobierze zobowiązanie do współpracy.

W jego kolejnych notatkach k.o. „Iwona" nigdy nie wystąpiła jako źródło konkretnych informacji. Chorąży M. nieustannie powtarzał, co ma być zadaniem współpracowniczki, ale ani razu nie poinformował przełożonych, czego się od niej dowiedział. Chętnie za to nadmieniał, że „Iwona" podchodzi do współpracy z zaangażowaniem i poczuciem odpowiedzialności za kraj. We wszystkich notatkach i raportach opisywał narzekania „Iwony", że ma coraz więcej pracy i coraz mniej czasu. Te frazy brzmiały podobnie, jakby M. zrzynał je ze swoich poprzednich raportów.

Trzeciego stycznia 1989 roku chorąży poprosił o zgodę na „wydatkowanie z funduszu operacyjnego kwoty ok. 4 tys. zł na kwiaty dla »Iwony« z okazji jej urodzin". Do tej pory nie była wynagradzana, a zlecane zadania wykonywała terminowo i z pełnym zaangażowaniem. „Z uwagi na uroczysty charakter spotkania proponuję nie pobierać zobowiązania" – zakończył swój raport. Zgodę dostał. Irena Gietka twierdzi, że nigdy kwiatów od esbeka nie dostała.

Najważniejsza notatka (to ona była koronnym dowodem obrony) sporządzona została 7 sierpnia 1989 roku. Jak zwykle półgodzinne spotkanie odbył już nie chorąży, ale porucznik M. (bo awansował) w pokoju służbowym k.o. „Iwony" w Urzędzie Dzielnicowym Praga-Północ. Dowiedział się od kobiety, że w jej miejscu pracy panuje spokój, ale dużo mówi się o urynkowieniu gospodarki. „Nowe ceny są szokiem, a towarów w sklepach jak nie było, tak nie ma".

We wrześniu 1989 roku porucznika M. zastąpił podporucznik Janusz W., który cztery miesiące wcześniej skończył Wyższą Szkołę Oficerską w Legionowie. Z jego notatek wynikało, że „Iwonę" ocenia identycznie jak poprzednik. W listopadzie poprosił o zgodę na rozwiązanie współpracy i wyrejestrowanie „Iwony". Powodem było jej odejście z pracy. Według esbeckich raportów z „Iwoną" odbyto 14 spotkań konspiracyjnych i pobrano dwa zobowiązania o zachowaniu w tajemnicy treści rozmów. Nie ma natomiast nawet śladu zobowiązania do współpracy!

Spotkania z duchem

Irena pamięta, że do urzędu dzielnicowego często przychodzili funkcjonariusze resortu spraw wewnętrznych. Nie wiedziała, czy to milicjanci czy esbecy. Zresztą rozróżnienie było zbyteczne, bo posiadali jednakowe uprawnienia. Mieli nieskrępowany dostęp do akt meldunkowych i nie potrzebowali do tego konspiracji. Każdy pracownik urzędu miał obowiązek odpowiadać na ich pytania.

Irena zapamiętała też, że szczególnie napastliwy był chorąży (a potem porucznik) M. Groził jej, że jeżeli nie podejmie współpracy z organami, to wyleci z roboty. Po jednej z takich rozmów poszła do swojego kierownika i wszystko mu opowiedziała. Napisała prośbę o rozwiązanie umowy o pracę. W połowie lutego 1989 roku odeszła z urzędu dzielnicowego i podjęła gorzej płatną pracę biurową w przedsiębiorstwie ZREMB. M. nie mógł więc odbyć z nią spotkania w pokoju służbowym 7 sierpnia, a jego następca, Janusz W., we wrześniu. Z tego wniosek, że obaj napisali fałszywe notatki i raporty. Z kim w takim razie rozmawiali? Zapewne z duchem k.o. „Iwony", bo fizycznie w urzędzie już jej nie było.

Według pełnomocnika Ireny w sprawie przed Sądem Rejonowym Warszawa Śródmieście o uznanie jej dyscyplinarnego zwolnienia za bezprawne i przywrócenie do pracy prokurator IPN miał pełną świadomość, że przedstawia fałszywe dowody. Wiedział, że podporucznik W. nie mógł kontynuować spotkań z Ireną Gietką, bo kiedy podjął pracę w SB, jej już w rozpracowywanym obiekcie nie było od kilku miesięcy. A porucznik M. napisał fałszywą notatkę ze spotkania z 7 sierpnia, do którego z przyczyn oczywistych nie mogło dojść. W piśmie procesowym powódka napisała: „Nie ma wątpliwości, że działania prokuratora J. Skroka były całkowicie przemyślane i miały na celu udowodnić wcześniej założoną tezę o mojej współpracy z SB wbrew oczywistym faktom".

Irena walczyła przed sądem o przywrócenie do pracy. Uważała, że IPN zwolnił ją bezprawnie, uznawszy, że złożyła fałszywe oświadczenie lustracyjne. Tymczasem to nie IPN, ale sąd lustracyjny powinien orzec, czy skłamała. A w takim razie z wypowiedzeniem należało poczekać do rozstrzygnięcia sądowego. Sprawę w sądzie lustracyjnym złożył prokurator Skrok.

Prokurator uwierzył teczce wyprodukowanej przez SB, chociaż nie ma w niej ani jednego słowa świadczącego, że Irena faktycznie współpracowała. Trudno za współpracę uznać zapisane przez funkcjonariusza narzekania na warunki pracy czy rozmowy o samopoczuciu, tym bardziej że notatki sprawiają wrażenie preparowanych (dzisiaj powiedzielibyśmy, że esbek użył metody „wytnij–wklej"). Prokurator nie wziął natomiast pod uwagę zeznania przełożonego funkcjonariuszy, Janusza Ołowskiego. Zeznał on, że „Irena Gietka mogła nie wiedzieć, że jest zarejestrowana jako kontakt operacyjny. Musiała mieć natomiast wiedzę, że spotyka się z funkcjonariuszem SB i że przekazuje mu informacje związane z funkcjonowaniem jej miejsca pracy. Według mojej wiedzy urzędnik państwowy miał wtedy obowiązek udzielania informacji SB". Funkcjonariusz SB nie musiał odpytywać jej w sposób konspiracyjny. Mógł całkiem jawnie przeglądać szuflady i dokumenty w urzędzie dzielnicowym i zadawać pytania pracownikom. Wystarczyła do tego legitymacja służbowa. Ale w latach 80., wykonując dyrektywę ministra spraw wewnętrznych Czesława Kiszczaka, SB tworzyła gigantyczną siatkę agentów. Funkcjonariuszy oceniano pod względem liczby zwerbowanych współpracowników. Dlatego werbowali na potęgę, nawet tzw. martwe dusze.

W teczce personalnej Ireny Gietki prokurator widział świadectwa pracy, znał daty i później nie podważył tej chronologii. Czy to znaczy, że świadomie pominął dowód być może najważniejszy w tym postępowaniu? Uznał za to, że podpisane przez nią dwa zobowiązania do zachowania w tajemnicy treści rozmów z chorążym SB są tożsame ze zobowiązaniami do współpracy. O tym, że nie są, mógł się dowiedzieć od kolegów z IPN, historyków badających skomplikowane losy Polaków w czasach PRL.

Skromna urzędniczka dwukrotnie padła ofiarą esbeków. Raz, kiedy uciekając przed nimi, zmieniła pracę na gorszą. I po latach, gdy dopadł ją prokurator.

Proces lustracyjny w sprawie Ireny Gietki ruszył 18 kwietnia 2012 roku. Odbyło się sześć rozpraw. Lustrowana wyjaśniała, że odbyła kilka spotkań z chorążym Tadeuszem M. Musiała z nim rozmawiać, bo dostała polecenie służbowe od przełożonego. Funkcjonariusze SB często zachodzili do urzędu dzielnicowego, interesowali się sprawami meldunkowymi. Ich wizyty traktowano jako coś naturalnego i urzędnicy mieli obowiązek dostarczać im wszelkie dokumenty, jakich zażądali.

Tadeusz M., jak zapamiętała, był osobą natarczywą i nieprzyjemną. Domagał się, aby donosiła mu na koleżanki z pracy. Twierdził, że podejrzewa, iż urzędniczki biorą łapówki. To poważna sprawa i jeżeli Irena Gietka nie będzie z nim współpracować, on spowoduje, że straci pracę i być może trafi za kraty jako podejrzana. Dlatego, czując się zastraszona, o czym poinformowała swojego kierownika, postanowiła uwolnić się od esbeka szantażysty i sama zmieniła pracę. Odeszła na niższe i gorzej płatne stanowisko do ZREMB-u.

Nie miała pojęcia, bo nikt jej o tym nie poinformował, że została przez Tadeusza M. zarejestrowana jako kontakt operacyjny. Nie przyjęła pseudonimu „Iwona" i nie wiedziała, że tak ją uwieczniono w dokumentach SB.

Proces lustracyjny przedłużał się, bo na rozprawy nie stawiał się główny świadek oskarżenia, czyli Tadeusz M. Zmieniał adres, chorował, zmarła mu żona. Jego następca, który przejął prowadzenie rzekomego kontaktu operacyjnego „Iwona", oświadczył w sądzie, że nie znał Ireny Gietki i że widzi ją pierwszy raz na oczy. Nie pamięta, dlaczego napisał notatkę ze spotkania z nią, skoro nigdy nie rozmawiali. Prawdopodobnie przepisywał informacje z poprzednich notatek Tadeusza M. Nazwał taką praktykę „stemplem". Po prostu brało się dokument stworzony przez poprzednika i przepisywało, czasem dodając coś od siebie.

Przełożony Tadeusza M. zeznał, że urzędy dzielnicowe miały obowiązek udzielać wszelkiej pomocy Służbie Bezpieczeństwa i nie było potrzeby werbowania współpracowników, aby te same informacje uzyskiwać w sposób poufny. Stwierdził też, że osoba rejestrowana jako kontakt operacyjny nie musiała o tym wiedzieć i najczęściej nie wiedziała. On Ireny Gietki w ogóle nie pamięta. Oświadczył również, że gdyby wiedział, że jego podwładni pisali notatki z rzekomych spotkań z informatorami w urzędzie dzielnicowym, chociaż osoby te już tam nie pracowały, uznałby to za fałszowanie dokumentów i wyciągnął konsekwencje.

Zeznawało jeszcze kilku byłych funkcjonariuszy SB i każdy z nich miał kłopoty z pamięcią. Tłumaczyli tę przypadłość upływem lat.

Kiedy wreszcie w lipcu 2013 roku przed oblicze sądu trafił główny świadek, czyli Tadeusz M., nikogo nie zdziwił fakt, że na większość pytań miał jedną odpowiedź: Nie pamiętam. Dopiero podczas kolejnego przesłuchania, w marcu 2014 roku, pamięć mu się trochę odświeżyła. Nadal co prawda nie pamiętał, czy w notatkach sprzed 25 lat pisał prawdę, ale „miało miejsce takie zdarzenie, jak pozyskanie Ireny Gietki jako kontaktu operacyjnego".

Kto z kim współpracuje

Sąd orzekł, że Irena Gietka nie popełniła kłamstwa lustracyjnego. Nie wiedziała, że jest zarejestrowana jako kontakt operacyjny. Nie ma żadnego dowodu, że przekazywała Tadeuszowi M. jakąkolwiek wiedzę. Gdyby faktycznie była świadomym k.o., w jej teczce powinny być informacje przekazywane na piśmie albo notatki z informacji ustnych. Tak nakazywała obowiązująca wówczas instrukcja o pracy operacyjnej SB. Sąd stwierdził także, że zarówno Tadeusz M., jak i Janusz W. przynajmniej po jednej ze swoich notatek sfałszowali, bo opisali spotkania, do których w rzeczywistości nie doszło.

W konkluzji sąd oznajmił: „Nie ma wątpliwości, że lustrowana nie podejmowała świadomie konkretnych działań, które realizowałyby rzeczywiste współdziałanie z organami bezpieczeństwa".

Prokurator Jarosław Skrok złożył od tego werdyktu apelację. Na wstępie zarzucił sądowi lustracyjnemu obrazę przepisów polegającą na błędnej ocenie materiału dowodowego, a potem, niczym wytrawny znawca erystyki, zabawił się mnożeniem paradoksów. Stwierdził, że brak pisemnego zobowiązania do współpracy nie dowodzi braku tej współpracy. Wyraził opinię, że podpisane przez Irenę Gietkę zobowiązanie o zachowaniu w tajemnicy treści rozmowy z funkcjonariuszem oznacza de facto zobowiązanie do współpracy. Brak w teczce informacji uzyskanych od kontaktu operacyjnego nie oznacza, że tych informacji nie było. Nie ma też znaczenia, według prokuratora, czy lustrowana miała świadomość, że została pozyskana i zarejestrowana jako kontakt operacyjny. Taka wiedza była bowiem zastrzeżona dla oficera prowadzącego. Na koniec oświadczył, że wiarygodność dokumentów stworzonych przez funkcjonariuszy SB Tadeusza M. i Janusza W. nie budzi najmniejszych wątpliwości.

Prokurator tak jednoznacznie przesądzający o tym, co jest, a co nie jest prawdą, w swojej apelacji ani słowem nie odniósł się do faktu, że przynajmniej dwie notatki tych wiarygodnych funkcjonariuszy SB były fałszywe, bo opisywały fikcyjne zdarzenia (spotkania, do których nie doszło). Jeżeli o tym zapomniał, to jego błąd. Ale jeżeli po raz kolejny świadomie pominął koronny dowód świadczący na rzecz osoby lustrowanej, to znaczy, że podjął coś w rodzaju współpracy z byłymi esbekami i wziął na siebie odpowiedzialność za ich fałszerstwa.

Prokurator apelację przegrał. Sąd wyższej instancji podtrzymał poprzedni wyrok – Irena Gietka nie jest kłamcą lustracyjnym, nie współpracowała z SB. Ten wyrok był już ostateczny.

Przed Oddziałową Komisją Ścigania Zbrodni przeciwko Narodowi Polskiemu w Warszawie toczy się postępowanie w sprawie o popełnienie tzw. zbrodni komunistycznej. Status pokrzywdzonej tym razem nadano Irenie Gietce, ofierze fałszerstw funkcjonariuszy SB.

Późną jesienią 2014 roku sąd pracy nakazał przywrócenie Ireny Gietki na poprzednio zajmowane w IPN stanowisko. Uznał, że nie było najmniejszej podstawy do dyscyplinarnego zwolnienia.

Wytrwałam i wygrałam

Oto opowieść Ireny:

Jestem zwykłą kobietą, urodziłam się w Warszawie i całe życie mieszkam w Warszawie. Skończyłam szkołę średnią, XLI LO im. Lelewela na Żoliborzu. Zdawałam na studia, ale nie dostałam się. Miałam zdawać ponownie w następnym roku, ale potem rodzinne sprawy tak się ułożyły, że opiekowałam się dzieckiem brata, z którym mieszkałam w tym czasie. Dopiero potem opiekę przejęła mama dziecka, czyli moja bratowa. Ona pracowała i doszliśmy do wniosku, że jak ja pójdę do pracy, to dostanę mniejszą pensję. Takie były czasy, że każdy grosz się liczył, aby można było związać koniec z końcem.

Z bratem i bratową zamieszkałam jako dwunastoletnia dziewczynka. Tak się zdarzyło, że wtedy zmarli moi rodzice, jedno po drugim w ciągu kilku dni. Mój brat się mną opiekował, został moim opiekunem prawnym.

Potem poszłam do pracy, trafiłam do urzędu dzielnicowego na Pradze-Północ. Pracowałam tam 16 lat jako urzędniczka, w międzyczasie skończyłam zaocznie wydział prawa w 1986 roku. To były studia dwuetapowe, po skończeniu licencjatu awansowałam na stanowisko zastępcy kierownika wydziału społeczno-administracyjnego. W tym czasie ten wydział zajmował się sprawami meldunkowymi i wydawaniem dowodów osobistych.

Przez szesnaście lat mojej pracy przychodzili milicjanci, dostawali książki meldunkowe do wglądu. Każdy, kto miał legitymację funkcjonariusza, miał prawo oglądać książki meldunkowe. Prawdopodobnie sprawdzali zameldowania, jeśli mieli jakieś wątpliwości. Kto gdzie mieszka i z kim. Jak zaczęłam tam pracować w 1972 roku i starsze koleżanki uczyły mnie, co tam się robi, już pierwszego dnia było powiedziane, że funkcjonariusz, który pokaże legitymację, ma prawo wejść za ladę, i panie pozwalały im brać nawet z regałów książki meldunkowe. Nie można było się sprzeciwić.

W roku 1986 przyszedł mój szef – byłam wtedy zastępcą naczelnika wydziału i zajmowałam się sprawami ewidencji ludności – z funkcjonariuszem, podał jego nazwisko i powiedział, że jest prowadzone jakieś dochodzenie, jakaś sprawa, która ma wyjaśnić branie łapówek przez urzędników, że wpłynęły jakieś anonimy, które zarzucały urzędnikom branie łapówek w urzędzie. Był to pierwszy funkcjonariusz w trakcie mojej pracy w urzędzie, który został mi przedstawiony z imienia i nazwiska. Był nim Tadeusz M., ten sam, który założył mi teczkę, o czym wtedy, rzecz jasna, nie wiedziałam. Kilka razy się pojawiał i pytał o te łapówki. Był nachalny i nieprzyjemny.

Przez niego odeszłam z pracy, bo zaczął mnie straszyć, że ja toleruję branie łapówek, że będę za to odpowiadać. Nie tylko ci, co łapówki biorą, odpowiadają karnie, ale i ci, co ich kryją. Mówił wprost, że ja ich kryję i nie chcę ujawnić, kto bierze. A ja naprawdę nic o żadnych łapówkach nie słyszałam. Wydźwięk tych rozmów był taki, że jak nie będę współpracować, to on mnie załatwi, pracy nigdzie nie znajdę.

Wystraszyłam się, bo w tym wydziale miała miejsce taka historia, że trzy pracownice, zanim jeszcze zostałam tym kierownikiem, zostały aresztowane. Wyprowadzono je z urzędu na oczach ludzi i nie było ich parę miesięcy. Siedziały w areszcie. Potem wróciły, bo się sprawy powyjaśniały. One okazały się niewinne, ale nie zostały ponownie zatrudnione w urzędzie.

Podejrzewałam, że przez tego funkcjonariusza była zrobiona prowokacja. Przyszło do mnie dwóch ludzi, którzy najpierw zapytali, czy ja to jestem ja, a kiedy potwierdziłam, to oświadczyli, że chcą ze mną porozmawiać o przydziałach mieszkań. Ja powiedziałam, że takich spraw nie załatwiam, a oni upierali się, że można się dogadać i oni wiedzą, że ja załatwiam za pieniądze mieszkania. Udawali interesantów, ale byli nachalni, nie chcieli opuścić pokoju. Otworzyłam drzwi na oścież i kazałam im wyjść. Dzwoniłam do szefa, żeby pomógł mi usunąć tych ludzi. Po tej prowokacji coraz bardziej się bałam. Wtedy właśnie mój wieloletni znajomy Wiesław Stempień pomógł mi załatwić pracę w Biurze Projektów. To była posada znacznie gorzej płatna, ale nie chciałam już być dłużej nękana przez tego funkcjonariusza. Piętnastego lutego 1989 roku odeszłam z Urzędu Dzielnicowego Praga-Północ.

Pracę w Biurze Projektów traktowałam jako tymczasową, w międzyczasie szukałam innej. W końcu przeszłam do pracy na PKP, w tym czasie to się nazywało Centrum Informatyki Kolejnictwa i zajmowało się informatyzacją PKP. Trafiłam tam do wydziału kadr. Uczyłam się tych obowiązków od początku, bo z kadrami nie miałam przecież nic wspólnego. Praca w kadrach obejmuje mnóstwo zagadnień: przyjęcia pracowników, zwolnienia pracowników, udzielanie urlopów, wyliczanie, ile się komu należy urlopu, udzielanie urlopów bezpłatnych i mnóstwo podobnych spraw. Pracowałam tam do roku 2000, do czasu restrukturyzacji na PKP.

Wtedy nadarzyła się okazja, że zaczął się tworzyć Instytut Pamięci Narodowej. Dowiedziałam się, że IPN poszukuje pracowników do kadr, powiedziała mi o tym koleżanka, która sama znalazła tam zatrudnienie. Zgłosiłam się do nich i początkowo przez dwa tygodnie byłam zatrudniona na umowę zlecenie, potem na umowę o pracę na czas określony, aż wreszcie dostałam etat na czas nieokreślony.

Radziłam się Wiesława i doradzał mi podjęcie tej pracy. Miałam do niego zaufanie, bo to absolutnie uczciwy człowiek i całkowicie bezinteresowny. A do tego bardzo dzielny. Był sportowcem, zapaśnikiem. Jako młody zawodnik był mistrzem Polski juniorów. Potem zakończył karierę sportową, bo stanął przed wyborem: albo studia, albo sport.

Miał wypadek w dzieciństwie. To było krótko po wojnie. Znalazł jakiś niewypał, nastąpił wybuch, odniósł poważne obrażenia, stracił prawą rękę. Już wtedy trenował zapasy i kiedy jako tako doszedł do siebie po wypadku z niewypałem, powrócił do tych treningów. Zdobywał tytuły mistrzowskie, walcząc z pełnosprawnymi.

Podobno miał kłopoty, bo nie wszyscy chcieli dopuszczać go do tych walk. Były jakieś przeszkody, bo niektórzy uważali, że on nie powinien walczyć razem z pełnosprawnymi zawodnikami, ale na szczęście inni uważali, że nic nie stoi na przeszkodzie. Po zakończeniu kariery zajął się działalnością trenerską, potem był współzałożycielem klubu zapaśniczego Mazowsze Teresin.

W IPN czułam się dobrze. Pracy było dużo, ale w życzliwej atmosferze to nie jest dolegliwe. I nagle po dziesięciu latach, po nagrodach i orderach, jakimi mnie wyróżniano, jak grom z jasnego nieba spada na mnie wiadomość, że mam wyczyścić biurko i do widzenia. Nagle wezwano mnie do dyrektora generalnego i oświadczono, że mam złożyć prośbę o rozwiązanie umowy za porozumieniem stron, ponieważ znaleziono dokumenty, z których wynika, że byłam współpracownikiem SB i że jestem kłamcą lustracyjnym. Wiem, kim jestem. Wiem, kim byłam. Poczułam z jednej strony złość, z drugiej żal, że moja instytucja traktuje mnie jak wroga. Prosiłam, żeby przedstawiono mi dokumenty, z których to miałoby wynikać, ale powiedziano mi, że to są dokumenty ściśle tajne. W związku z tym nie tylko ja ich nie zobaczę, ale nawet pan dyrektor, który mi te zarzuty stawiał, też ich nie widział. Nic mi nie przedstawiono, wszystko odbyło się na gębę.

Ta rozmowa miała miejsce 20 stycznia 2010 roku, odbyła się około godziny 8.30, może 9.00. Powiedziałam, że żadnego podania o zwolnienie nie napiszę. Rozmowa zakończyła się stwierdzeniem, żebym to wszystko przemyślała, bo jeżeli nie napiszę tego podania, to zostanę zwolniona dyscyplinarnie. Po kilku godzinach zostałam ponownie wezwana do dyrektora i zapytano mnie o decyzję. Powiedziałam, że zdania nie zmieniłam. Wtedy pan dyrektor wręczył mi pismo, z którego wynikało, że jestem zwolniona dyscyplinarnie w trybie natychmiastowym. Musiałam wrócić do swojego pokoju, zabrać swoje rzeczy, oczyścić biurko i opuścić budynek. Tym czynnościom asystowała pani naczelnik wydziału kadr, która była moim zwierzchnikiem. Poczekała, aż zabiorę swoje rzeczy i włożę palto. Koleżanki nie wiedziały, co się stało, patrzyły przestraszone. Kiedy powiedziałam im, że zostałam zwolniona dyscyplinarnie, bo zarzucono mi, że jestem współpracownikiem SB, zaniemówiły. Chyba ze zdumienia.

Wyszłam z firmy bardzo roztrzęsiona, skołowana i przybita. Poszłam do domu popłakać i zadzwoniłam do Wiesława. Bardzo się zdenerwował, ale mi nakazał, abym się wzięła w garść. To on natchnął mnie bojowym duchem. Mówił, że trzeba walczyć. Wiedział przecież, że nie tylko nie byłam donosicielką Służby Bezpieczeństwa, ale stałam się ofiarą esbeków. To przez nich musiałam odejść z urzędu dzielnicowego, gdzie pracowałam tyle lat, byłam doceniana, miałam stanowisko zastępcy kierownika, dobrą pensję i perspektywy na awans.

Postanowiłam najpierw złożyć do sądu wniosek o przywrócenie do pracy. Uważałam, że to zwolnienie było niesłuszne i że nie było podstaw do takiej decyzji. Mimo tego całego koszmaru musiałam się zmobilizować i napisać ten pozew. Pomagał mi w tym Wiesław, który był prawnikiem. On wiedział, jak to napisać.

Jak zostałam zwolniona z pracy, to po kilku dniach dostałam zawiadomienie, że moje oświadczenie lustracyjne wzbudziło wątpliwości i że mogę złożyć wyjaśnienia. Zawiadomienie było podpisane przez prokuratora lustracyjnego. Byłam zdziwiona, bo najpierw zwalniają, a potem zawiadamiają o możliwości złożenia wyjaśnień. Zresztą z rozmowy z panem dyrektorem nie wynikało, że są jakieś wątpliwości, wręcz przeciwnie.

Jak już mówiłam, dyrektor też nie widział mojej teczki.

Jak złożyłam pozew o przywrócenie do pracy i sąd pracy zażądał moich akt osobowych, to się dopiero doczytałam, że do pana dyrektora generalnego wpłynęło pismo od prokuratora z biura lustracyjnego, w którym było napisane, że prowadzone jest postępowanie weryfikacyjne dotyczące złożonego przeze mnie oświadczenia lustracyjnego. Było tam zaznaczone osobnym zdaniem, że postępowanie weryfikacyjne jest nadal w toku.

Na tym piśmie dyrektor zamieścił swoją adnotację z prośbą o przygotowanie dokumentów do zwolnienia. To była sprzeczność, bo skoro jest napisane, że trwa postępowanie weryfikacyjne, to oznacza, że nic nie zostało jeszcze ustalone.

Natomiast w dokumencie o rozwiązaniu umowy o pracę zostało jednoznacznie stwierdzone, że złożyłam niezgodne z prawdą oświadczenie lustracyjne, ponieważ byłam w latach takich a takich współpracownikiem SB.

Dwudziestego czwartego lutego 2000 roku prokurator IPN złożył do sądu wniosek o przeprowadzenie lustracji. Przysłał mi pismo o możliwości złożenia wyjaśnień w tej sprawie. Mój pełnomocnik odpisał, że ja się nie stawię, tylko wyjaśnienia złożę przed sądem.

W sądach miałam więc dwie sprawy: o przywrócenie do pracy i postępowanie lustracyjne. Pierwszy raz w życiu znalazłam się w takiej sądowej sytuacji. Dla człowieka, który wcześniej w sądzie nie bywał, takie uwikłanie jest dolegliwe.

Moja sytuacja była wtedy nie do pozazdroszczenia. Zwolnienie w trybie natychmiastowym spowodowało, że znalazłam się bez środków do życia. Dopiero po jakimś czasie ZUS przyznał mi prawo do wcześniejszej emerytury.

Do tej pory nie wiem, o co chodziło prokuratorowi z IPN, bo miał wszystkie dokumenty dotyczące mojej pracy i doskonale wiedział, kiedy pracowałam w urzędzie i kiedy się zwolniłam. Notatki, na których opierał swoje oskarżenia prokurator, były sporządzone już po moim odejściu z urzędu, a funkcjonariusz stwierdza w nich, że spotkał się ze mną w urzędzie i że przekazywałam mu informacje dotyczące samopoczucia. Dlaczego funkcjonariusz SB tworzył taką fikcję, nie mam pojęcia. Nie znam zasad panujących w tych służbach. Widocznie miał z tego jakąś korzyść.

Prokurator, który sporządził wniosek lustracyjny, nie przesłuchał tego funkcjonariusza, bo nie mógł go odnaleźć. Skierował wniosek do sądu bez przesłuchania kluczowego świadka. Natomiast sąd przez dwa lata nie zrobił nic poza przysłaniem mi wniosku lustracyjnego. Potem nic się nie działo. Zresztą w obu sprawach, bo tę o przywrócenie mnie do pracy sąd zawiesił do czasu rozstrzygnięcia lustracyjnego.

Dwukrotnie pisałam do sądu z prośbą o wszczęcie sprawy lustracyjnej, ale bez odzewu. Dopiero jak po dwóch latach napisałam skargę na przewlekłość postępowania, dostałam z sądu wyjaśnienie. Sprawa nie trafiła na wokandę z powodu dużej ilości innych spraw, które mieli do rozpatrzenia. Wysłałam skargę do sądu apelacyjnego, a ten uznał, że nie było żadnego uzasadnienia, żeby tę sprawę trzymać dwa lata. Wtedy proces lustracyjny ruszył. Przesłuchano kilku funkcjonariuszy SB. Stawił się wreszcie ten, który narobił tego kłopotu, czyli były porucznik SB Tadeusz M.

W lipcu 2013 roku został przesłuchany. W marcu 2014 roku sprawa lustracyjna wreszcie się zakończyła. Sąd wydał orzeczenie, że moje oświadczenie lustracyjne było zgodne z prawdą.

Poczułam ogromną ulgę. Trwało to od stycznia 2010 do końca marca 2014 roku.

Ale okazało się, że to jeszcze nie koniec gehenny, bo prokurator IPN złożył apelację.

Sprawa apelacyjna odbyła się we wrześniu 2014 roku i sąd apelacyjny utrzymał w mocy postanowienie sądu okręgowego. Dopiero wówczas mogłam zwrócić się do sądu pracy o odwieszenie postępowania w sprawie o przywrócenie do pracy. Sąd pracy ustalił termin rozprawy na 29 października 2014 roku i tego dnia przywrócił mnie do pracy.

Do IPN wróciłam 12 grudnia 2014 roku. Obawiałam się, że to taki powrót tylko pro forma i szybko wręczą mi wypowiedzenie w normalnym trybie, ale jestem mile zaskoczona, bo na razie do niczego takiego nie doszło. Spokojnie pracuję i wszyscy są dla mnie bardzo mili. Zostałam bardzo sympatycznie przyjęta przez naczelnika wydziału kadr, rozmawiałam też z obecnym dyrektorem generalnym.

Pytacie państwo, czy mam świadomość, że wygrałam walkę z potężną instytucją. Mam poczucie, że dałam radę. Trzeba było dużo wysiłku i samozaparcia, żeby wytrwać i się nie wycofać. Może ludzie, którzy walczą w pojedynkę z instytucjami, nabiorą otuchy, że nie zawsze się przegrywa, że czasami ta sprawiedliwość jest też dostępna dla zwykłych ludzi.

Zapaśnik, który nigdy się nie poddał

Wiesław Stempień, który tak dzielnie wspierał Irenę w jej walce o sprawiedliwość, nie kibicował jej w dniu, w którym powróciła do pracy. To nie pasowało do niego, bo wcześniej na wszystkie rozprawy stawiał się punktualnie jak szwajcarski zegarek, nie opuścił żadnej. Emocjonowały go zeznania esbeków. Akta znał na pamięć, natychmiast reagował na każdą próbę mijania się z prawdą przez świadków. Wielokrotnie sąd go napominał, aby zachował spokój.

Nie chciał być spokojny, bo nigdy nie był pokorną duszą. Miał serce wojownika. W młodości na zapaśniczej macie nie poddawał się nawet w przegranej sytuacji. Miał żelazny chwyt lewą ręką. Lewą z konieczności, bo prawą stracił w wybuchu niewypału. Inwalidztwo mobilizowało go do aktywności, nie zamierzał się poddawać. Za to w środowisku zapaśniczym szanowano go i traktowano z atencją.

Pod koniec procesu na przejściu kolejowym w rodzinnej podwarszawskiej miejscowości nie zauważył zbliżającego się pociągu. Poturbowany trafił do szpitala. Na kolejną rozprawę wnieśli go na salę młodzi zapaśnicy z Teresina, gdzie był trenerem. Przecież nie mógłby sobie darować, gdyby Irena musiała walczyć sama. Był na ogłoszeniu wyroku i nie krył radości. Potem wrócił do szpitala.

Z ran się już wylizywał, miał w tym przecież doświadczenie, ale w szpitalu zaraził się półpaścem. Potem doszło zapalenie płuc. To nie Wiesław Stempień poddał się chorobom, ale ktoś z góry upomniał się o niego. Odszedł spokojnie, w ciszy.

Te słowa piszemy, aby oddać mu cześć.

Rozdział 10

Irina, siostra Tolika

Przyjechała z Rosji do Polski za głosem serca. Zakochała się, wyszła tu za mąż, założyła firmę. On przyjechał za nią, żeby być w pobliżu. Siostra i brat. Wychowani w dobrej, mieszczańskiej rodzinie. Wspierali się od dzieciństwa, ufali sobie bezgranicznie. Kiedy Irina dowiedziała się o aresztowaniu Tolika i postawionych mu zarzutach, pomyślała, że to koszmarna pomyłka i wszystko zaraz się wyjaśni. Nawet przez chwilę nie wątpiła w jego niewinność. I chociaż minęły lata, a on wciąż jest za kratkami, dziś tylko sądy utrzymują, że jej brat jest mordercą. Irina już dawno udowodniła, jak bardzo się mylą.

Dobre chwile

Urodzili się w Moskwie, w latach 60., Giennadij (dla bliskich Tolik) trzy lata wcześniej od siostry. Mieli szczęśliwe dzieciństwo, kochających rodziców i troskliwą nianię. Mieszkali nad rzeką Moskwą, w pełnym zieleni i starocerkiewnych budowli mieście Dzierżyński, gdzie wszyscy się znali.

– Na ulicach w ogóle nie było koszy na śmieci, a i tak wszędzie było czysto – wspomina Irina. – Nasi rodzice ciężko pracowali, mama od czternastego roku życia, ale sprawiedliwie przekładało się to na dochody. W domu niczego nie brakowało, jeździliśmy na wczasy całą rodziną. Spędzaliśmy je nad Morzem Czarnym. Podróżowaliśmy samolotem. Wszyscy się cieszyli, tylko nie Tolik. Zawsze musiał odchorować lot. Miał zaburzenia błędnika i wciąż go mdliło.

Mama Iriny i Giennadija przyjechała z głębi Rosji do Moskwy na dachu pociągu. Zatrzymała się u ciotki z sądownictwa, pilnowała jej dziecka. Krótko potem trafiła do pracy w fabryce kobierców. Spędzała w niej większość czasu. Po godzinach brała fuchy w domach prominentów na renowację bogato zdobionych dywanów. Zabierała ze sobą córkę, a ta nie mogła oderwać oczu od antyków i obrazów, które tam widziała. Chodziła z zadartą głową i dotykała tych cudów.

Ojciec był „specjalistą w instytucie" – strzeżonym dzień i noc obiekcie militarnym. Bez przepustki nikt nie dostał się za bramę. W instytucie produkowano części do rakiet. W domu nigdy o tym nie rozmawiano.

– Tata był duszą towarzystwa – mówi Irina. – Grał na bałałajce i pięknie śpiewał. Bardzo nas kochał, jednak wychowywał rygorystycznie. Musieliśmy przestrzegać porządku w mieszkaniu i równo układać pościel. Mieliśmy z Tolikiem jeden pokój: ja spałam na łóżku, on na kuszetce. Pewnie trudno w to uwierzyć, ale nigdy się nie kłóciliśmy, choć z utrzymaniem porządku różnie bywało. – Śmieje się na samo wspomnienie wspólnych lat z bratem.

Tolik był piekielnie zdolny. Zwinny jak kot, wysportowany, grał na wielu instrumentach i tańczył w balecie.

W grupie baletowej był rodzynkiem: on jeden i same dziewczyny. Rodzicielskie uczucia dzielono w miarę sprawiedliwie, Irina czuła jednak, że oczkiem w głowie mamy jest Tolik. To jego posłała do szkoły muzycznej, chociaż właśnie Irina marzyła o grze na fortepianie. Ojciec robił wszystko, aby nigdy nie czuła się gorsza od brata. Miała piękne zabawki i stroje jak księżniczka.

Chodzili do szkoły na dwie zmiany. Kiedy on się uczył, ona przebierała się za gwiazdę i wyginała przed lustrem, śpiewając w zmyślonych językach przeboje z radia. Któregoś dnia Tolik wrócił wcześniej z lekcji, schował się za firanką i stał nieruchomo. Nieświadoma jego obecności wyczyniała przed lustrem cuda. Kiedy wyszedł zza firanki, prawie umarła ze strachu, za to on miał ubaw po pachy.

– Lubił mnie straszyć. Nienawidziłam go za to. – Irina śmieje się. – Prawdę mówiąc, nie mogłam mieć fajniejszego brata. Zawsze stawał w mojej obronie. Kiedyś w szkole Miszka Ogalcow strasznie mnie upokorzył. Wziął mnie pod pachy i przewrócił do góry nogami. Wisiałam tak, świecąc majtkami. Ale wstyd... Chciałam się zapaść pod ziemię. Poskarżyłam się bratu. „Nie martw się, siostra, ja mu nastukam" – obiecał mi Tolik.

Jak powiedział, tak zrobił. Od tamtej pory zawsze mogła na niego liczyć. Nikt jej nie podskoczył. Stawała się piękną dziewczyną, która na skinienie mogłaby mieć każdego chłopaka. Słomkowe włosy, zielone oczy i figura modelki. Tolik wiedział, jak należy takiego skarbu pilnować.

Zwierzęta były w ich domu członkami rodziny. Najbardziej kochali kotkę Ciapkę. Miała tak łagodną naturę, że tuliły się do niej nawet białe myszy. Tolik przyniósł ją do domu, gdy miała nie więcej niż trzy tygodnie. Ugniatała łapkami i ssała koszulę nocną Iriny. Mówili, że ma chorobę sierocą. Tulili ją na zmianę, żeby nigdy nie czuła się samotna.

– Któregoś dnia Tolik przybiegł do mnie do szkoły zziajany i przerażony – opowiada Irina. – „Ciapka wypadła z balkonu!", krzyczał ze łzami w oczach. Była ciężarna, lada dzień miała urodzić. I wypadła z ósmego piętra. Zginęła na miejscu, lecz jej brzuch wciąż się ruszał. Pochylaliśmy się nad nią, chcąc wyciągnąć żywe jeszcze kocięta. Ale musielibyśmy rozciąć brzuch, czego przecież żadne z nas nie umiało zrobić. Staliśmy bezradni nad martwą Ciapką, trzymaliśmy się za ręce i patrzyliśmy, jak jej brzuch przestaje się ruszać.

To najgorsze wspomnienie z dzieciństwa.

Za głosem serca

Tęskniła za bratem, kiedy wzięto go do wojska.

– Służył na Uralu, bardzo mi go brakowało – przyznaje Irina. – Wrócił w stopniu starszego kaprala, odmieniony, wysportowany. Zdobył dla swojej jednostki medal w akrobacjach na drążku. Byłam z niego taka dumna!

Giennadij zawsze miał szczęście do kobiet. Kochały się w nim na zabój. Dwie chciały ułożyć sobie z nim życie. Urodziły mu dzieci: córkę i syna. Żadnej jednak nie udało się zatrzymać go na dłużej. Irina nie wtrącała się w życie brata, nie moralizowała. „Lekkoduch. Kiedyś i na niego przyjdzie czas" – tłumaczyła Tolika przed rodzicami.

On zarabiał na życie grą i śpiewem. Ona zatrudniła się

w moskiewskiej placówce Czerwonego Krzyża. Była pielęgniarką. Chciała wyjechać do Afryki. Pewnie tak by się stało, gdyby nie poznała Czarka. Przystojny Polak przyjechał do Moskwy na studia. Dostał się na Akademię Wojskową, na politologię. Czarek miał dwadzieścia osiem lat, Irina dwadzieścia pięć. Od pierwszej chwili wiedziała, że pójdzie za nim na koniec świata. Nie musiała aż tak daleko. Wystarczyło do Polski.

– Działo się to jeszcze za komuny – Irina przywołuje wspomnienia. – Przyjechałam do Polski, aby poznać rodziców Czarka. Średnia płaca w waszym kraju nie przekraczała wtedy trzydziestu dolarów, a ja miałam w torebce tysiąc. Poza tym ruble, złoto i talony na paliwo. Podróżowaliśmy z Czarkiem „maluchem", więc wyobraźcie sobie, jak wyglądała nasza podróż. – Śmieje się.

Jechali z Moskwy do Szczecina, tysiące kilometrów. Zatrzymali się w Łowiczu.

– Tam zgubiłam torebkę z całym majątkiem. Byłam zdruzgotana i spłukana. Milicjanci dali nam swoje talony, bo inaczej nie moglibyśmy zatankować. Trudno uwierzyć, ale zguba znalazła się z całą zawartością. Uznałam to za dobry znak na starcie mojego nowego życia.

Czarek świata poza nią nie widział. Wkrótce urodziła się Wiktoria. Kupili piękny dom, zainwestowali we własny biznes. W wolnej Polsce było miejsce dla takich jak oni: młodych, przedsiębiorczych, niebojących się ryzyka. Zaczęli od przygranicznego handlu z Niemcami. W Osinowie otworzyli sklep spożywczy. Zaledwie w kilka godzin zarobili dwa tysiące marek, chociaż nie mieli nawet wagi sklepowej, a ser kroili „na oko". Z czasem dorobili się dużego sklepu z winami. Irina zajęła się też handlem antykami i projektowaniem wnętrz. Wygrywała branżowe konkursy, m.in. na najpiękniejsze aranżacje pomieszczeń. Szybko zyskała rzeszę klientów i własną markę.

Giennadij przyjechał do Polski za siostrą. Pomagał jej i Czarkowi na targowisku w Osinowie. Tutaj poznał dziewczynę, zakochał się i wreszcie ożenił. Urodził się jego kolejny syn, Alan.

Dobre chwile skończyły się pewnego październikowego poranka. Była połowa lat 90.

„Pod dachami Paryża"

Telefon od żony brata zaskoczył Irinę, ale nie przeraził.

– Powiedziała, że policja zamknęła Tolika za zabójstwo, ale od razu dodała, żebym się nie martwiła, bo to pomyłka i on zaraz wyjdzie – opowiada Irina. – Właśnie rozmawiała z panią prokurator prowadzącą śledztwo. Ta uspokoiła ją: „Nie ma żadnych dowodów, że to on zabił". Żona Tolika wynajęła dobrego adwokata, mówiła, że są świadkowie. Jeżeli ona była spokojna, to ja też nie miałam powodów do paniki.

Zabójstwo niejakiego Artura S., w które wplątał się brat Iriny, rozegrało się „Pod dachami Paryża". Tak szczecinianie mówili o placu w centrum miasta, gdzie przed laty spaliła się „Kaskada", ekskluzywny lokal gastronomiczny z czasów PRL. Dziś w tym miejscu jest galeria handlowa, wtedy był tam całodobowy bar pod chmurką o nie najlepszej reputacji. Co Giennadij robił „Pod dachami Paryża"?

– Pokłócił się z żoną. Wyszedł z domu i nie wrócił na noc – tłumaczy brata Irina. – Na posiedzenie sądu w jego sprawie poszłam z mamą. Właśnie przyjechała z Moskwy, aby zaopiekować się synem, kiedy go uwolnią. Ale sąd orzekł tymczasowe aresztowanie na wiele miesięcy. Wtedy jeszcze nikt nie przypuszczał, że Tolik już nie wyjdzie na wolność.

Ranionego nożem w brzuch mężczyznę znaleziono wczesnym rankiem na chodniku przed barem, w którym noc spędził Giennadij. Zmarł wkrótce w szpitalu. W ostatnich godzinach życia biesiadował ze znanym z krewkiego temperamentu recydywistą Robertem M. „Pod dachami Paryża" mówiono o nim „człowiek z nożem". To on obciążył brata Iriny winą za śmierć Artura S. Powiedział policji, że Rosjanin „wyciągnął do niego rękę i wtedy tamten padł". W chwili zatrzymania Giennadij Magierski miał przy sobie nóż sprężynowy idealnie pasujący do rany zadanej tamtemu mężczyźnie. „Nazywam się Wasilij Siedow. Jestem obywatelem Kazachstanu" – okłamał funkcjonariuszy. Przeszukano jego mieszkanie. Znaleziono kajdanki, kolejny nóż sprężynowy, naboje do pistoletu oraz znaczną ilość papierosów bez akcyzy. Wszystkie te rzeczy uznano za dowody pośrednio wskazujące na działalność przestępczą Rosjanina. Irina była przekonana, że jej brat znalazł się w złym czasie w złym miejscu.

Śledztwo w sprawie zabójstwa prowadziła ambitna asesor szczecińskiej prokuratury Renata Pietrzak (szybko awansowała do elitarnego wydziału do walki z przestępczością zorganizowaną, dziś kontynuuje karierę w Warszawie, w Prokuraturze Generalnej). Giennadij Magierski nie ułatwiał jej zadania. Najpierw długo milczał, a potem przekonywał, że w chwili zbrodni w ogóle nie było go „Pod dachami Paryża".

– Milczał, bo tak doradził mu adwokat – wyjaśnia Irina. – Był spokojny, przecież świadkowie widzieli furiata wymachującego nożem. Wierzył, że powiedzą, jak było. Pani prokurator, która przesłuchiwała mojego brata, mówiła mu, że zwolni go z aresztu, kiedy przestanie kryć zabójcę. Tolik nie wiedział, kto zabił, więc co miał jej powiedzieć?

Rusek poszedł siedzieć

Giennadij zmienił taktykę, gdy nożownik recydywista opuścił areszt. Świadkowie, na których tak liczył, twierdzili, że nic nie widzieli, nic nie słyszeli. Musiał się bronić. Zaczął zeznawać, ale w jego wersji było wiele niedopowiedzeń. Zarzekał się, że opuścił bar o trzeciej nad ranem w towarzystwie nowo poznanej kobiety. Była mężatką, a on żonaty, więc nie chciał się wdawać w szczegóły. Miał pojawić się z powrotem dopiero po kilku godzinach, już nad ranem. W toalecie publicznej, nieopodal miejsca biesiady, znalazł piękny nóż z rysunkiem smoka. Włożył go do kieszeni zadowolony, że takie cacko mu się trafiło. Skąd miał wiedzieć, że to narzędzie zbrodni… Wracał już do domu, gdy spotkał dwóch mężczyzn, którzy tę noc spędzili przy sąsiednich stolikach. Byli mocno wcięci. Jeden z nich to recydywista Robert M. Pogadali jak starzy znajomi i przeszli się razem przez miasto. Po drodze wdepnęli do sklepu spożywczego. Robert M. ukradł mleko, sprzedawczyni wezwała policję i około siódmej rano całą trójkę zapakowano do radiowozu. „Nie miałem pojęcia, że w tym czasie ktoś umierał przed barem" – twierdził konsekwentnie Giennadij Magierski.

Atmosfera medialna wokół Rosjan w Polsce i przestępczości z ich udziałem nie sprzyjała obronie... To był czas krwawych tarć między gangsterami zza wschodniej granicy a lokalnymi, rosnącymi w siłę „zorganizowanymi grupami o charakterze zbrojnym" (jak zwykła je nazywać prokuratura). Przestępcy walczyli o wpływy z handlu narkotykami, bronią i kradzionymi samochodami. O tzw. ruskiej mafii w Polsce policja wiedziała niewiele. Każdy, kto miał broń, kajdanki i pochodził z Moskwy, wydawał się człowiekiem z tamtejszej organizacji przestępczej. Na ulicach strzelano, a media donosiły o „killerach zza wschodniej granicy". O zabójstwie „Pod dachami Paryża" pisano w gazetach w podobnym tonie.

Sąd nie uwierzył Giennadijowi. Za zabójstwo Artura S. skazał go na 15 lat więzienia i 10 lat pozbawienia praw publicznych. Proces miał charakter poszlakowy. „Świadkowie zbrodni przeważnie woleli milczeć, nie zgłaszać się, co świadczy po części o znieczulicy, a po części o ich obawie przed zemstą oskarżonego lub jego środowiska" – czytamy w uzasadnieniu wyroku. „Dzieje się tak również za sprawą faktu, że na terenie Polski i Szczecina poważny udział w ciężkich zbrodniach – zabójstwach, rozbojach mają obecnie jako sprawcy przybysze z byłego ZSRR. Nie dyskryminując więc oskarżonego jako człowieka, trzeba wziąć pod uwagę oddziaływanie kary również w ich środowisku".

– Wystarczyły trzy rozprawy, aby bezspornie uznać jego winę – zauważa Irina. – Świadkowie myśleli o własnym bezpieczeństwie, a nie o losie mojego brata. Po ludzku się bali, bo przecież prawdziwy zabójca był na wolności. Sędzia widział niezdecydowanie świadków, ale nie pomógł im przełamać strachu. Zagroził, że za ukrywanie prawdy będą mieli zarzuty. Dlatego woleli zeznać, że nic nie widzieli.

„Wszystkie okoliczności niewyjaśnione w trakcie śledztwa i procesu obróciły się przeciwko mnie. Nikt nie wziął pod uwagę, że świadkowie mogą bać się nie Rosjanina, lecz prawdziwego zabójcy" – komentował wyrok Giennadij Magierski.

Mecenas Antoni Pełczyński, który reprezentował oskarżonego, w apelacji od wyroku przytaczał następujące fakty świadczące – jego zdaniem – o niewinności brata Iriny:

„Gdyby oskarżony istotnie był zabójcą, to na pewno nie zatrzymałby noża. Zwłaszcza z plamami krwi. Nie ustalono jakichkolwiek związków oskarżonego z denatem i tego, aby w ogóle się znali. Zupełny brak motywu w działaniach Giennadija Magierskiego przy rozważaniu jego ewentualnej winy ma znaczenie zasadnicze, co zostało przez sąd pierwszej instancji niedocenione. Zeznania barmanki, osoby trzeźwej, powinny być ocenione inaczej, a ich treść wskazuje na to, że w czasie, kiedy miało miejsce wydarzenie, oskarżonego nie było w barze. Miejsce, z którego jedyny naoczny świadek miał obserwować zdarzenie, jest zadrzewione. Przy znajomości tego terenu należy przyjąć, że jakakolwiek stamtąd obserwacja w ogóle nie była możliwa. Wbrew ustaleniom sądu plamy krwi na kurtce oskarżonego nie przystają do krwi denata, gdyż – jak wynika to z ekspertyz – nie zawierają enzymu AcP wchodzącego w skład krwi Artura S."

– Jestem absolutnie przekonany o niewinności Giennadija Magierskiego. Ten człowiek padł ofiarą pomyłki sądowej – powiedział nam wtedy mecenas Pełczyński.

Żona Tolika nie była tego taka pewna. Kiedy Sąd Apelacyjny w Poznaniu, a potem Sąd Najwyższy utrzymały wyrok, przestała przychodzić na widzenia i wniosła o rozwód. Nie chciała być żoną mordercy.

Brat Iriny nigdy nie pogodził się z wyrokiem. Kiedy dotarło do niego, że pisma do rzecznika praw obywatelskich, trybunału w Strasburgu i ministra sprawiedliwości nic nie zmienią – zupełnie się poddał. Chciał umrzeć. Głodował w celi czterdzieści dni. Ledwie go odratowano. Więźniowie często podejmują głodówkę, ale zawsze wtedy, gdy mogą coś wytargować, na przykład niższy wyrok lub wygodniejszą celę. Irina wiedziała, że Tolik nie robi tego na pokaz, bo niczego już nie wytarguje. Wyrok był prawomocny, a możliwości odwoławcze zostały wyczerpane. „W nic już nie wierzę, z niczego nie potrafię się cieszyć" – tłumaczył jej Giennadij, prosząc, by na siłę go nie ratowała. – „Straciłem w życiu wszystko. Przede wszystkim nadzieję".

„Wyślizgany od głowy"

Recydywista Robert M., którego zeznania przyczyniły się do skazania Giennadija Magierskiego, przy okazji innej sprawy karnej wkrótce sam trafił za kratki. Siedział w celi z włamywaczem i pochwalił mu się, że „wyślizgał się od głowy" (czyli sprawy o zabójstwo). Twierdził, że poukładał się z policją. Powiedział im, co chcieli, i dzięki temu ma spokojne życie. Mówił koledze w celi: „Co się będę Ruskiem przejmował".

W środowisku więziennym zawrzało. Informacja dotarła m.in. do Lecha Podoleckiego, prezesa zarządu Fundacji Instytutu św. Brata Alberta, prowadzącego wśród skazanych terapię antyalkoholową.

– Robert M. oskarżył niewinnego człowieka i za to został wyrzucony z grona grypsujących – powiedział nam wtedy Podolecki. – Zakład karny chroni go przed zemstą oburzonego środowiska przestępczego. Namawiałem Roberta M., aby przyznał się do winy, powołał na wyrzuty sumienia, to dostanie łagodniejszy wyrok. Ale ten szedł w zaparte. Ostatnio dostałem od niego gryps, w którym zaczął mnie straszyć. Musiałem odpuścić.

Irina postanowiła dotrzeć do ludzi, którzy tamtej fatalnej nocy byli w pobliżu, ale rzekomo nic nie widzieli. Jednego z nich odnalazła w zakładzie karnym. Poszła do niego na widzenie. Opowiedział jej szczerze, jak było. „Dlaczego pan nie bronił pomówionego o zbrodnię człowieka?" – spytała z naiwnością dziecka. „Miałem wtedy w życiu wystarczająco wiele własnych problemów, żeby trzymać się z dala od policji" – tłumaczył, nie wnikając w szczegóły.

Postanowiła opowiedzieć wszystko ojcu, którego od lat wraz z mamą okłamywała na temat Tolika. Wmawiały mu, że wyjechał do dalekich krajów w poszukiwaniu dobrze płatnej pracy. Tato kiwał głową ze zrozumieniem, ale było mu przykro, że syn nie przyjeżdża do Moskwy na święta. Po szczerej rozmowie z córką bezzwłocznie przyjechał do Polski. Kiedy zobaczył Tolika w więziennym drelichu – znieruchomiał. Po chwili wyciągnął do niego ręce. „Synuś, ty tu? Dlaczego? No jak to?" – pytał wyraźnie wzruszony. Przytulił go do piersi. Zastygli w uścisku.

– Ojciec to silny człowiek, nie rozkleił się wtedy, ale w domu całą noc płakał – mówi Irina.

„Nie bądź głupi, uciekaj!"

Od zabójstwa „Pod dachami Paryża" minęło osiem lat. Wtedy Tolik posprzątał na błysk celę w Nowogardzie i spakował swoje rzeczy. Wychodził właśnie na długo wyczekiwaną przepustkę.

– Pamiętam jak dziś: stał na więziennym korytarzu z gitarą zarzuconą na plecy i jakoś dziwnie się uśmiechał – opowiada Jacek P. pseudonim Ślepak, kolega Giennadija spod celi (odsiadywał wyrok za kierowanie gangiem, dziś jest wolnym człowiekiem i pomaga chorym w hospicjum). – Pomachał do mnie. „Już tu nie wrócę", powiedział. „Jak to! Co ty gadasz? Przecież masz jeszcze kopę lat do zaliczenia!", wykrzyknąłem. Uśmiechnął się tylko, odwrócił i poszedł przed siebie. Dowiedziałem się później, że w tamtym czasie miał wszystko ustawione, aby nawiać do Rosji. Przekroczyłby granicę, zmienił nazwisko, a wtedy szukaj wiatru w polu. Ale on tego nie zrobił. Dziwny facet...

Irina szykowała w domu wykwintny obiad. Najpierw mieli zadzwonić do mamy, do Moskwy, potem wybrać się do stadniny, tam oporządzić konie i pogalopować po lasach.

Kilka tygodni później współautorka tej książki odebrała telefon z zastrzeżonego numeru. Dzwonił Giennadij Magierski.

– Proszę o spotkanie, ale dyskretne – powiedział spokojnie.

– W zakładzie karnym?

– Nie tym razem. Jestem zbiegiem, ukrywam się od miesiąca.

– Co Pan proponuje?

– Moja siostra po panią przyjedzie.

– Policja może ją obserwować.

– Na policję zgłoszę się sam, gdy tylko mój proces zostanie wznowiony. I tak zmarnowałem w celi szmat swojego życia.

– Gdy proces zostanie wznowiony?

– Tak, jest taka szansa. Moja siostra zebrała dowody zlekceważone przez policję i prokuraturę.

– Nowe okoliczności?

– Świadkowie w końcu przełamali strach. Będą zeznawać.

– Co?

– Dowie się pani na miejscu.

– Co to za miejsce?

– Poza zasięgiem komórek.

Podczas spotkania towarzyszyła nam pewna kobieta. Miała na imię Urszula. Była barmanką z tamtego klubu i… aktualną żoną Tolika. Wzięli ślub półtora roku wcześniej.

– Nie mogłam mu pomóc przed sądem, więc tak zagłuszyłam wyrzuty sumienia – tłumaczyła powód zaskakującej decyzji. – Pomyślałam, że dzięki małżeństwu Giennadij będzie miał prawo do przepustek, więc może którąś odpowiednio wykorzysta. Powiedziałam mu otwarcie, żeby nie był głupi, żeby uciekał.

– Widziała Pani, co się wtedy stało?

– Tamtej nocy skończyłam pracę w barze, zanim doszło do zbrodni. Danka, moja zmienniczka, relacjonowała mi następnego dnia, że tego nieszczęśnika Artura S. uderzył nożem „mały z mgiełkami".

– Kto to taki?

– Recydywista Robert M. „Mgiełki" to tatuaż na powiekach. Dźgnął tego człowieka przy stoliku. Danka wygoniła ich z baru, strasząc policją. Gdyby prokuratura zbadała ślady krwi na chodniku, wiadomo by było, kto i gdzie użył noża.

– Zatem jest Pani „świadkiem ze słyszenia"...

– W relacji Danki znalazł się jeszcze jeden istotny szczegół: po wyjściu z aresztu Robert M. tradycyjnie przyszedł do baru, żeby się napić. Kumplowi, z którym pił piwo, powiedział: „Jakby mnie Danka na policji sypnęła, dostałbym piętnaście lat".

– Dlaczego Pani koleżanka nie powtórzyła tego przed sądem?

– Najpierw śmiertelnie bała się prawdziwego zabójcy, a teraz boi się, że skarzą ją za składanie fałszywych zeznań. Do głowy by jej nie przyszło, że można wsadzić za kraty niewinnego człowieka...

Giennadij przysłuchiwał się naszej rozmowie.

– Co Pan teraz zrobi?

– Nie liczę na cud, bo pani prokurator nie przyzna się

do błędu. Po co miałaby sobie karierę marnować? – odpowiedział.

– Może prośba do prezydenta RP o ułaskawienie?

– Niewinny człowiek nie prosi o ułaskawienie – żachnął się.

– Z całym szacunkiem, ale Pana żona może być dla sądu mało wiarygodna. Rozumie Pan, rodzina...

– Jest jeszcze jeden ważny świadek odnaleziony przez moją siostrę – mężczyzna, który tamtej nocy pił z Arturem S. i Robertem M. Widział, że między tymi dwoma doszło do ostrego spięcia i jaki był tego finał. „To nie pani brat zabił", powiedział Irinie.

– Nie mógł powiedzieć tego przed sądem?

– Kiedy toczył się mój proces, ukrywał się przed policją. Teraz jest już po wyroku, więc nie boi się zeznawać. Zadeklarował, że powtórzy to w prokuraturze, jeżeli ta wznowi sprawę o zabójstwo Artura S.

– Złapią Pana... Nikt nie będzie zawracał sobie głowy zbiegiem.

– Sam wrócę. Nie mogę uciekać jak zaszczute zwierzę. Wciąż wierzę, że sąd dopatrzy się prawdy. W końcu zostanę oczyszczony z zarzutu.

Prokurator Renata Pietrzak, zapytana o możliwość powrotu do śledztwa, jaką dawały nowe okoliczności, nie czuła się zobowiązana do jakichkolwiek działań. „Nie widzę potrzeby, żeby wracać dziś do tamtej sprawy. To chyba jakaś moda, że dziennikarze biorą na siebie ocenę, co jest sprawiedliwe, a co nie. Cieszę się, że moje ustalenia potwierdził sąd" – oznajmiła.

Kilka dni potem policja zatrzymała Giennadija. Zadenuncjował go przełożony jego żony. Tolik odwiedzał ją w hotelu, gdzie pracowała. To tam znów nałożono mu kajdanki.

Wznowić proces

Irina robiła wszystko, co w jej mocy, aby świat dowiedział się o sądowej pomyłce. Poszła do mediów, pisała do administracji zakładu karnego, prokuratury i sądów. Czas gnał do przodu, a życie Tolika zatrzymało się w martwym punkcie. Nie mogła pozwolić, by kolejne lata gnił w celi. Ale więzienia pękają w szwach od niewinnych, więc mało kto przejmował się losem jej brata. Jedyną nadzieją na jego powrót zza krat i oczyszczenie z zarzutów było wznowienie procesu. O tym jednak mógł zdecydować wyłącznie Sąd Najwyższy. Musiałby uznać, że nowe zeznania świadków są wiarygodne. Irina przyrzekła bratu, że tak długo będzie pisała prośby o ponowne rozpatrzenie dowodów, aż w końcu sprawa trafi na wokandę.

Nadzieja pojawiła się po dziesięciu latach od wydarzeń „Pod dachami Paryża". Na wniosek Sądu Najwyższego w Sądzie Rejonowym w Goleniowie odbyły się przesłuchania wszystkich świadków rzucających nowe światło na dawne wydarzenia. Kilka osób zgodnie przekonywało, że skazano niewinnego człowieka. Potwierdzano wersję Rosjanina, że w tamtym czasie w ogóle nie było go w pobliżu miejsca zbrodni. Świadkowie tłumaczyli, że przez lata bali się prawdziwego sprawcy, którego zaraz wypuszczono na wolność. Dlatego milczeli.

Jedną z przesłuchanych wówczas osób był czterdziestopięcioletni spawacz z Jasienicy. To on siedział przy stoliku z późniejszą ofiarą i recydywistą. Oto, co zeznał w sądzie:

„Rosjanin był w towarzystwie jakiejś kobiety. Pił niewiele i zachowywał się spokojnie. Za to Robert M. zachowywał się tak, jakby był po narkotykach. Miał przy sobie nóż, który pokazywał mi przy stoliku. Był agresywny, latał po pubie, chciał od ludzi pieniądze. Rosjanin zwracał mu uwagę, nie pozwalał rozrabiać. Radził, żeby poszedł do domu, ale on go nie słuchał. Rosjanin wyszedł z pubu pierwszy, odprowadził kobietę, na którą wylano sok. Ja poszedłem do toalety, a w tym czasie Robert M. szarpał się w pubie z jakimś mężczyzną (tym, który został zamordowany – przyp. aut.). Potem spotkaliśmy się pod Teatrem Lalek »Pleciuga«, doszedł do nas Giennadij Magierski i razem poszliśmy ulicą Kaszubską do sklepu. Rosjanin mówił, że znalazł jakiś nóż, a wtedy Robert M. powiedział do niego: »Daj coś ostrego, to jeszcze kogoś pierdolnę«".

Sąd zauważył, że jego zeznania różniły się od tego, co zaprotokołowano tuż po zabójstwie. Wtedy – mówiąc oględnie – spawacz z Jasienicy nie bronił Giennadija. „Byłem kompletnie pijany, przesłuchiwało mnie dziesięciu policjantów, którzy bili mnie po głowie. Co mi nadmienili, to im mówiłem. Ale prawdą jest to, co mówię dzisiaj. Rosjanin nie zabił!" – tłumaczył swoją postawę.

Kluczowym świadkiem wydawał się mężczyzna, któremu Robert M. wyjawił swą tajemnicę.

– Obaj odbywaliśmy karę w zakładzie karnym w Goleniowie – zeznawał. – Robert M. zwierzył mi się na spacerniaku, że to on dźgnął nożem Artura S., ale nie mógł się do tego przyznać, bo dostałby dwadzieścia pięć lat. Obciążył więc Rosjanina. „Kto się będzie Ruskiem przejmował", skwitował. Przyjaźniliśmy się, więc rozmawialiśmy szczerze.

– Czy mówił o motywach zbrodni? – dociekał sędzia.

– Twierdził, że był wtedy pijany. Po prostu go poniosło. On z natury jest taki wyrywny.

Niewiarygodni, bo się bali?

W lipcu 2006 roku Sąd Najwyższy odrzucił wniosek o wznowienie postępowania. „Zeznania (spawacza z Jasienicy – przyp. aut.) w toku postępowania o wznowienie same w sobie nie budzą zaufania. Wykazują one rażące sprzeczności z zeznaniami, jakie złożył on w trakcie przeprowadzonego śledztwa, przy czym podawane przezeń powody zmiany linii tych zeznań nie mogą być uznane za w pełni przekonujące" – napisali w uzasadnieniu swej decyzji sędziowie rozpatrujący sprawę.

O zeznaniach dwóch kolejnych osób, które po latach przełamały strach, Sąd Najwyższy miał podobną opinię: „Oboje ci świadkowie byli przesłuchani przez sąd i doprawdy nie sposób uznać, by z podawanych przez nich obecnie powodów nie zeznali o znanych im już wówczas faktach – obecnie ocenianych przez nich jako tak istotne".

– Jedynym odniesieniem do weryfikacji nowych zeznań okazało się dla Sądu Najwyższego to, co świadkowie mówili blisko jedenaście lat temu, gdy bali się ujawnić prawdę – komentował na gorąco tamto postanowienie mąż Iriny. – Wtedy nie zeznawali pod przysięgą, a teraz tak. Wszyscy oni okazali się niewiarygodni, gdyż „wcześniej mówili co innego". Dla Sądu Najwyższego wiarygodne okazały się jedynie zeznania nożownika recydywisty, który rzeczywiście „wyślizgał się od głowy".

Rozczarowania orzeczeniem Sądu Najwyższego nie krył również adwokat wynajęty przez Irinę.

– Wszystkie dowody zinterpretowano jako efekt działania rodziny Giennadija Magierskiego, która rzekomo miała zachęcić świadków do złożenia zeznań korzystnych dla Rosjanina – komentował mecenas Wojciech Wojciechowski. – Widać z różnych względów uznano, że tej sprawy lepiej nie ruszać. Gdyby decyzją Sądu Najwyższego sprawa ruszyła od nowa, a Magierski został oczyszczony z zarzutów, Skarb Państwa musiałby wypłacić wysokie odszkodowanie. W imieniu mojego klienta domagałbym się pięciu milionów złotych.

Irina była zdruzgotana.

– Odmowa wznowienia sprawy przygniotła mnie jak spadające drzewo – ocenia po latach. – Odebrała mi nie tylko nadzieję, ale i siłę, którą zawsze miałam w sobie. Zamknęłam się w bólu, odsunęłam od ludzi, ale nie płakałam. Już dawno zabrakło mi łez.

Kolejne lata były do siebie podobne, życie brata i siostry płynęło według więziennych reguł: widzenia przy stoliku w obecności strażnika, kilka telefonów w miesiącu, czasami jakaś kartka czy list napisany w chwili słabości. Spontaniczna niegdyś radość Tolika z odwiedzin siostry przepadła bezpowrotnie. Irina coraz częściej miała wrażenie, że on należy już do tamtego, zakratowanego świata. Nie myliła się. Nadzieja w nim umarła. „Odcinał" tylko dni do końca kary.

Nowe życie – nowy wyrok

Giennadij wyszedł na wolność po trzynastu latach. Sąd warunkowo darował mu resztę kary. Pierwsze kroki skierował do siostry. Poprosił ją i Czarka, aby przechowali go przez jakiś czas. Była szczęśliwa, gotowa nieba mu przychylić.

– Wciąż pamiętam Tolika siedzącego na kanapie w moim domu zaraz po wyjściu z więzienia – mówi. – Był zamyślony, zrezygnowany, prawie nic nie mówił. Całymi dniami tkwił w jednym miejscu. Grał na gitarze i patrzył przed siebie pustym wzrokiem. Niczego nie chciał, o nic nie prosił, nie miał żadnych planów na przyszłość. Wtedy do mnie dotarło, że to wrak człowieka.

Prosiła o radę lekarzy i psychologów: „Zróbcie coś, pomóżcie mu, dajcie jakieś pigułki! Nie można tak tylko siedzieć, szarpać struny i gapić się w ścianę". Mówili, że to syndrom więzienny, totalne wypalenie, że wielu ludzi stamtąd tak ma. Kazali czekać, więc czekała. Gotowała mu, prała, podstawiała wszystko pod nos. Nawet nie podziękował. Trzynaście lat na więziennej pryczy wyrobiło w nim przyzwyczajenie, że to inni robią, a on siedzi. Któregoś dnia wstał z kanapy i wyszedł z domu. Powiedział, że musi przemyśleć swoje życie, ruszyć do przodu, usamodzielnić się. I że jest mu wstyd, bo zbyt długo nadużywał jej i Czarka gościnności. „Kocham cię, siostra" – szepnął jej do ucha i zamknął za sobą drzwi. Nie wydzwaniała, nie kontrolowała, czy daje sobie radę. Miał prawie pięćdziesiąt lat i prawo do intymności. Skoro nie przychodził, to znaczyło, że próbuje stanąć na nogi – myślała.

Wiadomość o aresztowaniu Tolika spadła na nią jak grom z jasnego nieba. Zarzut: narkotyki. W piwnicy domu, który wynajmował, policja odkryła plantację konopii indyjskich. Nawet nie próbował zaprzeczać, przekonywać, że nie ma z tym nic wspólnego. Pogrążył go kumpel z celi, który wkręcił go w handel narkotykami. Sprawa była oczywista, a dowody bezsporne. Wyrok sądu: pięć lat odsiadki plus dwa z poprzedniego wyroku, które mu warunkowo darowano.

– Nasza mama wciąż uważa, że to ja jestem wszystkiemu winna – mówi ze smutkiem Irina. – Nie on, kochany chłopak po szkole muzycznej i baletowej, tylko ja, bo go nie upilnowałam. Gdybym nie wyjechała z Moskwy, Tolik też nie ruszyłby w świat i nic złego by się nie zdarzyło... Trudno mi o tym mówić, te sprawy wciąż są dla mnie zbyt bolesne. Walczyłam o brata tyle lat. Wierzyłam, że się uda. Chociaż mnie zawiódł, nie potępiam go. W pewnym sensie nawet rozumiem. Chciał się odkuć, zarobić na samodzielne życie. Kogo miał poznać w więzieniu? Menedżerów od baletu czy teatru muzycznego, którzy daliby mu pracę? Poznał kryminalistów, tylko takich miał znajomych. Państwo polskie już wiele lat wcześniej pokazało mu, gdzie jest jego miejsce. Przekreśliło jego życie. Wymiar tak zwanej sprawiedliwości zdeptał go i wyrzucił na wysypisko. Urzędnikom zaskakująco łatwo to przychodzi. Człowiek jest dla nich wyłącznie trybikiem w machinie, więc jak się złamie, żadna szkoda.

Przyszłość lepsza niż przeszłość

Irina postanowiła, że tym razem zrobi coś dla siebie, bo przez ostatnie lata żyła tylko jego życiem. Obudziła się z letargu. Przetarła oczy i zobaczyła, że jej córka Wiktoria wyrosła na piękną kobietę, która właśnie się zakochała, a odsunięty na dalszy plan Czarek wciąż kocha ją bez pamięci. I że dom wymaga remontu.

– Zamknęłam pewien rozdział życia, zaczęłam studia on line na moskiewskiej uczelni artystycznej. Odżyłam. Jakby mi lat ubyło. – Uśmiecha się.

Od dawna ma podwójne obywatelstwo. Mówi o sobie, że w Rosji jest polskim ambasadorem, a w Polsce – rosyjskim. Na czym właściwie polega jej rola?

– Kiedy ktoś z Rosjan atakuje słownie Polaków, to wkraczam do akcji i zażarcie was bronię – wyjaśnia. – Jest dokładnie tak samo, gdy Polacy mówią źle o Rosjanach.

Jej mąż z nadzieją patrzy w przyszłość.

– Irina jest niezwykłą osobą, ma kosmiczną energię, która udziela się innym – mówi z wyraźną dumą Cezary. – Nigdy nie spotkałem kogoś tak barwnego i bezinteresownego jak ona. Zawsze pomagała innym, nawet gdy jej świat się walił. Nieraz ratowała potrącone przez samochody zwierzęta, nie zważając na to, że ich krew brudzi jej kreację lub tapicerkę w samochodzie. Już czas, aby dobro, którym obdarowuje świat, wreszcie do niej wróciło.

Tolik już nie dzwoni do siostry, a Irina przestała go odwiedzać w więzieniu. Teraz robią to za nią inni. Niedawno spotkał się z nim jego syn. Przyjechał z Rosji, ma dwadzieścia sześć lat, pracuje w moskiewskiej policji. Widział się z ojcem po raz pierwszy od lat, bardzo to przeżywał.

– Nas też odwiedził, sprawiając wszystkim ogromną radość. Jest dobrze wychowany, skromny, kulturalny – ocenia go Irina.

Kontakt z Giennadijem ma także jego drugi, młodszy syn, urodzony w Polsce. Jeszcze niedawno nie wiedział, kim jest jego ojciec. Był mały, gdy Tolik poszedł siedzieć, a matka skrzętnie ukrywała przed nim prawdę. Po rozwodzie zerwała kontakty z rodziną byłego męża, związała się z kimś innym, nie chciała mieszać dzieciakowi w głowie. Prawda wyszła na jaw za sprawą Wiktorii, córki Iriny i Czarka. Wiktoria spotkała swojego stryjecznego brata na zajęciach tanecznych. Zobaczyła go po raz pierwszy od kilkunastu lat. Nie miała wątpliwości, kim jest chłopak, który tańczy najlepiej ze wszystkich. „Wygląda tak samo jak wujek na starych zdjęciach. Ma prawdziwy talent" – powiedziała rodzicom po powrocie do domu. Po skończonych zajęciach podeszła do niego i spontanicznie oznajmiła, że są spokrewnieni. Spojrzał na nią jak na wariatkę. Nagadał jej do słuchu i… posłał do diabła. Ale zasiała w nim ciekawość. Dzięki niej odnalazł ojca.

Irina promienieje, gdy o tym opowiada.

– Nigdy nie przekreśliłam Tolika – kończy opowieść. – To mój kochany starszy brat. Żałuję, że świat nie przekonał się, jakim naprawdę jest człowiekiem. Każdego dnia czekam na jego powrót. Kiedyś otworzę drzwi, a on będzie stał na progu i uśmiechał się do mnie. Siądziemy przy stole, obok będą nasze dzieci, może wnuki. Wtedy już nigdy, przenigdy nikt nas nie rozdzieli.

Rozdział 11

Patrycja, żona na trudne czasy

Zatelefonowała i oznajmiła, że chce się spotkać, by opowiedzieć o sprawie swojego męża, Adama Dudały. Przekonywała, że to ważne, bo doszło do tragicznej pomyłki sądowej. Mówiła, że Adama skrzywdzono w sposób niewyobrażalny i ona nie może się z tym pogodzić. Skazano go na 25 lat więzienia za dwa morderstwa, których nie popełnił.

Takich telefonów dziennikarze odbierają wiele. Ludzie opowiadają o subiektywnej krzywdzie, ale często przemilczają ważne okoliczności i pomijają racje drugiej strony. Kiedy ktoś mówi, że padł ofiarą mafii prokuratorsko-sędziowskiej, wiadomo z góry, że jest ogarnięty obsesją, która uniemożliwia rzetelne spojrzenie na problem. Dziennikarze bronią się przed wchodzeniem w takie tematy. Dużo grzebania w szczegółach, tony dokumentów, a na końcu okazuje się, że wszystko przebiegało inaczej, niż twierdził i zaklinał się na wszystkie świętości rozmówca.

Ale Patrycja od początku sprawiała wrażenie osoby wiarygodnej. Nie węszyła spisku, nie kreśliła obsesyjnych obrazów. Mówiła spokojnie, nie używając zbyt wielu wartościujących przymiotników. Mąż jest niewinny, ona o tym wie. Chce tylko, żeby ją wysłuchano, nic więcej.

Sprawiedliwość niesprawiedliwa

Na spotkanie przyszła punktualnie. Po trzydziestce, szczupła, drobna blondynka, ładna twarz, zgrabna sylwetka. Gdyby nie oczy, pasowałoby do niej określenie: atrakcyjna kobieta. Jej oczy były jednak smutne i poważne. Jej sprawa też była smutna i poważna.

Adama poznała niecałe dwa lata przed jego aresztowaniem. Niewiele o nim wiedziała poza tym, że jest wesołym człowiekiem, właścicielem pubu i właśnie rozwiódł się z żoną. Ona miała wtedy 19 lat i dopiero wchodziła w dorosłe życie. Adam, znacznie starszy, doświadczony, przystojniak z potężnymi barami, podobał jej się, a i ona jemu wpadła w oko. Zaczęli się spotykać, po pewnym czasie zamieszkali razem. Planowali ślub.

Czy przez niecałe dwa lata można na tyle poznać partnera, aby potem twierdzić, że wie się wszystko o jego życiu? To trudne, ale Patrycja jest pewna, że Adama poznała. Kiedy przyjechali policjanci z Białegostoku i zabrali jej chłopaka, trwała w przekonaniu, że to pomyłka i że wszystko skończy się dobrze. Wyjaśnią, co mają wyjaśnić, i Adam wróci do domu. Nie wrócił do dzisiaj.

Łudziła się, że podczas procesu przed Sądem Okręgowym w Białymstoku prawda wyjdzie na jaw i sąd Adama uniewinni. Ale sąd go skazał i potem wyrok, po drobnych retuszach, podtrzymał sąd apelacyjny. Dwadzieścia pięć lat pozbawienia wolności!

Jeszcze w areszcie odbył się ślub Patrycji i Adama. Związała się z mężczyzną, wiedząc, że przez lata nie będą razem.

Adam próbował jej to uświadomić, prosząc, aby przemyślała decyzję, bo bierze na siebie ciężkie brzemię i w gruncie rzeczy skazuje się na los wdowy. Przemyślała wszystko i na pytanie urzędnika stanu cywilnego, czy chce pojąć tego oto Adama za męża, odpowiedziała „Tak".

Po prawomocnym wyroku ruszyła po redakcjach szukać pomocy dziennikarzy. Tak dotarła też do nas.

To nie było łatwe, ale odtworzyliśmy dokładne okoliczności dwóch zabójstw, których dokonanie zarzucono Adamowi. Dotarliśmy do wielu świadków zdarzeń, przeczytaliśmy stosy dokumentów. Powiedzieć, że nabraliśmy wątpliwości co do udziału Adama w zbrodniach, to za mało. Po prostu wiemy, że nie popełnił czynów, którymi obciążył go prokurator. Nie miał motywu, nie znał pozostałych sprawców, nie był w miejscach, w których zabito dwóch ludzi, gdy padały strzały. Nie sprawdzono jego alibi, nie zbadano śladów DNA, nie wzięto pod uwagę zeznań, które potwierdzały jego linię obrony. Popełniono sądową zbrodnię – skazano na ćwierć wieku pobytu za kratami niewinnego.

Do podobnych wniosków doszli też inni dziennikarze, do których dotarła Patrycja. Powstało o tej sprawie kilka reportaży telewizyjnych i radiowych oraz wiele publikacji prasowych. Cytowano m.in. sędzię Barbarę Piwnik, która przy okazji innego procesu, jaki prowadziła, przesłuchała świadków ze sprawy Adama. Przeczytała też uważnie akta jego sprawy. Stwierdziła, że popełniono pomyłkę. To nie Adam zabił, ale jego imiennik powiązany z gangiem wołomińskim. Ale to nie sędzia Piwnik mogła zadecydować o wznowieniu postępowania i ponownym procesie. Decyzja należała do Prokuratury Generalnej i Sądu Najwyższego. Obie instytucje umyły ręce. Nie chciały podważać decyzji, które już zapadły. Prawdopodobnie, aby nie narażać na szwank autorytetu wymiaru sprawiedliwości. Ale fakt, że wyrok odbywa niewinny człowiek, już sam w sobie niszczy ten autorytet. Co to za wymiar sprawiedliwości, który nie potrafi przyznać się do błędu i naprawić krzywdy? Co to za wymiar sprawiedliwości, który prawdziwej sprawiedliwości unika?

Woźny obciąża Adama

Do dwóch zabójstw doszło w 1999 roku. Najpierw życie stracił chłopak o pseudonimie Kozyr, mieszkaniec Wiartla na Mazurach. Dziewiętnastego lipca wieczorem przyjechała do tej miejscowości mocna grupa z Łomży. Nie chcieli go zabijać. Chodziło o zemstę. Poprzedniego dnia Kozyr pobił ich kumpla Tomka.

Wśród łomżyniaków był mieszkający w Białymstoku Sławomir R. pseudonim Woźny, narkoman i bandyta. Był też Kowal (właściciel kilku łomżyńskich barów) i jego kolega, Adam z Warszawy, zwany wśród wołomińskich bandytów Pryszczatym albo po prostu Pryszczem. Ale o tym wiemy dzisiaj – wtedy dla śledczych pozostawał postacią nieznaną.

Kozyr stał przed swoim domem, na ulicy. Bez koszuli, w ortalionowych spodniach od dresu i sandałach na bosych stopach. Był pijany.

Woźny chwycił kij bejsbolowy, wyskoczył z auta i bez słowa uderzył Kozyra w głowę. Ten padł jak ścięty. Chłopaki skuli go kajdankami i wrzucili do bagażnika jednego z aut. Kawalkada ruszyła do pobliskiego lasu.

Stanęli na polanie. Któryś wyciągnął Kozyra, posypały się ciosy. Chłopak leżał na ziemi. Woźny wyróżniał się okrucieństwem – przeciął Kozyrowi tasakiem skórę na ramieniu i łopatce, przypalał go zapalniczką, a następnie wycelował w niego broń naładowaną śrutem. Trafił w pośladek. Wtedy strzelbę przejął Adam z Warszawy. Nie wiedział, że w komorze jest teraz ostry nabój. Strzelił. Kozyr jęczał i tracił przytomność. Napastnicy oprzytomnieli. Zabrali go do samochodu, chcieli jechać do szpitala. Ale po drodze Kozyr skonał. Jego ciało wyrzucili z auta i uciekli.

Pierwszy do aresztu trafił Woźny. Początkowo nie wiązano go z zabójstwem w Wiartlu. Zatrzymano go, bo zgwałcił i próbował zamordować pięcioletnią dziewczynkę, swoją bliską krewną.

W białostockim areszcie Woźny czuł się zagrożony, bo rozeszło się, że jest pedofilem. Osadzeni grozili mu. Wiedział, że z legendą gwałciciela dziecka nie przetrwa długo. Dlatego poszedł na układ ze śledczymi: przyzna się do wszystkiego, obciąży każdego, kogo wskażą, a oni w zamian zapewnią mu bezpieczeństwo.

Umieszczono go w pojedynczej, monitorowanej celi, a straż więzienna zapewniła mu ciągłe oddzielenie od innych więźniów. W zamian za zeznania obiecano mu w miarę łagodny wyrok i możliwość przedterminowego wyjścia na wolność. Dlatego zaczął mówić.

Najpierw opowiedział o zdarzeniu w Wiartlu. Część biorących udział w najeździe na tę miejscowość wymienił z imienia i nazwiska, innych rozpoznał na tablicach z fotografiami. Najmniej wiedział o Adamie z Warszawy, tym, który oddał śmiertelny strzał. Mówił, że Adam przyjechał czerwonym mercedesem na warszawskich numerach. Nie znał go, ale wiedział, że to zawodowy zabójca.

Opisał jego wygląd: „Niewysoki, tj. ok. 170–173 cm wzrostu, średniej budowy ciała, wiek ok. 30 lat, nie typ pakera, żadnych blizn u niego nie zauważyłem, twarz normalna, nie wyróżnia się z tłumu".

Woźny sam ma 173 cm, dlatego bez trudu zapamiętał, że Adam nie był od niego wyższy.

W krótkim czasie zatrzymano wszystkich uczestników wyprawy do Wiartla poza tajemniczym Adamem. Pozostali twierdzili, że nic o nim nie wiedzą. Dwóch opisało go podobnie jak Woźny.

A ten w trakcie śledztwa niespodziewanie wyznał, że brał też udział w drugim morderstwie.

Zaprotokołowano: „Około dwa tygodnie po zabójstwie Kozyra wspólnie z Kowalem i Adamem z Warszawy pojechaliśmy do Olsztyna samochodem marki mercedes, koloru nie pamiętam. Nie pamiętam, na jakich był blachach ten mercedes. W chwili obecnej przypominam sobie, że jednak Adam był samochodem mercedes koloru czerwonego na warszawskich blachach rejestracyjnych. Tym mercedesem Adam był przy zabójstwie Kozyra".

Jechali do Olsztyna, do właściciela agencji towarzyskiej „Czar Tygrysicy". Jak tłumaczył Woźny, jechali „w celu załatwienia tego klienta, który był głównym przeciwnikiem, że grupa łomżyńska wpierdala się w interesy olsztyńskie". W Olsztynie zmienili samochód na inny, dostarczony przez miejscowych, którzy z nimi współpracowali, ale Woźny nie był w stanie podać ich nazwisk, pseudonimów, a nawet wyglądu. Nie zapamiętał także marki i koloru dostarczonego auta, jak również stacji CPN, na której doszło do zamiany samochodów.

Pamiętał natomiast, co nastąpiło później.

„Kowal wiedział, gdzie jest ta agencja towarzyska. Było ciemno, pora wieczorowo-nocna. Podjechaliśmy pod jakiś sklep. W pobliżu sklepu był parking, na którym stały samochody. Ja z Kowalem zostaliśmy w samochodzie, a Adam sam poszedł do tej agencji. Kowal mówił, że mieści się ona w mieszkaniu w bloku. Adam poszedł z bronią krótką. Wrócił po około pięciu minutach. Chcę wyjaśnić, że jak Adam wsiadł, to wiedzieliśmy, że klient w agencji został załatwiony. Iloma strzałami został powalony, tego ja nie wiem".

Zabójstwo właściciela agencji towarzyskiej Janusza B. początkowo próbowała wyjaśnić policja olsztyńska. Przesłuchano dwie dziewczyny, które owej nocy pracowały w mieszkaniu przy ul. Skłodowskiej. Usłyszały dzwonek do drzwi, Janusz poszedł otworzyć. Rozległy się dwa strzały. Ustalono, że jeden pocisk wbił się we framugę drzwi, drugi trafił w serce ofiary. Sąsiad mieszkający niżej usłyszał jakiś hałas, a potem zbieganie po schodach. Był pewny, że słyszał tupot przynajmniej dwóch zbiegających osób.

Pies tropiący doprowadził policjantów na parking obok sklepu. W miejscu wskazanym przez czworonoga znaleziono kilka niedopałków. Zabezpieczono je, ale potem ekipa śledcza z Białegostoku, która przejęła sprawę, nie poddała ich ekspertyzie, nie zbadano śladów DNA. Podczas późniejszej rozprawy niedopałków nie dopuszczono w charakterze dowodu, chociaż oskarżeni (Kowal i Adam Dudała) domagali się tego.

Wersji przedstawionej przez Woźnego nie poparto żadnym innym dowodem. Obaj wskazani przez niego mężczyźni, Adam i Kowal, zgodnie zaprzeczali. W Olsztynie tamtej nocy nie byli, nie brali udziału w zabójstwie. Adam twierdził, że w tym czasie przebywał w Ustce. Miał na to świadków: m.in. Roberta B. pseudonim Bedzio. Inny świadek, którego mógłby powołać, już nie żył – to Andrzej K. pseudonim Pershing. Razem wczasowali wówczas nad morzem. Z powodu Pershinga śledziła ich policja albo UOP. Robiono im zdjęcia z ukrycia. Wiedzieli o tym, ale nie przejmowali się, bo w tym czasie nic złego nie robili.

Tej wersji nie sprawdzono ani w śledztwie, ani w sądzie. Nie wystąpiono do Komendy Głównej ani do UOP o informacje dotyczące inwigilacji w Ustce. Nie przesłuchano Bedzia. Nie dotarto do ksiąg recepcyjnych hotelu, w którym mieszkali w Ustce, nie przesłuchano pracowników zajazdu. Uczynił to później Michał Rapacki, prywatny detektyw (zbieżność nazwisk z generałem policji Adamem Rapackim nieprzypadkowa – to jego siostrzeniec, były funkcjonariusz CBŚ). Znalazł dowody potwierdzające, że Adam Dudała bawił wówczas w Ustce. Dowodu z ustaleń detektywa też nie dopuszczono.

Kowal przedstawiał swoje alibi – po zdarzeniu z Kozyrem uciekł do Niemiec, przebywał tam kilka miesięcy, pracował. Miał na to świadków. Uznano, że mógł z tych Niemiec przyjechać do Olsztyna na jedną noc i potem wrócić. Alibi Kowala dla śledczych nie miało wartości.

Dla białostockiego sądu kluczowe okazały się zeznania Woźnego złożone w śledztwie. Przed sądem odmówił składania wyjaśnień. Stwierdził, że nie chce, aby z jego słów adwokaci zrobili czarne z białego. Oskarżonym ograniczono więc do minimum prawo do obrony. Adam Dudała nie mógł zadawać pytań jedynemu świadkowi, który go obciążał. Woźny nie zasiadał wraz z innymi na ławie oskarżonych, jego sprawę wyłączono do osobnego rozpatrzenia. Za udział w zabójstwie w Wiartlu dostał 25 lat, podobnie jak za gwałt i usiłowanie zabójstwa pięcioletniej dziewczynki. I kara łączna – 25 lat. Będzie mógł wyjść na warunkowe zwolnienie po 15 latach. Groziło mu dożywocie

W 2004 roku białostocki sąd skazał na kary po 25 lat więzienia Adama Dudałę i Kowala. Sąd Najwyższy nie znalazł uchybień formalnych i wyrok podtrzymał.

Jak wytypowano „sprawcę"

Białostoccy policjanci wytypowali Adama Dudałę głównie dlatego, że przewijał się w materiałach operacyjnych jako członek grupy ożarowskiej i bliski znajomy słynnego Pershinga, jednego z bossów mafijnych. Była to prawda, ale te fakty powinny też powiedzieć śledczym, że to nieprawdopodobne, aby ktoś taki popełniał przestępstwa z gangsterami z Łomży i Białegostoku. Grupy łomżyńskie były bowiem w stanie wojny z gangami pruszkowskim i ożarowskim. Współdziałały natomiast z grupą wołomińską. Polska była w tamtych latach podzielona na bandyckie strefy wpływów.

Adam Dudała nie był bandytą. Chociaż kolegował się z Pershingiem, to już na długo przed aresztowaniem trzymał się z dala od interesów bossa. Otworzył na warszawskich Jelonkach pub i z tego żył. Kiedy wezwano go na komendę, poszedł bez żadnych obaw. Tak o tym opowiada:

– Wezwano mnie do komendy w Warszawie, na Jelonkach. Zadzwoniłem, spytałem, o co chodzi. O Białystok, ale nie znają szczegółów. Na komendzie czekała grupa z CBŚ z Białegostoku. Spytali, jakim samochodem przyjechałem. Corsą granatową. Z jakich mieszkań korzystam? Rodzice mieszkali na Jelonkach i ja też 200 metrów dalej, z Patrycją, moją przyszłą żoną. Zrobili przeszukania w obu mieszkaniach, zabrali tylko moje zdjęcie z Tajlandii, razem z Bedziem. Pytali mnie o Bedzia – gdzie on jest. Nie wiedziałem. Pytano też o osoby z Łomży, o jakiegoś Jarka i Sławka. Mówiłem: „Nie wiem". „Chyba nie znam". „Jeździłem po całej Polsce, spotykałem różnych ludzi". Cały czas myślałem, że im chodzi o Bedzia, którego wtedy poszukiwano. A oni uparcie dopytywali o tę Łomżę: kiedy tam byłem, kogo spotkałem. Powiedzieli, że jestem zatrzymany, przewieźli mnie do Białegostoku. Już na wolność nie wyszedłem, od tamtej pory nieprzerwanie siedzę, już czternasty rok. Swoich rzekomych wspólników poznałem dopiero w areszcie i w sądzie.

Zanim postawiono mu zarzuty, został okazany Woźnemu za tzw. lustrem fenickim.

Sposób okazania nie spełniał wymogów proceduralnych, wytknęła to potem białostockim prokuratorom Prokuratura Generalna. Obok Dudały stanęli młodzi chłopcy, wyróżniał się na ich tle wzrostem i odzieżą. Woźny wybrał go, bo, jak wszystko na to wskazuje, tak miał zrobić. Rozpoznał Dudałę jako Adama z Warszawy, który oddał śmiertelny strzał w Wiartlu i wykonał wyrok na właścicielu agencji towarzyskiej w Olsztynie, chociaż okazany mu człowiek kompletnie nie pasował do charakterystyki, jaką sam wcześniej przedstawił policjantom. Dudała był wyższy o przynajmniej 10 cm od opisywanego Adama. Tamten, co Woźny podkreślił, nie był pakerem, czyli nie wyróżniał się muskulaturą.

Dudała miał mięśnie jak kulturysta, ćwiczył na siłowni, dbał o sylwetkę. Tamten nie miał znaków szczególnych. Dudała był prawie łysy, a na twarzy od urodzenia miał widoczne znamię, przy oczach zaś – wytatuowane kropki.

Nikt poza Woźnym nie rozpoznał w nim uczestnika zdarzenia w Wiartlu. Ani turyści, którzy feralnego wieczoru widzieli grupę z Łomży przeszukującą osadę w poszukiwaniu Kozyra, ani mieszkańcy tej miejscowości i kelnerki z tamtejszych knajp. Nie rozpoznali go pozostali uczestnicy wyprawy do Wiartla zasiadający z nim na ławie oskarżonych. Twierdzili, że tego człowieka w życiu nie widzieli, nie znają go.

Prawdziwy morderca Kozyra

Pod koniec procesu Adama Dudały pod Zambrowem znaleziono nadpalone zwłoki. Okazało się, że to szczątki Adama Chrzanowskiego pseudonim Pryszcz, gangstera powiązanego z grupą wołomińską, wspólnika w interesach samego Jacka K. pseudonim Młody Klepak (zastrzelonego w Mikołajkach w 2002 roku), handlarza narkotyków.

Po jego śmierci pękła zmowa milczenia, zaczęli mówić ci, którzy dotychczas odmawiali składania zeznań. Pojawiły się spójne i logiczne relacje o tym, że to nie Adam Dudała, ale Adam Chrzanowski strzelił w Wiartlu do mężczyzny o pseudonimie Kozyr.

Konkubina Pryszcza, Agnieszka R., posiadała mercedesa 124. Samochodem tym często jeździł Adam Chrzanowski. Sprzedał to auto taksówkarzowi z Warszawy. Transakcja odbyła się krótko po zdarzeniu w Wiartlu (według zeznań Woźnego w mercedesie tym przewożono umierającego Kozyra). Śledczy o tym wiedzieli, ale nie odszukali nabywcy auta.

Jarosław K. pseudonim Kowal tak zeznawał w innym procesie (sądowi przewodniczyła Barbara Piwnik):

„Agnieszkę poznałem przez jej partnera Adama Chrzanowskiego. Znamy się mniej więcej od 1998 roku. Jego poznałem wcześniej. Byli gośćmi na moim weselu. To Adam Chrzanowski, jak to stwierdził, niechcący postrzelił Mirka K. pseudonim Kozyr. Było to koło miejscowości Wiartel. Ja zostałem do tamtej sprawy aresztowany i od dnia aresztowania nieprzerwanie przebywam w areszcie.

Było coś w rodzaju niedoszłej bójki w miejscowości Wiartel. Adam Chrzanowski, jak to stwierdził, pomylił się. Strzelił, myśląc, że pocisk jest ze śrutu. Chrzanowski mi o tym opowiadał. W tamtym zdarzeniu w Wiartlu nie była ujawniona osoba Adama Chrzanowskiego, dlatego że rodziny osób, które wiedziały o tym, były zastraszane przez Chrzanowskiego. Nazywano to koleżeństwem. Ja byłem w takiej sytuacji, że mój adwokat był ustanowiony przez Adama Chrzanowskiego. Do czasu śmierci Chrzanowskiego nigdy się nie pojawiło jego nazwisko w sądzie w Białymstoku.

Zdarzało się, że była pomoc finansowa, paczki itp. Moją rodzinę odwiedzała Agnieszka R. Ja to odbierałem jednoznacznie, jako ingerowanie w sprawę po to, by nieujawnione zostało nazwisko Chrzanowskiego. Jan M. mówił mi, że Agnieszka odwiedzała go w więzieniu i mówiła, że ma to na celu powstrzymanie go przed wydaniem prawdziwego sprawcy zabójstwa”.

Sędzia Piwnik ustaliła, że Agnieszka R. odwiedzała osoby aresztowane do sprawy Wiartla, używając dowodu osobistego swojej znajomej Beaty S. Podszywała się pod nią, aby uniemożliwić powiązanie jej wizyt z osobą Adama Chrzanowskiego. Wykonywała jego polecenia. Podczas widzeń przekazywała pieniądze i groziła, że jeżeli zostanie ujawniona rola jej konkubenta w sprawie Wiartla, to Pryszczaty się zemści.

Chrzanowski utrzymywał też kontakt z Woźnym. Przekazywał mu pieniądze na tak zwaną wypiskę, wysłał kartkę z obietnicą, że nie zapomni o pomocy dla niego, podpisaną „Adam z Warszawy". Opłacał również adwokatów broniących m.in. Jana M., Woźnego i Kowala. Opłacany przez Chrzanowskiego mecenas Andrzej B., były prokurator, został przyłapany na próbie wniesienia telefonu komórkowego na widzenie do Kowala. Miał z tego powodu postawione zarzuty. Stracił prawo wykonywania zawodu.

Z Jarosławem K. pseudonim Kowal rozmawialiśmy w zakładzie karnym w Barczewie.

– Chrzanowski przekazywał mi przez znajomych dobitne wiadomości, żebym nic nie ujawniał – opowiadał nam. – Mecenas B. też przekazywał zawoalowane groźby w pozdrowieniach. Tak to odczuwałem. To brzmiało tak: Byliśmy u twoich rodziców, byliśmy u żony. Bałem się o rodzinę, dlatego początkowo tego nie ujawniałem.

Ujawnił, kiedy dowiedział się, że Chrzanowski nie żyje, ale wtedy nikt nie chciał słuchać. Wierzono ślepo Woźnemu, a ten łgał w żywe oczy.

– Czytałem zeznania Woźnego przed prokuratorem. Mówił, że dojechaliśmy pod dom, gdzie mieściła się agencja towarzyska w Olsztynie, i czekaliśmy na parkingu – opowiadał Kowal. – Prokurator dopytywał, w którym miejscu dokładnie, a Woźny oświadczył, że dokładnie tam, gdzie pies policyjny doprowadził funkcjonariuszy. To znaczy, że znał treść policyjnych notatek. Kto mu to udostępnił?

Odwiedziliśmy też w areszcie przy Rakowieckiej w Warszawie Roberta R. (media nadały mu ksywkę Rudy, ale on twierdzi, że takiego pseudonimu nie używa), który jest osadzony do innej sprawy. Dobrze znał Adama Chrzanowskiego, pomagał mu kiedyś w czasie porwania pewnego mieszkańca Zambrowa. Stwierdził, że Adam Chrzanowski był informatorem białostockiego CBŚ, dlatego policjanci go chronili.

Relacja Roberta R.: „We wrześniu 2004 roku przesłuchiwał mnie podkomisarz Dariusz M. z białostockiego CBŚ, ale jako przesłuchujący jest wpisany inny funkcjonariusz, którego wtedy nie było. Potem dowiedziałem się, że oficjalnie M. był na chorobowym, ale chciał na wszystkim trzymać łapę, dlatego sfałszowali protokół. Słuchał mnie do sprawy zabójstwa Adama Chrzanowskiego. »Pomóż nam w tej sprawie, a my ci pomożemy w twojej sprawie«. Chodziło o narkotyki. Powiedziałem, że mogę im pomóc w innej sprawie. Opowiedziałem o lesie pod Piszem – ofiara postrzelona w tyłek i że zrobił to Chrzanowski. A dwóch chłopaków siedzi na ławie za darmo. Adam strzelił z pompki, myślał, że ma gumę, a miał ostry nabój. On wyszedł z pokoju, wrócił i napisał protokół, ale tego, co powiedziałem, w ogóle nie ujął. »Nie będę tego pisał, a ty nigdzie o tym nie mów«. Brzmiało to jak groźba. Czekałem, aż ktoś mnie wezwie na świadka, ale nikt nie wezwał. Chrzanowskiego znałem, bliski kolega. Jeździł mercedesem 124 i trząsł się, że musi się go pozbyć. Ja go wtedy poznałem. Woził pompkę, taką strzelbę, w bagażniku. W 2003 roku, jak byłem na wolności, Adam bał się i mówił, że musi nawiązać kontakt z Woźnym. Kiedy siedziałem w areszcie białostockim, od Chrzanowskiego dowiedziałem się, żebym miał oko na Kowala, czy trzyma twarz na kłódkę. Adam był w 2001 roku u mnie na widzeniu, na lewym dowodzie, na inne nazwisko. Nie wiem, jak załatwił sobie zgodę. I kazał, żebym zwracał uwagę na Kowala".

Po śmierci Chrzanowskiego znaleziono wśród jego rzeczy grypsy, jakie dostawał z aresztu od Rudego. Jeden brzmiał następująco: „Tu wszystko dobrze. Ten twój myśli, że to ktoś zupełnie inny, ma swój 100 proc. typ. Tak, że głowa spokojna. J. (czyli Jan M. – przyp. aut.) też trzyma się dobrze ok., on stary zasadowiec, tak, że na pewno nie popuszcza".

Robert R. tłumaczy:

– Dudały wcześniej nie znałem, w areszcie dowiedziałem się, kim jest i do czego go przybijają. Zorientowałem się, że on jest przekonany, że siedzi za Adama P. ksywka Przybor. Poinformowałem o tym Chrzanowskiego. „Ten twój", czyli Dudała.

Drugi gryps, z 20 lipca 2004 roku: „Jestem w dobrym kontakcie z J. No i w czym mogę, to pomagam wam i tam, i tu także. Wiesz, co mam na myśli. Ty nie siedzisz nie dlatego, że jesteś wybitnie sprytny, ale dlatego, że masz dobrych wspólników, którzy wiedzą, co to honor, umieją milczeć. Szanuj tych wspólników, tych, co siedzą, i tych, co są obok ciebie, nie traktuj ludzi jak śmieci".

Robert R.:

– Docierało już do mnie, że on straszy Janka i innych, żeby w sprawie Wiartla trzymali gębę na kłódkę.

Dowodów na fakt, że to o Adamie Chrzanowskim, a nie Adamie Dudale, zeznawał Sławomir R. pseudonim Woźny, było znacznie więcej, ale śledczy całkowicie je pominęli. Mieli już Adama na ławie oskarżonych, nie chciało im się zmieniać aktu oskarżenia. Całkowicie świadomie doprowadzili do skazania niewinnego człowieka wyłącznie na podstawie jednego dowodu – fałszywych zeznań współsprawcy o pseudonimie Woźny. W innych procesach przyłapano go na kłamstwach i uznano za niewiarygodnego. W sprawie Adama Dudały posłużono się nim, aby poprawić statystyki skazań. Podstawowa zasada prawa karnego – dążenie do prawdy – nie miała dla śledczych żadnego znaczenia.

Każdy, ale nie on

Rozmowa z Patrycją – o miłości, samotności i czekaniu.

– Kiedy Pani poznała Adama?

– W 1999 roku. To był znajomy mojej bliskiej przyjaciółki i ona mi o nim opowiadała, chciała nas zapoznać. Nie paliłam się do tego, bo miałam wtedy chłopaka, ale wyszło jakoś tak, że spotkaliśmy się z Adamem, chwilę porozmawialiśmy, on poprosił mnie o telefon, a ja niechętnie mu go dałam. Miałam 19 lat i nie byłam zainteresowana Adamem. Tak mi się wydawało. On bardzo nalegał. W końcu umówiliśmy się na randkę, potem na kolejną. Zaprosił mnie na obiad do knajpy. Zaczęliśmy się regularnie spotykać.

– Zagiął parol na Panią. Czym przekonał dziewiętnastoletnią Patrycję?

– No, był bardzo przystojny i zawsze taki uśmiechnięty, wesoły.

– Plany na przyszłość?

– Na początku nie snuliśmy planów, to było zwykłe spotykanie się. Chodziłam wtedy jeszcze do technikum ekonomicznego. Szkołę skończyłam, ale studiów już nie podjęłam. Poszłam do pracy nie w swoim zawodzie. Adam załatwił mi pracę w poradni stomatologicznej. Do dzisiaj pracuję jako higienistka stomatologiczna.

– Co Pani wiedziała od początku o Adamie? Kim jest, czym się zajmuje?

– Za wiele o nim nie wiedziałam, tyle, że jest starszy ode mnie o 11 lat i że obracał się w towarzystwie tego Pershinga. Wtedy o Pershingu też niewiele wiedziałam. Adam miał pub i moja przyjaciółka u niego pracowała. Jak czasami do niej do pracy przyjeżdżałam, to Adam tam pojawiał się w towarzystwie jakichś kolegów. Patrzyłam z boku i wydawał mi się intrygujący. Wtedy się nad tym nie zastanawiałam, co to za ludzie, dopiero później ta przyjaciółka coś wspominała o Pershingu, kto to jest naprawdę.

– Jak facet jest właścicielem pubu, to w oczach dziewiętnastolatki z technikum uchodzi za kogoś na stanowisku?

– Tak. Ktoś taki jest figurą, prowadzi biznes, a nie pracuje na posadzie po osiem godzin dziennie. Nastolatce to imponuje.

– Adam chodził wtedy po cienkiej linii. Tu biznes, a obok gang Pershinga. Nie domyślała się Pani, że coś tu nie gra?

– Domyślałam, ale nie dopytywałam, bo nie jestem z natury wścibska. Jeżeli mi sam nie powie, to nie pytam.

– A mówił?

– Nie, nie wtajemniczał mnie. Miałam do niego zaufanie, że nie zrobi głupstwa albo czegoś bardzo złego. Dlatego nie dopytywałam. Niektóre koleżanki skarżyły mi się, że ich faceci znikają na weekendy, ale Adam nie, on zawsze wracał na noc. Weekendy zawsze spędzaliśmy razem, więc nie miałam podstaw do podejrzeń, że coś jest nie tak. Wiedziałam, że ma jakieś sprawy do załatwienia, nieraz jechał i wracał, było w miarę normalnie. Bardziej patrzyłam, jaki on jest dla mnie.

– Jaki był?

– Troskliwy, opiekuńczy, rodzinny. Potrafił natchnąć człowieka optymizmem. Zawsze patrzył przed siebie, nigdy w przeszłość. Miał dobry charakter. Szybko zrozumiałam, że po prostu go bardzo kocham i nie potrafię bez niego żyć.

– A Pani rodzice jak traktowali ten związek?

– Wtedy mój tata już nie żył, mama nie była przeciwna, polubiła go. Nawet był taki moment, że Adam przez jakiś czas mieszkał u mnie. Jest człowiekiem, który da się lubić, miłym, uśmiechniętym, duszą towarzystwa. Z kolei jego rodzice też mnie zaakceptowali, tak myślę. Jeżeli się mylę, to nigdy nie dali mi poznać, że nie jestem przez nich dobrze widziana.

– To był szybki związek. Parę spotkań i wspólne mieszkanie. Nie za szybko?

– Były spotkania i był Adam. Rozstałam się wtedy z poprzednim chłopakiem, Adam ze swoją dziewczyną. Myślę, że podobnie jak w takich przypadkach, wszystko toczyło się szybko.

– Kto pierwszy zaproponował małżeństwo?

– Z małżeństwem to było tak, że najpierw miała wyjść za mąż siostra Adama. Wszystko było zaplanowane, wesele miało się odbyć jesienią 2001 roku. I się odbyło, ale już bez Adama, bo krótko wcześniej został aresztowany. Później powiedział mi, że planował, żeby na weselu siostry oświadczyć mi się. Dowiedziałam się o tym, jak już siedział. Byłam bardzo zakochana w Adamie, więc nie widziałam przeszkód, żebyśmy się pobrali. Szczerze? Nie widziałam żadnych złych cech u Adama. Decyzja o ślubie w areszcie była wspólna, nawet Adam pytał, czy na pewno chcę brać ślub w takich warunkach.

– Zanim doszło do tego więziennego ślubu, musiała Pani oswoić się z sytuacją, że narzeczony siedzi za kratami. Znikł z Pani życia na długo.

– Został wezwany na komendę. Myślał, że chodzi o jakiś drobiazg, bez obaw tam poszedł. Czekałam w mieszkaniu. Po jakimś czasie słyszę dzwonek do drzwi. Myślałam, że Adam wraca, ale przez wizjer zobaczyłam kilku mężczyzn, więc się przestraszyłam. W panice zadzwoniłam do Adama i on mi wyjaśnił, że to jest policja, żebym otworzyła, bo jest zatrzymany i policja przyszła w celu przeszukania mieszkania. Otworzyłam, mieli nakaz rewizji, nie chcieli powiedzieć mi, o co chodzi. Byłam trochę zagubiona, bo nigdy nie miałam z taką sytuacją do czynienia.

– Jak się zachowywali policjanci?

– Spokojnie, bez nerwów i przepychanek, można powiedzieć – profesjonalnie. Weszło ich chyba pięciu. Powiedzieli, że mają nakaz, ale nie chcieli mi powiedzieć, czego szukają. Miałam wrażenie, że dość powierzchownie przerzucili rzeczy, spisali protokół, zabrali zdjęcia z wakacji, gdzie byliśmy z grupą znajomych. Powiedzieli mi, że być może będę mogła jutro odebrać Adama z Białegostoku. I poszli.

– Niezły stres Pani przeżyła. Panika, łzy, histeria?

– Nie wiedziałam, co się dzieje. Zadzwoniłam do siostry Adama i do jego rodziców. Dla nich to też był szok. Już po spokojnej analizie doszliśmy do wniosku, że to jakaś bagatelna rzecz. Umówiłam się z siostrą Adama, że pojedziemy razem po niego do Białegostoku. I, jak pamiętam, jechałam tam szczęśliwa, że go zaraz odbiorę i koszmar się skończy.

– Wcześniej w trakcie waszego związku był już zatrzymywany przez policję?

– Nie. I dlatego tak to mną tąpnęło, bo przyszło tak nagle i niespodziewanie.

– W Białymstoku pokazali Pani Adama?

– Weszłyśmy do prokuratury. Adama zobaczyłam w przelocie, kiedy przeprowadzali go z jednego pokoju do drugiego. Szedł zakuty w kajdankach i powiedział do mnie, że w ogóle nie wie, co się dzieje, że dostał zarzut morderstwa. Widziałam, że był w szoku. Zaczęłam płakać.

– Próbowała się Pani dowiedzieć od prokuratorów, o co chodzi?

– Siostra Adama, starsza ode mnie i bardziej obyta, dowiadywała się, ale powiedzieli jej tylko, że zarzut dotyczy morderstwa. Śledztwo trwa, a o areszcie Adama zdecyduje sąd okręgowy. Sąd zgodził się na areszt.

– Smutny powrót do Warszawy?

– Bardzo smutny. Byłyśmy obie w szoku, zdezorientowane, przerażone. Milczałyśmy całą drogę. Byłam pewna, że to, co spotkało Adama i nas, jest jakąś tragiczną pomyłką. Żyłam potem nadzieją, że wszystko się wyjaśni i po trzech miesiącach go wypuszczą.

– Zarzut morderstwa. Najpoważniejszy z poważnych.

– Ale ja już na tyle znałam wtedy Adama, że wiedziałam, iż nie mógł czegoś takiego zrobić. Każdy, ale nie on.

– To raczej intuicja, bo przecież nikt nie może powiedzieć, że zna drugiego, nawet najbliższego człowieka na tyle, żeby ręczyć za jego niewinność. Nie znała Pani jego poprzedniego życia w szczegółach. Morderstwa, jakie mu zarzucono, zostały popełnione na krótko przed waszym poznaniem.

– Wtedy nie znałam szczegółów, potem zaczęłam je odtwarzać.

– Czy Adam kiedykolwiek opowiadał Pani o wakacjach 1999 roku, o pobycie w Ustce? To było przecież jego alibi.

– Wcześniej mi nie opowiadał, nie było okazji. Potem, już po aresztowaniu, zaczął o tym mówić. Wynajęłam prywatnego detektywa, pana Michała Rapackiego, i on to wszystko sprawdził. Adam miał alibi, ale prokuratora to nie interesowało.

– Znacie się niecałe dwa lata, on idzie siedzieć. Po co brnie Pani dalej w ten związek?

– Bo w niego wierzę. Bo nie zostawia się bliskiego człowieka w takiej sytuacji. I nie tracę tej wiary. Jeżdżę na widzenia z nim, dają mi zgodę, bo jestem traktowana jako konkubina. Rozmawiamy przez szybę za pomocą słuchawki. Za każdym razem Adam mówi, że to jakaś pomyłka, że wszystko się wyjaśni. Wyjdzie, wróci do mnie i wszystko będzie dobrze.

– Nie miała Pani chwil zwątpienia?

– Na początku były osoby, które widząc moją determinację, aby o niego walczyć, mówiły, żebym sobie odpuściła. To były jakieś dziewczyny, które już wcześniej nie akceptowały naszego związku i chciały mnie zniechęcić. Ale ja absolutnie nie wierzyłam w winę Adama, nawet jak ktoś mi coś mówił, to ja wiedziałam swoje. Do dzisiaj nigdy nie zwątpiłam w jego niewinność. Gdybym miała jakiekolwiek wątpliwości, tobym się z nim rozstała. Byłam i jestem na sto procent przekonana, że jest niewinny, dlatego wciąż trwam przy jego boku.

– Myśli Pani, że gdyby był winny, a po prostu, jak to się mówi, szedł w zaparte, wyczułaby to Pani?

– Na pewno. Nigdy nie było takiej chwili wahania, dlatego nie wyobrażałam sobie, żeby człowieka niewinnego zostawić w takiej sytuacji.

– Zawarcie ślubu z Adamem w tych okolicznościach było manifestacją lojalności?

– Ślub wzięliśmy 16 czerwca 2003 roku. Nie pamiętam, czy ta propozycja wyszła ode mnie czy od Adama, ale ja go kochałam i nie było dla mnie ważne, gdzie ten ślub się odbędzie. Było dużo załatwiania, na wszystko potrzebne były zgody. Bardzo chciałam, aby ten ślub jak najbardziej przypominał taki, jaki jest na wolności. Było bezalkoholowe Pikolo zamiast szampana. Sąd wyraził zgodę tylko na obecność świadków, na rodziców ani chrzestnych nie było zgody. Dostałam zgodę na aparat fotograficzny i na magnetofon. Zdjęcia robił wychowawca Adama. Świadkowa wniosła garstkę ryżu na szczęście. Ślubu udzielał urzędnik stanu cywilnego. Uroczystość odbyła się w świetlicy aresztu śledczego. Godzina też nietypowa, bo około południa. Miałam specjalnie kupioną suknię koloru écru, ale bez welonu. Miałam bukiet ślubny. Przyjechałam samochodem odpowiednio przystrojonym. Samochód mąż świadkowej pożyczył od znajomego. Jechaliśmy na ten ślub z Warszawy. Byłam już umalowana, na miejscu, w hotelu, przebrałam się w suknię, w tym czasie mąż świadkowej przystrajał samochód. Adam tego samochodu nie zobaczył.

– Mieliście z okazji ślubu jakiś czas sam na sam dla siebie?

– Nie. Myślałam, że po ślubie dostaniemy chociaż godzinne widzenie, ale wszystko opóźniło się o 15 minut, więc mieliśmy tylko 45 minut na spokojną rozmowę.

– Przeważnie jak się ludzie pobierają, to planują przyszłość. Ile będą mieli dzieci, w jakie podróże pojadą, do czego we wspólnym życiu będą dążyć. Jakie były wasze plany?

– Plany? Wolność dla Adama! Żyliśmy nadzieją, że Adam wyjdzie. Żyłam od rozprawy do rozprawy, byłam na każdej w białostockim sądzie, mimo że nie mogłam wejść na salę, bo wszystko toczyło się z wyłączeniem jawności. Wystarczało mi, że mogłam go zobaczyć, jak prowadzą go na salę czy w przerwach.

– Przyjechała Pani na ogłoszenie wyroku?

– W sądzie okręgowym nie byłam. Szczerze mówiąc, nie wierzyłam, że zapadnie taki wyrok jak ten, który zapadł. Prokurator chciał dożywocia, a sąd orzekł 25 lat. Na rozprawę apelacyjną pojechałam. Jak usłyszałam, że sąd podtrzymuje ten wyrok, to się załamałam.

– Odbyliście potem z Adamem rozmowę, jak ma się toczyć wasze dalsze życie? Rozmowę o rozstaniu?

– Nie. Nawet przez myśl mi nie przeszło, aby go zostawić. On przecież wciąż wierzył, że sytuacja jeszcze się odwróci, że będzie sprawa kasacyjna i Sąd Najwyższy go uniewinni. Ja też w to wierzyłam. Gdyby było inaczej, oznaczałoby to, że oboje pogodziliśmy się z jego winą. A my byliśmy zdeterminowani, aby dowodzić niewinności Adama ze wszelkich sił. Po zapadnięciu wyroków skazujących mówiono mi, żebym ułożyła sobie inaczej życie, bez niego. W ogóle nie brałam tego pod uwagę.

– Wyszła Pani wtedy w świat z tą sprawą? Skąd pomysł, żeby iść z tym do mediów? Ktoś Pani doradził, że to ostatnia deska ratunku?

– Nikt mi nie doradzał. Pomyślałam, że trzeba sprawę nagłośnić, bo nie może być zgody na bezprawie. Chodziłam po redakcjach, pukałam od drzwi do drzwi i próbowałam każdego zainteresować sprawą. Cieszyło mnie, jak ktoś wyraził nawet najmniejsze zainteresowanie.

– Wszystkie publikacje, reportaże telewizyjne i radiowe okazały się bezskuteczne, nie przekonały ani prokuratury, ani sądu do wznowienia postępowania. Pani wysiłek był niepotrzebny?

– Był potrzebny, mimo że nie ma na razie żadnych rezultatów. Gdybyśmy nic nie robili, to zarzucalibyśmy sobie, że coś zaniechaliśmy. Dziennikarze, jak zaczęli przyglądać się tej sprawie, podzielali pogląd, że siedzi człowiek niewinny. Nie mnie uwierzyli, że Adam jest niewinny, ale po własnych śledztwach. Dziennikarze swoimi ścieżkami docierali do źródeł, do świadków, do akt i dochodzili zgodnie do wniosku, że to nie mój Adam jest zabójcą.

– Czy Adamowi dawało to jakąś iskrę nadziei?

– Tak. Z każdym artykułem, z każdym programem telewizyjnym czy radiowym na nowo odżywała w nim nadzieja, że może coś się ruszy. To go napędzało do życia i powstrzymywało depresję.

– Żyje Pani teraz w dziwnym rytmie. Od widzenia do widzenia.

– Od dawna tak żyję. Od trzynastu lat widzenia mam dwa razy w miesiącu. Staram się być u Adama co dwa tygodnie. Widzenia trwają różnie, czasami godzinę, czasami dwie, w zależności od tego, w jakim zakładzie przebywa.

– W każdym więzieniu obowiązują inne procedury?

– Procedury pewnie są takie same, ale podejście inne. W jednych zakładach traktują osadzonych bardziej po ludzku, w innych mniej. Mówi się, że celem kary jest resocjalizacja, ale w takich warunkach ciężko ludzi wychowywać. Adama trzymano już w wielu zakładach karnych i doszłam do wniosku, że z takich miejsc ludzie raczej nie mogą wychodzić normalni, a co dopiero naprawieni.

– Jak Adam wytrzymuje psychicznie odosobnienie?

– Jest mu ciężko, coraz ciężej. Po odrzuceniu wniosków o wznowienie postępowania załamał się. Teraz ma już prawo do wokandy, czyli przedterminowego warunkowego zwolnienia, ale dyrektor zakładu, w którym siedzi, powiedział, że na warunkowe jest jeszcze za wcześnie. Gdyby chociaż zaczęli go puszczać na przepustki, dostałby trochę nadziei, ale przepustek też mu nie dają. Wyjście nawet na kilka godzin za mury jest niesłychanie ważne dla każdego osadzonego. Można wtedy odetchnąć prawdziwym powietrzem, spojrzeć w niebo, poczuć smak wolności. To byłoby bardzo dużo. Były już takie obietnice kierowane do Adama, że wyjdzie, był już przyszykowany na takie wyjścia, ale zostało mu to odebrane. To bardzo podcięło mu skrzydła. Byłam na rozmowie u dyrektora i prosiłam, żeby spojrzał po ludzku, że Adam już ledwo ciągnie, żeby choć na parę godzin wyszedł z wychowawcą. Powiedział, że niedługo wyjdzie na kilka godzin, ale zapomniał o obietnicy. Staram się wspierać Adama, jak mogę. Trochę mu się nie dziwię, bo jeżeli daje się komuś nadzieję i potem odbiera, to można się załamać.

– Ma Pani 35 lat i za sobą jedenaście lat małżeństwa na papierze, bo mąż wciąż daleko. Myśli Pani o tym, że czas ucieka przez palce?

– Wcześniej tego nie zauważałam, ale od kiedy skończyłam trzydziestkę, coraz częściej widzę, że ten czas ucieka, a ja wegetuję.

– Tęskni Pani za posiadaniem dzieci?

– Gdyby Adam był obok mnie, już dawno byłoby dziecko. Kiedy miałam 25 lat, strasznie odczuwałam brak macierzyństwa. Ale sytuacja stłumiła we mnie ten instynkt. Nie mam dzieci i w tej chwili nie myślę o tym. Mam ważne zadanie, ważniejsze od innych: muszę podtrzymywać Adama na duchu. Robić tak, żeby on cały czas miał nadzieję i żeby się nie poddał. Były różne trudne chwile, on coraz ciężej znosi pobyt za kratami. Nie ukrywam, że ja też psychicznie mam coraz gorzej. Jest coraz ciężej, ale nie mogę się poddać, załamać, bo wtedy i Adam by się załamał. Jestem jego ostoją, więc chcąc nie chcąc, muszę się trzymać.

– Przepraszam, że spytamy tak bezpośrednio, ale czy przez te 13 lat jego odosobnienia mieli Państwo możliwość odbycia tzw. intymnych widzeń?

– Tak, były takie widzenia, natomiast z czasem doszliśmy do wniosku, że to bardziej upokorzenie niż przyjemność. Osadzony występuje do administracji więziennej o zgodę na takie widzenie z żoną. Jest to traktowane jako nagroda za dobre zachowanie.

– Ile takich nagród można dostać w ciągu roku?

– Cztery, raz na trzy miesiące. Nie ukrywam, że takie widzenia nie są przyjemne. Dostajemy godzinę i klamka się zamyka. Świadomość, że jesteśmy w takim miejscu, że zaraz czas się skończy, to też obciąża psychikę. Był moment, że powiedziałam, że już nie jestem w stanie. To było silniejsze ode mnie.

– Żyje Pani teraz tylko oczekiwaniem na powrót Adama. Co potem?

– Jego powrót jest najważniejszy. Co dalej, nie wiem. Na pewno od nowa, od początku będziemy się poznawać. Może się okazać, że przez te lata oboje się zmieniliśmy. Ludzkie sprawy: ja go będę drażnić, on będzie drażnił mnie, bo rzuci skarpetki nie tam, gdzie trzeba. Tak bywa, wiem o tym, ale staram się tak nie myśleć. Najważniejsze jest dla mnie, żeby wyszedł, niezależnie od tego, jak się nasze życie dalej potoczy. Zakładam, że będzie dobrze.

Rozdział 12

Matka „szpiega"

Z Haliną – matką okrzykniętego szpiegiem asystenta posła PSL – nie mogliśmy przeprowadzić wywiadu do tej książki, bo zmarła przed laty, ale ilekroć zastanawialiśmy się nad doborem bohaterek, to ona była przykładem nieugiętej, heroicznej postawy. Biła się o wolność dla syna i on tę wolność odzyskał. Ona jednak tej chwili nie doczekała.

Marcina, syna Haliny, zatrzymała ABW. Zarzut szpiegostwa brzmiał poważnie, jednak cała sprawa od początku wyglądała niewiarygodnie. Marcin miał wtedy 25 lat, był studentem i społecznym asystentem posła PSL Józefa Gruszki. Poseł stał na czele komisji śledczej do spraw Orlenu. W kwietniu 2005 roku doznał rozległego wylewu krwi do mózgu. Marcina ABW zatrzymała miesiąc wcześniej. Podejrzewano, że oba zdarzenia mają związek. Niektórzy wysuwali tezę, że to prowokacja służb, aby skompromitować Gruszkę i całą komisję. Być może zatrzymanie asystenta przyczyniło się do nasilenia choroby posła, który cierpiał na nadciśnienie, a kłopotami Marcina przejmował się, podobnie jak inni politycy PSL. Częstą przyczyną wylewów krwi do mózgu jest przecież stres.

Halina przyjaźniła się z posłem Gruszką, ale u niego pomocy dla syna już znaleźć nie mogła. Poseł przez wiele tygodni nie odzyskiwał przytomności, a potem latami dochodził do siebie. Ostatecznie wycofał się z życia politycznego.

Ona też cierpiała na nadciśnienie. Kiedy Marcin trafił za kraty, narzekała na silne bóle głowy, ciśnienie skakało znacznie ponad normę. Nie zważała na dolegliwości i od rana do nocy pielgrzymowała po ważnych gabinetach, szukając wsparcia. Wynajęła synowi młodą, dobrze się zapowiadającą adwokatkę Magdalenę Bentkowską-Kiczor, córkę partyjnego kolegi i byłego ministra sprawiedliwości Aleksandra Bentkowskiego. Trafiła też do nas. Opowiedziała nam historię syna.

Marcin studiował zaocznie stosunki międzynarodowe na Uniwersytecie Warszawskim, był na piątym roku. Uważano go za pracowitego i utalentowanego. Doktor Wiesław Lizak z Instytutu Stosunków Międzynarodowych bardzo liczył, że praca magisterska o stosunkach między USA a Rosją po 2000 roku, którą chłopak przygotowywał, będzie nowatorska.

Przez cały okres studiów Marcin pracował: najpierw w Polskim Stronnictwie Ludowym, w dziale zagranicznym Naczelnego Komitetu Wykonawczego, a przed aresztowaniem w Wojewódzkim Urzędzie Pracy w Warszawie. Ówczesny dyrektor WUP Tadeusz Zając oceniał go wysoko.

W swoim CV Marcin wyliczał osiągnięcia: zorganizowanie Międzynarodowej Konferencji Partii Chłopskich, Centrowych i Ludowych w 1999 roku, udział w kampanii prezydenckiej w biurze prasowym Jarosława Kalinowskiego, stała współpraca z ramienia PSL z placówkami dyplomatycznymi akredytowanymi w Polsce. Do tego dobra znajomość angielskiego i francuskiego. Wśród zainteresowań: historia, polityka, dyplomacja.

Od dziecka na orbicie Polskiego Stronnictwa Ludowego. Co prawda nie był to jego świadomy wybór. Towarzyszył mamie, która od początku lat 90. działała w PSL. Przez nią poznał ważnych działaczy chłopskich, którzy potem ułatwiali mu rozwój kariery partyjnej. Najważniejszy kontakt nawiązał z posłem Gruszką.

– To był przypadek – relacjonowała nam Halina w 2005 roku. – Marcin szukał dojścia do biblioteki sejmowej, bo tylko tam mógł dostać książki niezbędne mu do pracy semestralnej.

Dopytywała u kolegów z partii, jak załatwić Marcinowi tę bibliotekę. Ktoś poradził, że najłatwiej będzie, jak chłopak zostanie czyimś asystentem społecznym. Rozmowę słyszał Gruszka.

– Powiedział, że nie ma problemu, niech Marcin zrobi sobie fotografie potrzebne do legitymacji – wspominała Halina.

Asystentura u posła nie była specjalnie fatygująca. Marcin korzystał z biblioteki ile wlezie, a czasem wykonywał posłowi analizy na temat sprzedaży gruntów cudzoziemcom, sytuacji rolników, rynku ubezpieczeniowego. Ostatnią pracą zleconą mu przez Józefa Gruszkę był program wzrostu konkurencyjności małych i średnich przedsiębiorstw.

– Nie dostawał za to pieniędzy, ale lubił to robić, czuł się potrzebny – tłumaczyła matka.

Pracował wtedy w PSL, miesięcznie zarabiał około 1000 zł. Z ramienia partii kontaktował się z wieloma ambasadami, głównie krajów skandynawskich. Ustalał terminy wyjazdów zagranicznych działaczy chłopskich i organizację spotkań PSL z dyplomatami. Czasem sam bywał na rautach dyplomatycznych.

Człowiek z rosyjskiej ambasady

Podczas rautu w ambasadzie Korei Północnej, w październiku 2003 roku, poseł PSL Tadeusz Samborski poznał Marcina z rosyjskim dyplomatą, III sekretarzem ambasady Rosji w Warszawie Semenem Sustawowem.

Sustawow zrobił na chłopaku korzystne wrażenie. Otwarty, przyjazny, a przy tym zaledwie o kilka lat starszy od niego. Budził zaufanie. Marcin zwierzył się Rosjaninowi, że ma pewien kłopot – pisze magisterium na temat stosunków Rosja–USA, ale nie zna rosyjskiego, więc jest odcięty od wielu ciekawych opracowań i artykułów. Sustawow roześmiał się. „Już po twoim kłopocie, ja ci przetłumaczę potrzebne teksty". Marcin trochę się przestraszył: Ile to będzie kosztowało? Semen natychmiast rozwiał jego obawy. „Nic, drobna przysługa dla polskiego kolegi" – odpowiedział. Wymienili się telefonami i umówili, że skoczą wspólnie na drinka.

Pierwsze spotkanie odbyło się mniej więcej po miesiącu. Semen zaprosił młodszego kolegę do lokalu na Starówce. Marcin dał mu listę tekstów rosyjskich potrzebnych do pracy. Podczas następnej wódeczki Semen przekazał mu tłumaczenia. W zamian nic nie chciał.

Halinę trochę te ich spotkania niepokoiły. Marcin wracał na lekkim rauszu, a ona nie chciała, aby syn pił. Miała złe wspomnienia związane z alkoholem, jej były mąż za kołnierz nie wylewał. Po kolejnej alkoholowej eskapadzie Marcina i Semena zażądała, aby syn poznał ją ze swoim nowym przyjacielem. Marcin umówił takie spotkanie.

– To było na przełomie lutego i marca ubiegłego roku – opowiadała nam matka. – Spotkaliśmy się w knajpce na Okopowej. Sustawow okazał się miłym człowiekiem. Dopytywał o Marcina. Martwił się, że chłopak po skończeniu studiów planuje iść do Akademii Wojskowej. „Tam nie ma przyszłości" – mówił. Doradzał szkołę dyplomatyczną.

Opowiadał o swojej rodzinie. Halinie spodobało się, kiedy wspomniał, że planują z żoną i córeczką przejść na katolicyzm. Jedno tylko nie przypadło jej do gustu. Semen Sustawow, jak na dyplomatę, stanowczo za dużo pił.

Po tym spotkaniu zażądała od Marcina, aby zrezygnował z tej znajomości, a już bez dwóch zdań, aby spotykając się z Rosjaninem, odmawiał alkoholu. Chłopak obiecał, że tak będzie. Zresztą wspólne bywanie z rosyjskim dyplomatą już i tak się kończyło. Około maja 2004 roku Marcin pochwalił się mamie, że Semen poprosił go o opracowanie na temat wykorzystania funduszy europejskich w województwie mazowieckim. Zapłacił mu 300 zł za pracę wykonaną na podstawie informacji z internetowej wyszukiwarki.

Ostatni kontakt mieli w czerwcu. Potem Semen wyjechał do Rosji na urlop. Po powrocie miał dużo pracy, brał udział w przygotowywaniu spotkania Putin–Kwaśniewski. A potem nagle znikł z Polski.

Szpiegowski kontakt wzrokowy

W październiku 2004 roku, a więc już po tym, jak ustały jego kontakty z Semenem, Marcina na ulicy zatrzymali panowie z ABW. To nie było aresztowanie, ale luźna, niemalże nieoficjalna rozmowa. Pojechał z funkcjonariuszami do hotelu „Ibis", gdzie – jak się okazało – jeden z pokoi ma do dyspozycji Agencja Bezpieczeństwa Wewnętrznego. W czasach PRL podobne tzw. lokale operacyjne miała w hotelach SB.

W pokoju hotelowym wypytywano go o jego spotkania z Semenem Sustawowem.

– Marcin dokładnie mi to zrelacjonował – twierdziła jego mama. – Funkcjonariusze ostrzegli go, że ten Semen jest szpiegiem i żeby się z nim nie spotykał. Marcin był zdziwiony. Pytał mnie, czy to możliwe, aby taki miły człowiek był agentem wywiadu.

W grudniu 2004 roku Marcin ponownie trafił do pokoju w „Ibisie". Znów na rozmowę ostrzegawczą, chociaż od ostatniego spotkania nie miał z Sustawowem żadnych kontaktów.

Rosjanin wyjechał w październiku 2004 roku. Syna Haliny zatrzymano dopiero w marcu 2005. Na co czekano długie miesiące? Według Andrzeja Barcikowskiego, szefa ABW, zbierano dowody. Dzisiaj już wiadomo, że żadnych dowodów nie było. Kazimierz Olejnik, zastępca prokuratora generalnego, mówił w wywiadzie radiowym: „Żyjemy w domu wariatów. Wykonaliśmy dobrą robotę. Złapaliśmy szpiega w środowisku politycznym i teraz politycy nas za to atakują". Do wiadomości publicznej podano, że syn Haliny przekazywał agentowi pisemne raporty. Według Magdaleny Bentkowskiej-Kiczor, adwokatki Marcina, jedynym tego rodzaju materiałem była analiza na temat funduszy strukturalnych na Mazowszu.

Po aresztowaniu jeden z tygodników napisał, że Marcin spotykał się z oficerem rosyjskiego wywiadu pod kolumną Zygmunta w Warszawie, „nawiązywali kontakt wzrokowy" i szli do jednej ze staromiejskich knajp. Szpiedzy nigdy zwyczajnie nie patrzą na siebie, ale właśnie nawiązują kontakt wzrokowy. Tygodnik miał informacje z ABW. Podczas pierwszych przesłuchań Marcina kwestia kontaktu wzrokowego faktycznie była mocno eksploatowana. Oficerowie chcieli wiedzieć, jak dochodziło do spotkań.

– Gdzie się umawialiście? – pytali.

– Na placu Zamkowym – odpowiadał Marcin.

– Jak się rozpoznawaliście? – drążyli funkcjonariusze.

– Rozglądałem się i dostrzegałem Semena, on mnie też.

I tak okazywało się, że obaj nawiązywali szpiegowski kontakt wzrokowy.

Kompromitacja służb

ABW wydała komunikat, że dla Rosjanina praca w dyplomacji była przykrywką i że tak naprawdę Sustawow był oficerem wywiadu, który wyjechał do Rosji na żądanie strony polskiej. Jednak według ówczesnego rzecznika MSZ Aleksandra Chećki jedynym znanym powodem wyjazdu Semena Sustawowa z Polski było zakończenie jego misji dyplomatycznej w naszym kraju. Nie został wydalony.

Z Haliną rozmawialiśmy o tamtych wydarzeniach w jej dwupokojowym mieszkaniu na warszawskim Tarchominie.

Pozwoliła nam zajrzeć do pokoju syna. Miał jakieś sześć metrów kwadratowych. Regały pełne książek. Głównie tematyka polityczna – biografie Stalina, Trockiego, historia dyplomacji. Ale na poczesnym miejscu *Kubuś Puchatek*. A na łóżku i fotelach pluszowe misie, pamiątka z dzieciństwa.

– Mojego syna uczyniono narzędziem jakiejś rozgrywki – uważała.

Obawiała się, że nią też bawią się tajne służby.

– Jestem podsłuchiwana, obserwowana, manipulowana. Cały czas czuję na plecach ABW – żaliła się.

Kontaktował się z nią pewien pułkownik z ABW. Najpierw pocieszał, że na Marcina nic nie mają, chłopak na pewno zostanie zwolniony, ale na razie „pomieszka trochę w tajnym miejscu".

– Mówił o jakimś hotelu policyjnym – pocieszała się Halina.

Kiedy sąd odrzucił zażalenie na tymczasowy areszt, pułkownik znów zadzwonił. Oświadczył, że bardzo mu przykro i... kontakt z nim się urwał.

To było jedno z naszych ostatnich spotkań z Haliną. Z każdym kolejnym dniem spędzanym przez Marcina w areszcie wpadała w coraz większe nerwy. „Co oni z nim tam robią?" – pytała. – „Dlaczego mu nie wierzą?" Ona synowi do końca ufała bezgranicznie. Wiedziała, że dzieciak nie zbłądził, a raczej padł ofiarą czyjejś nadgorliwości. Kolejna wiadomość nadeszła ze szpitala. Halinę umieszczono na OIOM-ie. Doznała wylewu, była nieprzytomna. Po kilku dniach zmarła. Serce matki nie wytrzymało.

W 2007 roku zakończył się proces domniemanego szpiega. Marcina całkowicie oczyszczono z zarzutów. Skończył studia i zaczął normalne dorosłe życie.

Rozdział 13

Epitafium dla Moniki

Naszą książkę kończymy opowieścią o dziewczynie, która nie zdążyła nacieszyć się życiem. Miała na imię Monika i potrafiła zło w dobro zamieniać. Zasługiwała na szczęście, ale było ono jej dane tylko na moment. Umarła z mokrymi włosami. Chwilę wcześniej zrzuciła ręcznik, którym owinęła je po kąpieli. Morderca wszedł do jej domu jako przyjaciel. Odsiaduje dożywocie, ale ci, którzy prawdopodobnie kazali mu strzelać, pozostali bezkarni. Nigdy nawet nie postawiono im zarzutów zlecenia zabójstwa, chociaż prokuratura miała taką możliwość. Po kilkunastu latach od tamtych wydarzeń rachunki za śmierć tej wyjątkowej dziewczyny wciąż są niewyrównane, dlatego wracamy do sprawy. Człowiek, którego kochała ponad życie i za którego umarła, ma dług nie do spłacenia. Wołanie o sprawiedliwość to jego epitafium dla Moniki Hansson.

Wyjechała z Polski do Szwecji i tam ukryła swojego ukochanego ściganego przez mafię. Wierzyła, że wyrządzone przez niego krzywdy są do naprawienia. Pokazała mu cel w życiu. Zanim ją spotkał, zmieniał tożsamość i ukrywał się przed policją. Dzięki Monice wszystko miało być inaczej, normalniej. To dla niej zrywał z przeszłością, zamierzał dobrowolnie zgłosić się do prokuratury, aby odpowiedzieć za błędy młodości. „Będę na ciebie czekać, a jak wrócisz, urodzę ci dzieci" – zapewniała, z ufnością patrząc mu w oczy.

Morderca najpierw strzelił do niego, potem do niej. Monika miała 21 lat, Piotr – 30. On cudem uniknął śmierci.

– Zawsze miałem wiele szczęścia, ale każdego dnia zadaję sobie pytanie, dlaczego wtedy przeżyłem – mówi po latach. – Ja, człowiek, który sam miał zostać zabójcą, o mały włos zginąłbym z rąk płatnego mordercy. Monika była najlepszą istotą, jaką spotkałem w całym swoim życiu. Ufną jak dziecko. Wierzyła we mnie, że mogę żyć uczciwie. Podążała za swoimi marzeniami, nie bacząc na ryzyko. Umarła za mnie... To brzemię towarzyszyć mi będzie już zawsze. Bezustannie mam nadzieję, że któregoś dnia wszyscy, którzy przyczynili się do jej śmierci, poniosą karę. Obiecałem to matce Moniki i zrobię wszystko, by słowa dotrzymać. Być może przeżyłem właśnie po to, żeby wyrównać rachunki.

Miłość ponad wszystko

Między nimi nie od razu zaiskrzyło. Podwoził ją kiedyś do domu – mieli wspólnych znajomych i gdzieś się przypadkowo spotkali. Niewiele wtedy rozmawiali. Monika była podlotkiem, a on nie oglądał się za siusiumajtkami. Jakiś czas później wpadli na siebie w drzwiach klubu z muzyką na żywo. On wchodził, ona wychodziła... a może na odwrót. Na scenie jakaś kapela grała Doorsów. Było gwarno, z trudem słyszał własne myśli. „Co, nie poznajesz? Przecież to ja, „Szwedka!" – krzyknęła mu do ucha, chwytając za rękę. Niewiarygodne, jak szybko wydoroślała – pomyślał, po raz pierwszy dostrzegając w niej kobietę.

Było upalne lato 1997 roku. Monika zdała w maju maturę, przyjechała do Polski na wakacje. Od kilku lat mieszkała w Malmö. Wyemigrowała do Szwecji z mamą zaraz po rozwodzie rodziców. Zanim spotkała Piotra, większość czasu spędzała z koleżankami z dzieciństwa. Jeździły nad morze, chodziły na dyskoteki. Dziewczyny namówiły ją na start w konkursie miss mokrego podkoszulka. „Jesteś bezkonkurencyjna, wszyscy oszaleją na twój widok" – zachęcały. Wyglądała zjawiskowo: figura modelki, burza jasnych loków, hollywoodzki uśmiech. Wygrała ten konkurs, a publiczność zgotowała jej owację na stojąco. Niedługo potem spotkała Piotra. Jej świat zawirował.

Piotr podobał się kobietom. Wysoki, świetnie zbudowany, roztaczał wokół siebie jakąś aurę. W skórzanym kombinezonie prezentował się na motorze jak członek Hells Angels. Ale miał skomplikowane życie, bliżej nieokreśloną pracę, wieczne tajemnice, a w Niemczech – żonę i dziecko.

– Zostaliśmy w tym klubie aż do drugiej w nocy. Nie mogliśmy się nagadać. Nigdy wcześniej nie spotkałem tak radosnej osoby – wspomina Piotr.

Miłość spadła na nich jak grom z jasnego nieba. Po dwóch latach związku na odległość nie potrafili już żyć bez siebie. Monika chciała się usamodzielnić, zarabiała pierwsze pieniądze – była kelnerką w restauracji, po godzinach dorabiała jako modelka. Jej twarz zaczęła się pojawiać na okładkach popularnych pism o modzie. Nie zamierzała na tym poprzestać. Planowała studia, aby w przyszłości zajmować się profesjonalną fotografią. Namówiła Piotra, żeby odwiedził ją w Szwecji i został kilka tygodni. Przyjechał tak szybko, jak mógł. Został na dłużej. Zamieszkali razem, najpierw kątem u jej mamy, a wkrótce sami, w przytulnym mieszkaniu na trzecim piętrze przy Tulpangatan, na osiedlu Holma. Przy gołych ścianach świętowali jego trzydzieste urodziny.

Piotr rozpieszczał Monikę drogimi prezentami. Jednym z nich było czarne audi. Mama dziewczyny zastanawiała się, skąd młody człowiek bez stałej pracy ma tyle pieniędzy. Intuicja podpowiadała jej, że chłopak jej córki nie powiedział o sobie wszystkiego. Miała wątpliwości, czy to dla niej właściwy partner. Radziła Monice, aby nie wiązała się z nim. „Jest od ciebie dużo starszy, ma żonę i dziecko". Kłóciły się z jego powodu. „Kochamy się. Zawsze będziemy razem" – powtarzała za każdym razem zakochana dziewczyna.

Piotr działał w gangu, jednym z najgroźniejszych w Polsce. Policja przypisywała tej grupie kilka tajemniczych zaginięć – ludzie wychodzili z domu i przepadali bez śladu. Szybko uczył się języków i reguł półświatka. Celnie strzelał. Szefowie mieli wobec niego ambitne plany…

– Piotrek nie był typem gangstera łamiącego ofiarom ręce i nogi, ale świetnie sprawdzał się w działaniach grupowych. Brał udział w napadach, wymuszeniach i przemytach. Przyszedł jednak taki moment, że miał tego dość – charakteryzuje go Rafał Ch. pseudonim Czarny, człowiek odpowiedzialny w tamtym czasie za handel narkotykami.

Miłość do Moniki nie była jedynym powodem, dla którego Piotr załatwił sobie fałszywy paszport. W kraju zrobiło się dla niego zbyt niebezpiecznie. Policja aresztowała kierownictwo gangu, kilkudziesięciu jego kumpli trafiło za kraty. Nieliczni – jak on – szczęściarze rozproszyli się po świecie w obawie przed utratą wolności. Postanowił zrobić to samo. W Świnoujściu wsiadł na prom do Malmö. Monika czekała z utęsknieniem.

Ten sam kierunek ucieczki obrał jego znajomy z Warszawy – Jacek N. W stołecznym półświatku mówiono na niego Kato. W Szwecji Piotrek i Kato zaczęli spędzać razem coraz więcej czasu, zaprzyjaźnili się nawet. Podobieństwo ich życiorysów było spore, dylematów życiowych także: obaj mieli status uciekiniera, wystawiono za nimi listy gończe, nie zabrali ze sobą żon i dzieci.

Obaj postanowili zadomowić się w Szwecji na dobre. Kato znalazł sobie partnerkę ze stałym pobytem. Miała dwójkę dzieci i pizzerię w Malmö. Planowali ślub. Monika i Piotr również o tym myśleli. Jacka N. traktowali jak przyjaciela, polubili jego przyjaciółkę. Często spotykali się we czwórkę i biesiadowali do białego rana. Monika nie wiedziała, że mężczyzn łączą przestępcze interesy.

– Przez półtora roku byliśmy z Kato wspólnikami, wielokrotnie narażając życie – ujawnia nam Piotr. – W tamtym czasie istniało prawdopodobieństwo, że zostaniemy zaangażowani w mafijną wojnę w Moskwie. Chodziło o udziały w produkcji i sprzedaży wódki „Kremlowskaja". Dałbym za niego głowę, do tego stopnia mu ufałem. Wystarczyło, aby Jacek powiedział: „Słuchaj, mamy robotę", wykopałby dół... Jeden pocisk i byłoby po robocie.

Monika z natury nie była wścibska, ale zadawała coraz więcej pytań. Nie podobały jej się ich tajemnicze wyjazdy „w interesach", także nerwowość Piotra, gdy oddalał się z telefonem, by porozmawiać bez świadków. Pytała go o przeszłość, o źródło pieniędzy i o kolegów, których nie chciał zapraszać do domu. Piotr lawirował tak długo, jak się dało, unikając szczerych odpowiedzi. Nie mógł wprowadzić Moniki do swojego zawodowego świata nie tylko dlatego, że do niego nie pasowała. Chronił ją. Im mniej będzie wiedziała, tym lepiej dla niej, bezpieczniej – myślał. Zresztą nie chciał mówić o kumplach. Gdyby powiedział za dużo, słusznie potraktowaliby to jak zdradę. Prawda o tym, co robił z nimi dla pieniędzy, stanowiła najpilniej strzeżoną tajemnicę, dlatego wił się jak piskorz, gdy Monika nieświadomie krzyżowała mu plany. Miał jeszcze stare zobowiązania finansowe i kilka zleceń do wykonania, ale już wtedy wiedział, że nigdy, przenigdy nie sięgnie po broń. To by oznaczało poważne kłopoty, a tego nie chciał. Monika nie dawała się zbyć pokrętnymi odpowiedziami. Dla świętego spokoju opowiedział jej o handlu narkotykami i kilku napadach na polskich przemytników, którym odebrał tiry z kontrabandą. „Błędy młodości" – tłumaczył się, obiecując poprawę. Zażądała, aby definitywnie zerwał kontakty z półświatkiem. „Chcę być z tobą całe życie, kochać cię i ufać ci. Musisz zamknąć tamten rozdział, zacząć wszystko od nowa, żyć normalnie, uczciwie. Zobaczysz, że dopiero wtedy naprawdę będziemy szczęśliwi" – przekonywała.

Podziwiał jej entuzjazm i niezachwianą wiarę w to, że świat jest dobry. Nie bała się jego wrogów. Była gotowa posłać ich do diabła, byle tylko dali mu spokój. Zazwyczaj łagodna i ugodowa, w tej sprawie była stanowcza. „Wyrzuć ich ze swojego życia. Jeśli tego nie zrobisz, odejdę od ciebie" – stawiała sprawę jasno.

Nie potrafił wytłumaczyć Monice, że takich decyzji nie podejmuje się z dnia na dzień. Także dlatego, że zerwanie starych układów oznaczałoby dla nich finansowe problemy. Zaczynać nowe życie z pustymi kieszeniami? Tylko gówniarze tak robią, niepoprawni optymiści. Dlatego bił się z myślami, rozważając różne scenariusze. Ostatecznie uwierzył, że to Monika ma rację. Nawet się nie spostrzegł, kiedy zaraziła go swoim optymizmem. Postanowił lojalnie uprzedzić szefów, że zaczyna żyć inaczej. Zakładał, że szampana na pożegnanie nie będzie, ale jakoś to przełkną. Przecież znali go od lat i wiedzieli, że nigdy nikogo nie wydał, nigdy się nie „rozpruł" (tzn. nie współpracował z policją i prokuraturą – przyp. aut.).

Piotr z nadzieją patrzył w przyszłość.

Strzały na Tulpangatan

Dwudziestego lipca 1999 roku Monika była smutna. Od pewnego czasu nie widziała się z mamą. Znów pokłóciły się o Piotra. Dziewczyna zamartwiała się, że dwie osoby, które kocha najbardziej, są skonfliktowane. Piotr miał wyrzuty sumienia, że znów chodzi struta przez niego. Uznał, że najlepszym lekarstwem na kobiecy smutek są zakupy. Poszli do sklepu sportowego, Monika wybrała sobie czarne spodnie dresowe Nike. Marzyła o takich. Po powrocie do domu wzięła szybki prysznic. Był już wieczór, otworzyli wino, atmosfera wyraźnie się poprawiła.

Jacek N. zadzwonił na telefon Moniki tuż przed dwudziestą drugą. Powiedział, że stoi pod klatką i nie może dostać się do środka (drzwi zamykano automatycznie po 21.00). „Rzuć mu klucze" – Monika powiedziała do Piotra i ściągnęła z głowy mokry ręcznik. Piotr wyszedł na balkon i zrobił to, o co prosiła. Po chwili Kato był na górze, przekroczył próg i zatrzymał się w przedpokoju. Po raz pierwszy nie zdjął butów, chociaż wiedział, że Monika tego nie lubi. Piotr wychodził z toalety. Już zamierzał zwrócić mu uwagę, gdy zobaczył wycelowaną w siebie broń. Krzyknął, by ostrzec Monikę. „Śpijcie słodko, dzieciaki" – powiedział spokojnie Kato, a potem zaczął strzelać. Piotr poczuł w plecach przeszywający ból. Zwaliło go z nóg. Jedna kula drasnęła go w skroń, druga utknęła w brzuchu, ale nie pozbawiła przytomności. Potem padły kolejne strzały, tym razem w stronę Moniki.

Udawał martwego. Tylko dlatego przeżył. Kiedy zorientował się, że Kato przeładowuje broń, poderwał się i wybiegł na klatkę. Adrenalina zdziałała cuda – tylko tak można wytłumaczyć, że był w stanie utrzymać się na nogach. Dzwonił do sąsiadów, ktoś otworzył drzwi, ale zaraz je zamknął. Słyszał kroki mordercy, Kato był już na schodach, piętro nad nim. Wybiegł na dwór. W podpiwniczeniu sąsiedniej klatki znalazł schronienie. Dopiero tam zobaczył, że krwawi. Kato bez trudu mógł trafić za nim po śladach. Czekał skulony do przyjazdu policji. Każda minuta wydawała się wiecznością, tracił siły.

Karetka pędziła do szpitala. Piotr był przytomny, ale z trudem odpowiadał na pytania. Przed operacją powiedział, że nazywa się Włodzimierz Jabłoński, ma 38 lat, jest polskim Cyganem i przyjechał do Szwecji przed tygodniem. Ani słowem nie wspomniał, że zna mężczyznę, który strzelał.

Nie wiedział jeszcze, że kobieta, którą kochał, nie żyje.

Monika leżała na kanapie w nowych spodniach od dresu, przechylona na bok, z komórką przy uchu. Włosy zasłaniały część twarzy, nie widać było krwi. Kula trafiła ją w skroń.

Na spokojnym dotąd osiedlu pojawiły się radiowozy. Szybko rozniosło się, że ktoś zginął. Policja szukała świadków. Kilka osób widziało „krótko obciętego blondyna, w wieku około 30–35 lat, o silnej budowie ciała. Mówiono, że przyjechał na Tulpangatan zielonym mercedesem, najnowszym modelem. Świadkowie sugerowali, że to Polak mieszkający w Szwecji – słyszeli, jak rozmawiał pod blokiem przez komórkę.

Sprawę zabójstwa Moniki i usiłowania zabójstwa Piotra przydzielono Andersowi Carlssonowi, oficerowi policji z wydziału kryminalnego komendy w Malmö. Nadzór nad śledztwem objął prokurator Ronny Jonsson. „Jesteście głupi! Zamiast zadawać mi tyle pytań, powinniście go szukać" – pouczał śledczych następnego dnia, już po operacji, „Włodzimierz Jabłoński". Przesłuchiwano go w szpitalnej izolatce, w obecności tłumacza. Wciąż kłamał, domagał się adwokata. Wtedy powiedziano mu, że Monika nie żyje.

Wył z rozpaczy. Zerwał z nadgarstka taśmę z fałszywym nazwiskiem. „Zapomnijcie o wszystkim, co wam wcześniej mówiłem!" – krzyczał i płakał. – „Nie nazywam się Włodzimierz Jabłoński! Chcę złożyć zeznania!"

Oto fragmenty tamtego przesłuchania:

– Do czego potrzebował pan fałszywych dokumentów? – dociekał policjant.

– Tak sobie.

– Czy Monika miała wrogów?

– Wiem o jednym, ale on siedzi w więzieniu. Pisał do niej list. Mówiła mi, że miał się z nią rozliczyć, chodziło o dług w wysokości 18 tysięcy marek. Ten, kto to zrobił (morderca – przyp. aut.), musi być chory psychicznie!

– A pan? Czy pan ma wrogów?

– Nie mam.

– Z czego pan żyje?

– Prowadzę z mamą hurtownię towarów jednorazowych w Polsce. Mam pozwolenie na stały pobyt w Holandii, tam mieszkają moja była żona i dzieci. Ubiegam się o rentę inwalidzką, ale procedura została zastopowana.

– Dlaczego o rentę?

– Miałem wiele wypadków, złamane obie ręce, w kolanie nie mam łękotki.

– Zna pan człowieka, który strzelał?

– Widziałem go może raz lub dwa, ale nie znam nawet jego imienia. Wszedł w butach, takich sznurowanych, rudobrązowych, na cienkiej podeszwie... Łaził w nich po całym mieszkaniu, a Monika tego nie znosiła. Powiedziałem mu, że ma ściągnąć buty. Akurat wychodziłem z łazienki, więc spotkaliśmy się w przedpokoju, ale on miał tylko coś jej zostawić... Monika nigdy mi nie powiedziała, jak on się nazywa, jakby chciała zachować to w tajemnicy.

– Był pan o niego zazdrosny?

– Nie miałem powodów. Chociaż normalnie jestem zazdrosny o osobę, którą kocham, staram się tego nie pokazywać. Monika i ja byliśmy ze sobą od dwóch lat. Kochaliśmy się i mieliśmy do siebie zaufanie. To była prawdziwa miłość, ale nawet gdybym znał nazwisko tego człowieka, to nie powiedziałbym w obawie o własne bezpieczeństwo.

Szwedzka policja aresztowała Jacka N. bez pomocy Piotra, i to już po kilku dniach od strzelaniny. Jednak ani prokurator Jonsson, ani śledczy Carlsson nie mieli pewności, czy zatrzymali właściwą osobę. Zeznania sąsiadów były zbyt ogólnikowe, by na ich podstawie formułować zarzuty. Mieszkańcy Tulpangatan mówili: „Słyszałem strzały, widziałem mężczyznę w jasnych dżinsach i koszulce w żółte paski", „Szedł sztywno, oglądał się za siebie", „Był krótko ścięty, opalony". Decydujące miało być to, co podczas okazania podejrzanego powie Piotr.

Jego zachowanie zdumiało śledczych, bo na widok mordercy Moniki nerwowo odwrócił wzrok i z trudem ukrywał irytację.

– W ogóle nie chcę tego komentować – skwitował policyjne procedury.

– Czy ma pan związki z przestępczością zorganizowaną w Polsce? – prokurator zaczynał mieć wobec niego podejrzenia.

– Nie mam żadnych związków – skłamał.

Piotr domyślał się, że kiedy jego rany się zagoją, Szwedzi bez skrupułów wsadzą go na prom i deportują. Bał się tego, bo w Polsce był przecież na top liście poszukiwanych przez policję. Zdesperowany napisał do mamy Moniki, że boi się o własne życie. „Zostanę wydalony ze Szwecji i wsadzony do polskiego więzienia. Boję się, bo tam prawdopodobnie mnie dopadną i będę musiał poświęcić życie. Przekażę notariuszowi list, w którym ujawnię nazwisko mordercy. Ten list zostanie otwarty po mojej śmierci".

Pogrążona w bólu adresatka listu nawet nie potrafiła mu współczuć.

Prawdziwa twarz Kato

Postawa Piotra w śledztwie dziś nawet w nim samym budzi zażenowanie. Mało brakowało, a przez jego gierki morderca znalazłby się na wolności. Tylko przypadek sprawił, że tak się nie stało. W tym samym czasie, gdy Szwedzi bezskutecznie usiłowali ustalić winnego śmierci Moniki, prokurator Jerzy Mierzewski z Prokuratury Okręgowej w Warszawie przekonał groźnego bandytę Jarosława S. pseudonim Masa, aby został świadkiem koronnym. Rozpoczęło się śledztwo przeciwko mafii pruszkowskiej. Właśnie w tym śledztwie Masa zeznał, że Jacek N. pracował w ekipie najsłynniejszego polskiego gangstera – Andrzeja K. pseudonim Pershing. Zbierał dla grupy haracze w agencjach towarzyskich i restauracjach. Tym samym znalazł się na liście podejrzanych, którzy mieli trafić za kraty za działalność w „zorganizowanej grupie przestępczej o charakterze zbrojnym". Kato został deportowany do Polski i osadzony w areszcie.

Z zeznań świadka koronnego wynikało, że był typem spod ciemnej gwiazdy. Oto ich fragmenty:

„Latem piłem w Marriotcie razem z Kato. On był trzeźwiejszy i odwoził mnie do domu. Kiedy przejeżdżaliśmy ulicą Kościuszki, przez jezdnię przechodził wolno jakiś mężczyzna. Z wyglądu przypominał Ormianina. Miał pewną siebie minę. Kato dodał gazu. »Zaraz tę kurwę przyspieszę«. Wjechał na niego, przejechał mu po nodze. Od taksówkarza dowiedziałem się potem, że to był Rosjanin. Miał otwarte złamanie.

Któregoś dnia w knajpie Al Capone przy placu Bankowym doszło do awantury z jego udziałem. Kato ciężko ranił przeciwnika. Przybiegł do Telimeny, gdzie akurat siedziałem z kumplem. Wyciągnął zza paska zakrwawiony bagnet. »Wjebałem mu dwie kosy« – powiedział. Sprawdziliśmy z kumplem; przed lokalem była policja".

Po tym zdarzeniu Kato przeniósł się do Szczecina. Wyjazd do portowego miasta był niczym innym jak zawodowym zesłaniem – żeby sprawa w Warszawie przycichła. Szef tamtejszego gangu Marek M. pseudonim Oczko miał roztoczyć nad nim kuratelę, ale nie był szczęśliwy z transferu. Kato sprawiał same problemy. Dał się poznać jako człowiek impulsywny, nadużywał alkoholu i narkotyków. Kiedy zdecydował się na wyjazd do Skandynawii, wszyscy odetchnęli z ulgą. Dopiero tam pokazał swoją prawdziwą twarz. Dzięki lekturze opinii psychologicznej Jacka N. w aktach sądowych sprawy przeciwko niemu mamy niepowtarzalną okazję przyjrzeć się, jak narodził się mafijny morderca.

Technik tworzyw sztucznych to jego wyuczony zawód, ale nigdy w nim nie pracował. Wybrał taką szkołę, ponieważ uważał, że jest oryginalna. Pochodzi z tzw. dobrej rodziny: matka – technik ekonomista, ojciec – inżynier mechanik, brat ukończył Akademię Medyczną, gra na fagocie. W technikum tworzyw sztucznych Jacek N. uczył się bardzo dobrze, ale sprawiał problemy wychowawcze. Matkę wzywano do szkoły. „Mówiłem do nauczyciela po imieniu, uchlałem się do nieprzytomności na wycieczce szkolnej. Byłem po prostu arogancki, ale dobrze się z tym czułem" – opowiadał w trakcie badania. Gdy był w trzeciej klasie, nauczyciel geografii przestał wpuszczać go na swoje lekcje, Jacek N. bowiem uważał, że skoro dobrze się uczy, to nikt nie powinien mu mówić, jak ma się zachowywać.

„Maturę zdał bez problemu. Startował na specjalizację trenerską w Akademii Wychowania Fizycznego, jednak nie zaliczył egzaminu z języka rosyjskiego. Postanowił, że za rok spróbuje ponownie. Był sanitariuszem w szpitalu na Szaserów. Został tam skierowany do odbycia zastępczej służby wojskowej z powodu wady wzroku i śladów po samookaleczeniach. Trenował kulturystykę. Był dwukrotnym mistrzem juniorów i brązowym medalistą. Przygotowując się do kolejnych mistrzostw, prowadził zdrowy tryb życia, zażywał witaminy, odżywki i anaboliki. Przestrzegał diety. Chociaż uzyskał klasę mistrzowską i mógł dostać się na AWF bez egzaminów, nie kontynuował nauki. Pracował na bramkach, prowadził rozrywkowy tryb życia. Zmarnował talent. Zawsze była okazja do wypicia. Po alkoholu gasił sobie na ciele papierosy. Miał sprawę o dewastację mienia i jazdę pod wpływem alkoholu. Kilkakrotnie za to karany, stracił prawo jazdy.

Ożenił się, bo dziewczyna była w ciąży. Ma z nią córkę. Razem wyjechali do Szwecji, ale żona nie chciała zostać tam na stałe. Rozwiedli się. Poznał Szwedkę z dwójką dzieci, zakochał się, wzięli ślub. Do aresztu trafił za czynną napaść na funkcjonariusza, jednak sprawa została umorzona z braku dowodów".

Rok przed zabójstwem Moniki Hansson, jeszcze w Polsce, Kato usłyszał wyrok za posiadanie broni. Dostał dwa lata w zawieszeniu na pięć lat. Broń stała się jego narzędziem pracy. Gdyby nie międzynarodowy list gończy wystawiony za nim w związku z jego aktywnością w strukturach „Pruszkowa", Szwedzi musieliby go wypuścić. Tak się na szczęście nie stało. Po deportacji, kiedy okazało się, że jest podejrzany o zabójstwo, Szwedka wystąpiła o rozwód.

Do polskiego aresztu trafił również Piotr R. Podobnie jak Kato, usłyszał zarzuty związane z działalnością w „zorganizowanej grupie przestępczej o charakterze zbrojnym", a także posiadania i legitymowania się fałszywym paszportem. Dostał wyrok i trafił za kraty.

– Jeździłem do niego cztery lub pięć razy – opowiada prokurator Jerzy Mierzewski. – Wciąż kłamał, więc w końcu moja cierpliwość się skończyła i chciałem postawić mu zarzuty: nie tylko utrudniania śledztwa, ale... współudziału w zabójstwie Moniki. Dziś wiem, że potwornie się bał. Kazałem objąć go ochroną.

Dopiero wtedy, po dwóch latach mataczenia, Piotr zaczął mówić prawdę. Jego zeznania dokumentnie pogrążyły Jacka N. Proces Kato, okrzykniętego przez dziennikarzy mafijnym cynglem, toczył się aż dwa razy (sąd wyższej instancji z przyczyn proceduralnych zwrócił sprawę do ponownego rozpatrzenia). Piotr towarzyszył prokuratorowi na każdej rozprawie. Był oskarżycielem posiłkowym. Posłał mordercę Moniki na dożywocie. Wyrok zapadł w 2005 roku. „Państwo polskie, w imieniu którego orzekam, nie życzy sobie, aby na wolności byli tacy ludzie jak Jacek N." – uzasadniał surowy wyrok sędzia.

Kato nigdy nie powiedział, na czyje zlecenie działał.

Chcą zabić świadka

Kto i dlaczego kazał do nich strzelać? Pytaliśmy o to Piotra siedem lat po zbrodni w małej celi więzienia w Nowogardzie, gdzie odsiadywał wyrok. Rozmawialiśmy w asyście pozostającego w pobliżu uzbrojonego funkcjonariusza. Piotr wyglądał fatalnie. Bardzo schudł, był kłębkiem nerwów. Twierdził, że „pewni ludzie" wciąż chcą go zabić i że są w stanie zrobić to nawet w więzieniu. Początkowo odnosiliśmy wrażenie, że po śmierci Moniki popadł w paranoję. Szybko zrozumieliśmy, że jego strach jest uzasadniony.

– Zamach? Skąd u Pana takie myśli? Przecież jest Pan za kratkami, służba więzienna wie, jak zapewnić Panu bezpieczeństwo.

– Kraty nie chronią mnie przed mafijnym wyrokiem. Proszę nie myśleć, że popadam w paranoję. Ja nie zwariowałem. To nie urojenia, ale realne zagrożenie!

– Kto chce Pana zabić?

– Ci sami ludzie, co wtedy. Przecież to ja byłem celem. Monika zginęła „tylko" dlatego, że była ze mną. Wtedy im nie wyszło, bo Kato spartaczył sprawę, więc teraz chcą naprawić jego fuszerkę.

– Skąd Pan to wie?

– Jeden z więźniów roznoszących posiłki powiedział mi w zaufaniu, że dostał na mnie zlecenie. Miał mi dosypać do jedzenia truciznę, którą otrzyma „z wolności". Odrzucił propozycję, co niestety nie rozwiązuje mojego problemu, bo zlecenie wykona ktoś inny.

– Kto konkretnie chce Pana śmierci? I dlaczego?

– Moi byli szefowie, proszę nie pytać o nazwiska i pseudonimy. Według mafijnych reguł muszę zginąć, ponieważ sam miałem być zabójcą i chociaż nie pociągnąłem za spust, znam kulisy kilku akcji. Moi byli szefowie uznali, że jeśli podzielę się swoją wiedzą z prokuratorem, mogę ich posłać na dożywocie. Wprawdzie nie przyjąłem propozycji prokuratury, by ułożyć się na świadka koronnego, ale dla nich nic to nie znaczy. Chcą wykonać wyrok, zanim zmienię zdanie.

– Rozmawiał Pan o tym z prokuratorem?

– Prokurator zażądał ode mnie dowodu, nie rozumiejąc, że dopiero po śmierci będę takim dowodem! Zamiast objąć mnie ochroną, odwieszają mi stary wyrok za nielegalny paszport i skazują dodanymi do siebie wyrokami na długie lata więzienia. Zginę tutaj, zanim zdążą mnie przesłuchać.

– Dlaczego mafia nie odpuszcza? Co takiego Pan na nich ma?

– W 1997 roku wyjechałem do Antwerpii, gdzie na polecenie moich szefów miałem zamordować żydowskiego biznesmena, ich wspólnika w interesie z mafijną wódką „Kremlowskaja". Wszystko było zorganizowane i opłacone, ale broń maszynowa, z której miałem strzelać, wpadła na granicy. Żyda zamordowano miesiąc później. Chcą mnie ukarać za nieudaną akcję i próbę zerwania z półświatkiem. Zamierzali dopaść mnie w Niemczech, zanim wyjechałem do Szwecji. Miałem być zwabiony do mieszkania, które wyłożono folią jak do malowania ścian. Szczęśliwy dla mnie przypadek sprawił, że tam nie dotarłem. Kiedy do moich kompanów doszły pogłoski, że chcę się wycofać z gangu, potraktowano mnie jak zdrajcę i wydano wyrok. Zabójca nie mógł zostawić żywego świadka. Dlatego zamordował Monikę.

Musiało minąć kolejnych kilka lat, zanim Piotr powiedział, kim byli jego dawni szefowie: Sylwester O. pseudonim Sylwek i Zbigniew T. pseudonim Pastor. Obaj przebywali wtedy w niemieckim więzieniu. Dostali od tamtejszego wymiaru sprawiedliwości po kilkanaście lat za liczne przestępstwa w zbrojnym gangu. Stawali także przed polskimi sądami: Sylwek m.in. za pranie pieniędzy i zlecenie zabójstwa rezydującego w Szczecinie szefa białoruskiej mafii, a Pastor za udział w grupie przestępczej. Nigdy nie prowadzono przeciwko nim śledztwa o zlecenie zabójstwa w Malmö. Prokuratura zadowoliła się dożywociem dla mafijnego „cyngla" i nie wraca już do tamtej sprawy. Tymczasem w sądowych aktach znaleźliśmy pogrążające ich zeznania. Potraktowane przez śledczych z należytą starannością, mogły być kluczem do rozliczenia wszystkich odpowiedzialnych za śmierć Moniki. Pewien świadek opowiedział o kulisach mafijnego zlecenia w Szwecji, ale szybko zdał sobie sprawę, że spontaniczna szczerość w rozmowie ze śledczymi przyniesie mu tylko problemy. Postarał się więc, aby jego zeznania nie były traktowane poważnie. Uciekł w chorobą psychiczną – to najlepszy sposób na utratę wiarygodności. Po zakończeniu kary wyszedł z więzienia i... przepadł jak kamień w wodę.

Wracamy do jego zeznań, szukając zrozumienia dla śledczych, którzy uznali, że w sprawie zabójstwa Moniki Hansson zrobili wszystko.

Widział i słyszał wiele

Kim był tajemniczy świadek? Złodziejem i bandytą. Tyle w pierwszych słowach można powiedzieć o Mirosławie L., który – gdy rozgrywały się opisywane przez nas wydarzenia – trafił do aresztu w Düsseldorfie. Oskarżono go o przestępstwa popełniane w polskim gangu działającym w Niemczech. Miał wtedy dwadzieścia parę lat i spore doświadczenie kryminalne: przemyty, rozboje, wymuszenia. Słowem, gangsterska klasyka. Ale nie był pierwszym lepszym złodziejem i bandytą. Jego wiedza o polskiej mafii okazała się większa, niż on sam by chciał.

Nieco wcześniej, kiedy był jeszcze na wolności, jego kompan wpadł w ręce niemieckiej policji i nie zdążył rozliczyć się za transport papierosów z przemytnikami z Biskupca. Tamci wpadli w szał. Dopadli Bogu ducha winnego Mirosława L. i zażądali od niego 70 tys. marek. Wynajęli kilku Rosjan, żeby go solidnie nastraszyć. Rosjanie przystawili mężczyźnie lufę do głowy i zagrozili, że „zawiozą go nad Ren, przestrzelą kolana, zrobią coś dzieciakowi, a jego żona będzie musiała odpracować dług w burdelu". Dali kilka dni na zebranie pieniędzy.

To oczywiste, że Mirosław L. nie chciał skończyć w rzece z dziurawymi kolanami. Miał jednak puste kieszenie i zero perspektyw na ich zapełnienie. Dlatego zwrócił się o pomoc do mafii, którą dotąd omijał z daleka. Zbigniew T. pseudonim Pastor i Sylwester O. pseudonim Sylwek, do których trafił, należeli do słynnego gangu Oczki. Zimą 1998 roku, kiedy policja rozbijała grupę, czmychnęli za granicę i schronili się w Hiszpanii. Z czasem przenieśli się do Niemiec, gdzie zbudowali własną organizację przestępczą. Kierował nią Sylwek. Pastor był „drugim po Bogu". To on wziął na siebie sprawę rzekomego długu Mirosława L. Zaoferował mu ochronę przed bandą z Biskupca i Rosjanami. Ale nie za darmo. „Musisz odpracować te pieniądze" – oznajmił.

Mirosław L. został kierowcą Sylwka i Pastora. Nadawał się do tej pracy, bo – jak sam przyznał – pił niewiele. Kursował między Niemcami, Belgią i Holandią, głównie w sprawach przemytu papierosów przepuszczanych przez austriacką spedycję jako szkło. Woził warszawiaków z „Pruszkowa", których sława już dawno przekroczyła polskie granice (np. Balbina, Małolata) i poznał legendę półświatka – Ricarda Fanchiniego. Dzięki nowym znajomościom Mirosław L. nabrał pewności siebie i zaczął nosić na plecach broń w kaburze z jasnej skóry. Jak mało kto znał się na aparatach radiowych. Bez trudu wchodził na częstotliwości zarezerwowane dla policji. Jego szefowie z dnia na dzień traktowali go lepiej.

Piotra i Monikę poznał osobiście kilka tygodni przed zamachem w Malmö. Przyjechali do Düsseldorfu, za tydzień mieli samolot do Egiptu. Mieszkali u Pastora, zatem często ich widywał. Odwoził też Piotra i Monikę na lotnisko w drodze na wakacje. Z rozmów w męskim gronie zorientował się, że partner Moniki – podobnie jak jego szefowie – ukrywa się za granicą. O tym, co wtedy widział i słyszał, opowiedział już z celi, aresztowany za własne kryminalne grzechy.

Oto jego opowieść, czyli fragmenty protokołów przesłuchań w areszcie śledczym w Düsseldorfie (sporządzone w listopadzie/grudniu 2000 roku):

„Pastor i Sylwek chcieli pozyskać Piotra R. do zabezpieczania transportów alkoholu i papierosów przemycanych do Szwecji, ponieważ on orientował się na tamtym terenie. Miał zadbać, by towar był właściwie dostarczony i rozliczony. Miał też napadać na ludzi, którzy nie chcieli płacić. Piotr nie wiedział, jaką decyzję podjąć. Nie chciał stracić finansowo, ale zamierzał ożenić się z Moniką, a ona nie chciała żyć, stale uciekając. Zresztą on też już tego nie chciał. Miał najwyraźniej zamiar stawić się na policji w Polsce, aby przyznać się do przestępstw narkotykowych i handlu narkotykami. Mówił, że dostanie za to mały wyrok. Pastor przestrzegał go, że jak się należało do gangu Oczki, to prokuratura nie zadowoli się drobnymi sprawami. Obawiano się, że w Polsce wycisną z Piotra zeznania na temat innych ludzi i działalności grupy. Poza tym on przecież wiedział, gdzie Pastor i Sylwek przebywają w Niemczech.

Piotr miał spokojnie przemyśleć propozycję pracy złożoną przez Sylwka i Pastora. Po powrocie z Egiptu planował pozostać w Niemczech. Monika pojechała do Szwecji, a on szukał mieszkania, ponieważ było coś do załatwienia. Potrzebował też nowego paszportu. Obawiał się, że nie zostanie wpuszczony do Szwecji, ponieważ był notowany przez szwedzką policję za awanturę w knajpie. Dlatego potrzebował fałszywych dokumentów. Paszport był już przygotowany, jednak Pastor i Sylwek nie mówili mu tego. Chcieli, żeby Piotr wciąż dla nich pracował".

Kompanom Piotra nie podobało się, że Monika wyraźnie rozpraszała Piotra w gangsterskiej pracy. Ich żony były inne, rozumiały prawa, jakimi rządził się męski świat. Dla wszystkich byłoby lepiej, gdyby brała z nich przykład, czyli garściami czerpała kasę, chodziła na zakupy i nie zadawała zbędnych pytań. Oczekiwano, by zamiast ciągłych pretensji okazywała Piotrowi wdzięczność, że świetnie zarabia i stać go na drogie prezenty. Ale Monika nie chciała tak żyć.

Kiedy Sylwek i Pastor w końcu dali Piotrowi lewe papiery, ten wsiadł na prom i popłynął do Malmö, do swojej Moniki. Od tamtej pory nazywał się Włodzimierz Jabłoński.

„Gdy był już w Szwecji, Pastor nalegał, abym załatwił jakieś mieszkanie" – zeznawał w Düsseldorfie mafijny kierowca. – „Miałem okleić ściany folią, tak jak do malowania. Później powiedział, że to mieszkanie jest dla kogoś ze Szwecji, kto ma być usunięty. Miałem także poszukać miejsca, gdzie można kogoś zakopać. Zapytałem Pastora, kto ma być zakopany, ale on nie podał nazwiska. Powiedział, że czasami trzeba takie rzeczy załatwiać dla przyjaciół. Zwlekałem z wynajęciem mieszkania. Przypuszczałem, że sam będę musiał za to zapłacić i nigdy nie odzyskam wyłożonych pieniędzy. W ostateczności znalazłem właściwe miejsce w pobliżu Düsseldorfu. Zapytałem wtedy żartobliwie Sylwka, czy mam już kopać. Sylwek zrozumiał to pytanie poważnie i powiedział, że jeszcze nie. Potem wielokrotnie kontaktowano się ze Szwecją i próbowano ściągnąć Piotra do Niemiec, ale on nie przyjechał. Sylwek mówił, że nie da się tego załatwić tutaj. „Tutaj", czyli w Niemczech. Zrozumiałem to tak, że podczas tej rozmowy chodziło właśnie o Piotra. Potem doszło w Szwecji do zamachu na niego i na Monikę.

Dowiedziałem się o tym od Pastora. Nie sprawiał wrażenia, jakby go to specjalnie dotknęło. Na moje pytanie, kto strzelał, odpowiedział, że ktoś z Warszawy. Najpierw Pastor był względnie zadowolony. Dopiero gdy usłyszał, że Piotr prawdopodobnie przeżyje zamach, stał się niespokojny".

Kara dla partacza

Nikt się nie spodziewał, że Kato spartaczy sprawę. Miał w półświatku wiarygodne referencje – w końcu pracował dla samego Pershinga, nie bał się broni i ryzyka – ale w Malmö skompromitował się na całego. Z relacji mafijnego kierowcy wynika, że miał ponieść za to surową karę.

„Pastor powiedział mi, że Jacek N. musi zostać usunięty, że to grubas i trzeba go będzie pokroić. Mówił też, że wie, jak to najlepiej zrobić, żeby było mało krwi. Kato był wówczas w Szwecji, jeszcze nie został zatrzymany przez policję. Pastor miał go ukryć u siebie w Niemczech. Zaoferował mu ochronę. I wtedy zlikwidowałby go, ponieważ nie wypełnił należycie zlecenia. To było oczywiście normalne, że członkowie bandy byli karani za popełnione błędy. Rodzaj kary zależał od niezałatwionego zlecenia. Później pytałem Pastora, czy nadal mam załatwić folię do mieszkania. Pojechałbym do marketu budowlanego, aby ją kupić. Istniał bowiem zamiar zastrzelenia Kato w mieszkaniu pewnego Polaka przebywającego w Niemczech. Pastor powiedział, żebym z tym poczekał, bo na razie nie ma kontaktu z Jackiem N. Być może zniknął, bo został przez kogoś ostrzeżony".

Mafijny kierowca mówił też, że Sylwek i Pastor wymusili na Piotrze, aby milczał jak grób i nie zeznawał przeciwko Kato. Wprawdzie on był w szwedzkim więzieniu, a oni daleko, ale takie sprawy załatwia się bez patrzenia sobie w oczy. „Piotr miał w więzieniu możliwość telefonowania, więc nie było problemów, aby skontaktował się z Pastorem. Kiedy było już pewne, że zostanie wydalony do Polski, powiedziano mu, że zatroszczą się o niego i jego rodzinę. Rozważano taki plan, aby Piotr podczas wpływania promu do portu wyskoczył za burtę w pobliżu Świnoujścia, a oni wyłowiliby go i zabrali. Ostatecznie nic nie powiedział Szwedom, więc Pastor przekazał jego ojcu, za pośrednictwem swojej żony, pięć tysięcy marek".

Podczas procesu Kato nie chciał komentować zeznań mafijnego kierowcy. „Wnoszę o przebadanie mnie na wykrywaczu kłamstw celem wykazania, że nic nie wiem na temat zlecenia mi zabójstwa, a także motywu" – mówił tylko. – „Jestem niewinny. Nie strzelałem ani do Piotra, ani do Moniki, stąd nie obciążałem innej osoby, bo nie obawiałem się dożywotniego więzienia".

Domniemani zleceniodawcy zbrodni zeznawali jako świadkowie. Pastor nazwał mordercę „swoim przyjacielem z Warszawy".

Sędzia pytał:

– Czy pana przyjaciel ma coś wspólnego z zamachem w Szwecji?

– Tego nie wiem – twierdził Pastor.

– Kto i dlaczego zlecił morderstwo Piotra R.?

– Nic nie jest mi wiadomo w tej sprawie.

Sylwester O. również nie ulegał emocjom.

– Zarówno Pastor, jak i ja na prośbę Piotra próbowaliśmy ustalić w środowisku warszawskim, kto i dlaczego strzelał, ale nam się to nie udało – stwierdził przed sądem.

Dlaczego tak łatwo im poszło? Czy śmierć Moniki nie zasługiwała na drążenie tematu? Po latach pytamy o to i sędziów, i prokuratorów.

– Sąd weryfikuje materiał przedstawiony przez oskarżyciela i żaden sędzia nie może oskarżać „o głowę" – tłumaczy sędzia Grzegorz Chojnowski, przewodniczący Wydziału II Karnego Sądu Apelacyjnego w Szczecinie, który analizował akta i zwrócił sprawę zabójstwa Moniki Hansson do ponownego rozpatrzenia. – Zarzuty musi stawiać oskarżyciel, bo to on weryfikuje materiał dowodowy w zakresie „Kto? Kogo? Kiedy?" Prokurator, nie sąd, jest gospodarzem śledztwa.

– Sąd zajmuje się tym, co jest objęte aktem oskarżenia, a w tamtej sprawie aktem oskarżenia objęte było zabójstwo Moniki Hansson i usiłowanie zabójstwa Piotra R. Nie było w nim mowy o zleceniodawcach – podkreśla sędzia Grzegorz Kasicki z drugiego składu sędziowskiego, który ponownie sądził Kato i skazał go na dożywocie.

Prokurator Jerzy Mierzewski w rozmowie z nami szczerze przyznaje, że nie zna sensacyjnych zeznań Mirosława L. Pochłonięty aktem oskarżenia przeciwko szefom „Pruszkowa" oraz najważniejszym w Polsce śledztwem w sprawie zabójstwa byłego szefa policji generała Marka Papały, przekazał tamto postępowanie komuś innemu. Wkrótce awansował na prokuratora apelacyjnego, a czynności prowadziła dalej prokurator Agnieszka Ważna z warszawskiej prokuratury okręgowej. W sprawie „sprawców kierowniczych" Pastor i Sylwek zostali przesłuchani w charakterze świadków, nie podejrzanych. Pastor powiedział, że w ogóle nie zna Kato, a Sylwek oznajmił, że nie będzie składał zeznań w tej sprawie. I chociaż mafijny kierowca utrzymywał, że „Kato nigdy nie mógłby wykonać takiego czynu bez zlecenia, bo w grupie było niemożliwe, aby zabić kogoś z własnej inicjatywy", w sierpniu 2008 roku postępowanie umorzono.

Oto uzasadnienie tamtej decyzji: „Nie ma ani jednego świadka, który byłby obecny przy rozmowie, kiedy to doszło do ewentualnego zabójstwa. Rozmowa taka nie była też zarejestrowana w ramach kontroli rozmów. Nie ma nawet świadka ze słyszenia, któremu ktoś z uczestników zdarzenia mógł ewentualnie opowiedzieć o takiej rozmowie. Hipotetycznie Jacek N. pseudonim Kato, wiedząc, że Piotr R. naraził się kierownictwu grupy, mógł z powodu np. urazu do niego czy zemsty podjąć decyzję o zabójstwie. Przytoczyć tu należy zeznania świadka Jarosława S. (Masy – przyp. aut.), który powiedział, że znał Jacka N. i był świadkiem kilku zdarzeń z jego udziałem. Podczas pierwszego zdarzenia Kato pchnął nożem w brzuch nieznanego mu mężczyznę w lokalu gastronomicznym tylko dlatego, że człowiek ten mu się nie spodobał. W trakcie drugiego zdarzenia zdenerwował go człowiek, który przechodził przez jezdnię. Przejechał mu więc samochodem po nodze. Obie te decyzje były podjęte nagle i bez liczenia się z konsekwencjami. Jak wynika z opinii psychologicznej, Jacka N. cechuje wysoki poziom agresywności przy jednocześnie niedostatecznie rozwiniętej kontroli własnych agresywnych impulsów".

Masa nie miał pojęcia, że – w pewnym sensie – przyczynił się do zaniechania przez prokuraturę prowadzenia wnikliwego śledztwa przeciwko sprawcom kierowniczym.

– Jestem poruszony i oburzony, że moje słowa zostały wykorzystane jako argument za umorzeniem śledztwa – powiedział, gdy przeczytaliśmy mu fragment wywodów prokuratorskich. – Składając takie zeznania, miałem pełną świadomość, że Kato był niezwykle posłusznym żołnierzem „Pruszkowa". Jadąc tam, do Malmö, nigdy nie strzelałby do innego członka gangu bez zgody przełożonych – mówi Jarosław S. pseudonim Masa.

Poczytalny niepoczytalny

Zlecenie zabójstwa traktowane jest w polskim prawie równie surowo, jak zamordowanie człowieka. W grę wchodzi nawet dożywocie. W przypadku egzekucji Moniki uznano, że „sprawców kierowniczych" nie było, ale tak naprawdę nikt ich nie szukał. Analizując akta, odnieśliśmy wrażenie, że odpowiedzialność zdjęła ze zleceniodawców... opinia biegłego psychiatry. Profesor Frank Schneider z Kliniki Psychiatrii i Psychoterapii Uniwersytetu im. Heinricha Heinego w Düsseldorfie rozpoznał u mafijnego kierowcy psychozę paranoidalną. Taki świadek to żaden świadek. Jego zeznania nadają się do kosza. „Z psychiatrycznego punktu widzenia u Mirosława L. nie da się wykluczyć znacznego ograniczenia poczytalności" – napisał w marcu 2001 roku Frank Schneider. Mirosław L. „w dzieciństwie dostawał lanie", „próbował popełnić samobójstwo", „stale przebiera nogami i jąka się, gdy jest mu źle". Psychiatra zauważył jednak, że jego zeznania „nie wskazują na jakiś psychiczny uszczerbek".

Krytycznie o kondycji psychicznej mafijnego kierowcy wypowiedziała się również Ute Habel, biegła psycholog. „Jego dzieciństwo nie było piękne" – oceniła we wstępie swojej ekspertyzy (niezręczność tego sformułowania wynika prawdopodobnie z nieporadnego tłumaczenia z niemieckiego). – „Badany w pierwszym roku szkolnym miał wypadek. Bawił się gniazdkiem elektrycznym i uległ ciężkiemu wypadkowi, na skutek czego przez cztery tygodnie leżał w śpiączce. Związane z tym leczenie trwało pół roku". Autorka opinii wymieniła niepokojące ją objawy: badany „słyszał głosy, miał halucynacje, że kolory się zmieniają i ptaki z nim rozmawiają, a na głowie czuł, jakby mrówki biegały". Mirosław L. stawił się na badania nieogolony, ale czysto ubrany. „Obgryza paznokcie" – zanotowała skrupulatnie psycholog.

Polski psychiatra dr Jerzy Pobocha obalił ustalenia niemieckich ekspertów. Doktor Pobocha to wieloletni prezes Polskiego Towarzystwa Psychiatrycznego. Zasłynął m.in. demaskowaniem gangsterskich chorób i tzw. depresji udawanej.

– Badany udaje, że ma depresję, a lekarz udaje, że ją widzi – tłumaczy nam psychiatra.

W swojej opinii sporządzonej w omawianej sprawie Jerzy Pobocha wykazał, że problemem świadka nie jest schizofrenia paranoidalna, ale strach przed zemstą byłych kompanów. „Mirosław L. nie miał upośledzenia umysłu lub choroby psychicznej, która w trakcie przesłuchania go w grudniu 2000 roku powodowałaby upośledzenie zdolności zapamiętywania i odtwarzania" – napisał we wnioskach końcowych. Na nic się zdała jego wnikliwość. Trzy tygodnie później warszawska prokuratura umorzyła sprawę mafijnego zlecenia.

Sylwek jest dziś na wolności. Odsiedział kilkanaście lat. Niedawno trafił za kraty za brutalny gwałt, ale na krótko. Z kolei Pastor, po niemieckim wyroku, dostał w Polsce trzy i pół roku za stare grzechy w rodzimym gangu. Niewiele? „Dziś jest już innym człowiekiem" – uzasadniał łagodny wyrok sędzia.

Rozmowa po latach

Piotr od kilku lat mieszka poza granicami Polski. Ci, którzy mają z nim kontakt, twierdzą, że mimo upływu czasu wciąż żyje w poczuciu winy, nie pozbierał się po śmierci Moniki.

– Niekiedy widujemy się w Oslo – mówi Rafał Ch. pseudonim Czarny, jego były kumpel z gangu. – Pogadamy chwilę o starych czasach i rozchodzimy się każdy w swoją stronę. Właściwie to on nigdy nie nadawał się na gangstera. Owszem, robił groźne miny i dobrze wyglądał z bronią, ale charakteru do tej roboty nie miał. Sentymentalny facet – podsumowuje.

Widzieliśmy się z Piotrem jesienią 2014 roku. Przyjechał do Polski na jeden dzień, przesłuchiwano go w prokuraturze na okoliczność innej gangsterskiej egzekucji sprzed lat. Sylwek i Pastor są w tej sprawie na liście podejrzanych. Zmienił się, uspokoił.

– Sypia Pan spokojnie? – spytaliśmy.

– Ja już nigdy nie będę spał spokojnie. Zawsze patrzę na drzwi. Człowiek nie wie, kto wejdzie do środka.

– Wciąż boi się Pan ludzi, o których kiedyś rozmawialiśmy?

– To było w więzieniu, inne czasy. Teraz już nie czuję z ich strony żadnego zagrożenia. Zrobiłbym wszystko i poświęcił wiele, aby postawić ich przed sądem za śmierć Moniki. Tamci dwaj ponoszą większą odpowiedzialność niż Kato, który strzelał.

– Myśli Pan, że jeszcze można coś w tym względzie zrobić?

– Liczę na to. Może po latach kogoś w prokuraturze wreszcie ruszy sumienie i będzie mu się chciało rzetelnie rozliczyć tamtą zbrodnię. Jak na razie zrobiono to połowicznie, ale nie tracę wiary, że sprawa wróci na wokandę.

– Co po latach powiedziałby Pan mordercy?

– Taki inteligentny byłeś, taki hardy, mądry, a dałeś się wydymać dwóm kapusiom, którzy cię wysłali. Pewnie są teraz przede mną na twojej liście do odpalenia. Rozumiem, że honorowy jesteś, nie chcesz sypać. OK. Ale dlatego gnijesz w więzieniu, podczas gdy oni cieszą się wolnością. Do końca życia będziesz skazany na towarzystwo ludzi, którym w normalnym życiu nigdy nie podałbyś ręki. Cierpisz i mnie to buduje.

– Jeździ Pan na grób Moniki?

– Byłem tam jakiś czas temu. Przy nagrobku wciąż stoi pojemnik na świecę, który postawiłem przed laty. Nie wygląda już dobrze, ale mama Moniki go nie wyrzuca.

– Jak Pan to rozumie? Jako ciepły gest?

– Właśnie tak… może kiedyś mi wybaczy. Chciałbym… wciąż na to liczę. Widziałem młodszą siostrę Moniki. Piękna dziewczyna, jest do niej taka podobna!

– Ma Pan kogoś?

– Od sześciu lat jestem w związku. Nie jestem aniołem, ale staram się.

– Z czego Pan żyje?

– Uczciwie pracuję, mam w Norwegii firmę sprzątającą, wszystko legalnie. Zwyczajne życie, można powiedzieć... Takie, jakiego chciała dla nas Monika.

– Zmieniła Pana.

– To prawda. Tylko dlaczego musiała zapłacić za to najwyższą cenę?

Epilog

Lista niepokornych wobec losu kobiet, które podjęły walkę w obliczu zagrożenia, nie kończy się na opisanych tu historiach. Chcieliśmy spotkać się i porozmawiać z wieloma innymi, ale z różnych względów nie udało nam się tego zrealizować.

Nie opowiedzieliśmy w tej książce o matce chłopca z porażeniem mózgowym, która dzięki swojemu uporowi zmusiła państwowe szkoły, a potem wyższą uczelnię, aby jej syn przeszedł ścieżkę edukacyjną dostępną w zasadzie wyłącznie dla zdrowych. Dzisiaj jest magistrem anglistyki, radzi sobie. Nie opowiedzieliśmy też o Barbarze Czempińskiej. Mało kto o niej słyszał, bo od lat żyje w cieniu męża, słynnego asa polskiego wywiadu – generała Gromosława Czempińskiego. On udziela się w mediach, ona woli ciszę. Poświęciła życie zawodowe i prywatne opiece nad trzydziestodwuletnim dziś synem Piotrem chorym na zespół Downa. Nigdy się nie poddaje.

Nie opowiedzieliśmy również o żonie pewnego policjanta, którego przestępcy pomówili o korupcję – za pieniądze miał przekazywać im informacje. Ona jedna nie uwierzyła w winę męża i trwała przy nim, gdy inni się od niego odwrócili. I wygrała – został prawomocnie uniewinniony. Dziś nie chce już wracać do tamtego koszmaru, chociaż wie, że takich żon jak ona jest w Polsce więcej. Przestępcy coraz częściej eliminują ze służby policjantów, którzy przeszkadzają im w interesach. Już nie muszą do nich strzelać – wystarczy, że obrzucą ich błotem. Procedury sądowe trwają latami, tym samym funkcjonariusz jest „odstrzelony".

Ubolewamy, że nie udało nam się namówić na spotkanie i rozmowę pani prokurator Wiolantyny Mataniak z Opola. Przed laty została oblana kwasem i doznała ciężkich poparzeń. Z oczywistych względów musieliśmy uszanować jej prośbę. Zleceniodawcą okrutnej zemsty na pani prokurator był nieżyjący już groźny przestępca Jeremiasz B. pseudonim Baranina (który kazał też zabić m.in. byłego ministra sportu Jacka Dębskiego). W 1991 roku prokurator Mataniak badała sprawę przemytu spirytusu przez polsko-czeską granicę. „Weszła" tym samym na szlaki Baraniny. W związku z prowadzonym przez nią śledztwem Jeremiasza B. ścigano międzynarodowym listem gończym. Zatrzymano go po trzech latach w Brukseli, ale rychło zwolniono z aresztu, bo miał „żółte papiery". Wiolantyna Mataniak nie uwierzyła, że tak zaradny przemytnik cierpi na psychozę schizoaktywną. Drążyła sprawę i udowodniła, że nadesłana z Wiednia dokumentacja medyczna stanu jego zdrowia nadaje się jedynie do kosza. Wtedy oblano ją kwasem.

„Czy sięgnęłam za wysoko?" – zastanawiała się przed kamerą TVN w jedynym udzielonym mediom wywiadzie. – „W tamtym czasie nie mówiło się, że istnieje mafia, że są takie czy inne zagrożenia. No a jednak te struktury były mocno zakorzenione".

Nigdy nie odzyskała dawnej twarzy, chociaż przeszła szereg skomplikowanych i bolesnych operacji. Mogła przejść w stan spoczynku, jednak wróciła do zawodu, szkoli aplikantów i młodych prokuratorów. We wspomnianym wywiadzie wypowiedziała słowa, które głęboko nas poruszyły: „Wróciłam, aby pokazać młodszym kolegom, że przestępcy nie mogą stale wygrywać. Można człowieka w jakiś sposób złamać, ale nie można go zniszczyć".

Wierzymy, że w naszej dziennikarskiej pracy jeszcze nieraz będziemy opowiadać o innych dzielnych kobietach. O takich, które zasługują na wyróżnienie, bo potrafiły wbrew własnym słabościom podjąć – często nierówną – walkę z niesłusznymi oskarżeniami, stanąć twarzą w twarz z prześladowcami, ratować swoich bliskich z opresji. One są wśród nas. Rozejrzyjmy się, a na pewno je dostrzeżemy i docenimy. Są tego warte.

Spis treści

Druk i oprawa: WZDZ - Drukarnia „LEGA”